LAROUSSE DEL TEQUILA

© 2016 Ediciones Larousse, S.A de C.V.
Renacimiento 180, Colonia San Juan Tlihuaca
Delegación Azcapotzalco, C.P. 02400, Ciudad de México, México

ISBN: 978-607-21-1557-6

Primera edición, agosto 2016

Larousse y el logotipo Larousse, son marcas registradas de Larousse, S.A.
21 Rue du Montparnasse, 75298 París Cedex 06

LAROUSSE
DEL TEQUILA

DIRECCIÓN EDITORIAL
Tomás García Cerezo

EDITORA RESPONSABLE
Verónica Rico Mar

COORDINACIÓN EDITORIAL
Montserrat Estremo Paredes

COORDINACIÓN DE CONTENIDOS
Gustavo Romero Ramírez

ASISTENCIA EDITORIAL
Mayra Pérez Cuautle
Alejandro Mendoza Chávez

DISEÑO Y FORMACIÓN
Pedro Molinero/Quinta del Agua Ediciones, S.A. de C.V.

CORRECCIÓN
Joel Arturo Serrano Calzado
Adolfo Tomás López Sánchez

DISEÑO DE PORTADA
Ediciones Larousse, S.A. de C.V.
con la colaboración de Nice Montaño Kunze

FOTOGRAFÍA
Alex Vera Fotogastronómica ®

FOTOGRAFÍA COMPLEMENTARIA
Ediciones Larousse, S.A. de C.V. / Francisco Palma, María del Carmen Mendoza, Ricardo Castellanos, Paty Lavin p. 8.

INSTITUCIONES
Banco de Imágenes: CONABIO / Astrid Domínguez Guerrero p. 20: (arr. izq.) y (ab. izq.) p. 21: (centro izq.) y (ab. izq.),
p. 22: (ab. izq.), p. 117: (ab.); Abisaí García Mendoza p. 16 p., 28: (arr.), p. 124: (ab.), p. 130: (ab.), p. 132: (ab. der.), p. 133: (arr.),
p. 134, p. 135: (arr. izq.); Carlos Galindo Leal p. 18 (arr.); Carlos Gerardo Velazco p. 136; Miguel Ángel Sicilia Manzo
p. 27 (arr. izq.); Oswaldo Téllez p. 24 (ab.), 74: (arr.); Raymundo Ramírez Delgado p. 60.

Cámara Nacional de la Industria Tequilera/Ignacio Gómez Arriola pp. 42, 43, 44, 196.

Comisión Nacional para el Desarrollo de los Pueblos Indígenas: CDI, Fototeca Nacho López / Guillermo Aldama p. 129;
Héctor Vázquez p. 28: (ab.) y 53 (arr.); Lorenzo Armendáriz p. 27: (ab. der.) y p. 127.

Secretaría de Cultura. –INAH.– MEX; Reproducción Autorizada por el Instituto Nacional de Antropología e Historia. ©
p. 24: (arr. der.) 311602; p. 26: (arr. izq.), 6311 (arr. der.) 5629 y (ab. izq.) 197656; p. 51 (ab.) 455247; p. 54: (arr. izq.) 6255 y (arr.
der.) 33239; p. 55: (izq.) 5241 y (der.) 6062; p. 58: 280803.
p. 22 (arr.); p. 34; p. 37 (arr. izq.); p. 38 (izq.); p. 49 (arr. izq.).

AGENCIAS DE IMÁGENES
© Shutterstock.com, © AFP; © PHOTOSTOCK

AGRADECIMIENTOS
A la Cámara Nacional de la Industria Tequilera A.C. por su apoyo.
A las empresas de la industria tequilera que nos recibieron en sus instalaciones para la toma de fotografías:
Brown-Forman Tequila México, S. de R.L. de C.V. – Tequila Herradura; Casa Cuervo, S.A. de C.V.; Feliciano Vivanco y
Asociados, S.A. de C.V. – Tequila Viva México; Pernod-Ricard México, S.A. de C.V. – Tequila Altos; Tequilas del Señor,
S.A. de C.V.; Tequilas El Mexicano, S.A. de C.V.; Tequila Sauza, S. de R.L. de C.V.

COORDINACIÓN GRÁFICA
Mónica Godínez Silva, Marco Antonio Rosas, Aurora Hernández Pastrana

GRÁFICOS
Alejandro Serrano Calzado

ILUSTRACIONES
José Luis Briceño

Presentación

Larousse se ha distinguido por el compromiso de difundir la riqueza culinaria de México mediante libros prácticos y de referencia. Nuestra prioridad ha sido siempre editar contenido útil y de valor que permita incentivar el conocimiento, la reflexión y el disfrute gastronómico.

El tequila, destilado que se consolidó como un referente cultural durante el siglo XX, forma parte de la identidad nacional mexicana tanto al interior como al exterior del país. Su relevancia ha sido tal, que fue el primer producto mexicano en recibir una Denominación de Origen y, posteriormente, el paisaje agavero y las antiguas instalaciones industriales de Tequila fueron declarados Patrimonio de la Humanidad por la UNESCO en el año 2006. Es en este marco que presentamos el *Larousse del tequila*, una obra que ofrece un panorama general de esta emblemática bebida.

En sus páginas, el lector hallará la información esencial para adentrarse en el complejo y fascinante mundo del tequila: datos históricos y actuales; información detallada de su proceso productivo (desde la siembra del agave hasta el envasado del tequila); recetas que lo emplean como producto principal o para maridar con él; una guía de cata y maridaje; fichas descriptivas de las principales marcas de esta bebida y un útil glosario. En conjunto con las fotografías, mapas, esquemas y tablas informativas que ilustran el libro, sus páginas le ofrecen todo lo que debe saber del tema gracias a los detallados textos de Alberto Navarro, gran conocedor del tequila y de la industria tequilera. La obra se enriquece también con la participación de reconocidos chefs mexicanos como Aquiles Chávez, Francisco Ruano, Gerardo Vázquez Lugo y Josefina Santacruz, quienes han preparado recetas con tequila o para maridar con él, y con deliciosos cocteles clásicos y creaciones del *Cocktail Chef* Arturo Rojas.

Así como los agricultores van sembrando los agaves con dedicación y ahínco para obtener un tequila que satisfaga los paladares, en Larousse hacemos lo nuestro sembrando el conocimiento a los cuatro vientos para ofrecer al público obras que difundan nuestra cultura y su gran valor.

LOS EDITORES

Conozca este
Larousse del tequila

El universo del tequila destila generosamente historia, tradición y especialización que le confieren un cuerpo y una vitalidad notables entre las bebidas de su tipo en México y el mundo. Su añejo pasado y su potente actualidad conforman un reto para toda propuesta de sintetizar en un libro todo lo relativo a él. En vista del panorama, y a la luz de los objetivos que Larousse se propuso al idear esta obra, se dividió el contenido en tres secciones principales:

Tequila y pasión por el agave

Esta sección tiene por objetivo ofrecer la información histórica, técnica, legislativa y apreciativa del tequila. Aquí podrá conocer las implicaciones botánicas, históricas y culturales que le dieron origen a esta bebida, a la par de algunas cuestiones ligadas indisolublemente al agave, como la producción de pulque o el aprovechamiento integral de la planta desde hace siglos. También, el proceso de producción del tequila y las normas que lo regulan; un breve panorama de la diversidad de destilados de agave relacionados con el tequila; las zonas productoras de éste, y una guía práctica para su cata.

Empresas de la industria tequilera

Conozca en este apartado la historia y filosofía de casas, marcas y empresas emblemáticas de la industria tequilera en México; la tradición que ostentan con gran pasión, y las aportaciones que han heredado al universo tequilero a través del tiempo. Su legado se saborea en las etiquetas presentadas en este capítulo, cada una acompañada de una ficha descriptiva en la que se incluyen su perfil organoléptico y clasificación, e incluso, sugerencias de consumo y maridaje. Así, usted tendrá una orientación práctica para conocer una amplia gama de tequilas y elegir el que se adapte mejor a sus gustos y necesidades.

Los chefs y sus recetas

En esta sección, todo el conocimiento relativo al mundo del tequila se materializa en la confección de recetas de cocina. Una de las mejores formas para acompañar un tequila es con una deliciosa comida, y mejor aún, cuando el tequila es parte de la receta. El sabor emana de este capítulo en 24 recetas sugeridas por los chefs Aquiles Chávez, Francisco Ruano, Gerardo Vázquez Lugo y Josefina Santacruz, reconocidos artífices culinarios con una destacada trayectoria profesional en México y en el extranjero. Por si fuera poco, usted puede acompañar cada platillo o sorprender a sus comensales con alguna de las 11 recetas del *Cocktail Chef* Arturo Rojas. Definitivamente, una manera exquisita para redondear la experiencia en la mesa con el tequila como protagonista.

Alberto Navarro

Egresado del Instituto Tecnológico y de Estudios Superiores de Monterrey, donde cursó la carrera de mercadotecnia y un diplomado en habilidades directivas y gerenciales, cuenta con una trayectoria corporativa a nivel nacional e internacional dentro de la industria de las bebidas espirituosas, por lo que conoce de primera mano los métodos de producción en las distintas categorías que conforman la industria.

Ha trabajado en varias empresas líderes desenvolviéndose en varios puestos con los cuales ha podido desarrollar e implementar diversas estrategias comerciales para dar a conocer y posicionar a las marcas. De 2003 al 2005 se desempeñó como Gerente de Mercadotecnia en Tequila Sauza México. Posteriormente, en enero de 2005 comenzó a trabajar para Pernod-Ricard México donde inició con diversos cargos gerenciales; un año después y hasta 2009, fungió como Director Internacional Regional para Europa, África y Medio Oriente para el portafolio de exportación de Olmeca, Tezón, Mariachi, Viuda de Romero, Chateau Domecq, XA y Padre Kino; en marzo de 2009 se le asignó el puesto de Director de Educación y Embajador Mundial de Marcas para el portafolio global de exportaciones que

incluye marcas como: Olmeca, Tezón, Mariachi, Viuda de Romero, Presidente, Don Pedro y Azteca de Oro; durante el 2012 se desempeñó como Director de Educación de Marcas y Director de la Domecq Academy.

Alberto ha impartido ponencias, cátedras, seminarios, capacitaciones y programas de distinta índole en ciudades de China, Turquía, Rusia, Sudáfrica, Kazajistán, Brasil, Reino Unido, Canadá, Estados Unidos, Ucrania, Polonia, Estonia, Letonia, República Checa, Alemania y Serbia. Algunos de los programas que ha desarrollado e implementado consisten en capacitaciones técnicas en distintos temas relacionados con las bebidas espirituosas, así como sesiones y experiencias de carácter hedonista y vivencial que incorporan elementos del mundo de la gastronomía y otras industrias. Asimismo, ha organizado y participado como jurado en competencias de coctelería nacionales e internacionales, generando comunidades globales de *bartenders*, así como ha planeado y participado en viajes y visitas a diferentes destilerías alrededor del mundo. Como consultor independiente, Alberto trabaja con diversas marcas, categorías y compañías, tanto en México como en el extranjero.

Tequila y pasión
por el agave

Si bien mi experiencia profesional tuvo sus comienzos en las áreas de mercadotecnia y comerciales, donde me tomó algún tiempo siquiera saber que existían maestros tequileros, mezcaleros y pulqueros, fue desde el primer momento en el que tuve contacto laboral con el mundo de las bebidas espirituosas que noté que había llegado a una industria fascinante. Éste se dio cuando tuve la oportunidad de manejar la marca de una importante casa productora de tequilas, pues la primera vez que visité su destilería me sentí cautivado de inmediato. En vez de encontrarme con una línea de producción como lo esperaba, me topé con algo extraordinario que nunca antes había presenciado: un proceso de transformación que combinaba agronomía, mecánica, tecnología, biología, física, química y otras disciplinas y ciencias con tradición, historia, experiencia y, sobre todo, con mucha pasión. Inmediatamente mi óptica cambió y quedé enganchado a esta industria.

Mientras más me sumergía en lo relativo al tequila más me daba cuenta de lo poco que conocía y más avidez sentía por aprender. Busqué entrenamiento y capacitación que llegó de manera formal a través de cursos y seminarios, así como de forma empírica por medio de contacto personal con técnicos, ingenieros agrónomos, trabajadores del campo, maestros tequileros y otros personajes. Fui desarrollando habilidades sensoriales y me empapé del conocimiento que emanaba de mucha gente. Mientras más me relacionaba en la industria, fue cada vez más fácil y claro ver que una muy buena parte de estas personas formaban y alimentaban una especie de comunidad global expansiva que trasciende fronteras, cuyos miembros, además de tener muchos otros intereses en común, claramente comparten una ferviente pasión por el tequila

y otros destilados de agave. A partir de allí tuve la fortuna de conocer y mantener contacto con varios mentores, de quienes gradualmente me he enriquecido en un proceso de aprendizaje que nunca se ha detenido.

El cambio es una constante, otras categorías de bebidas espirituosas y nuevas disciplinas fueron complementando mis experiencias profesionales, resultando en una relativa y obvia disminución de mi tiempo dedicado al tequila. Sin embargo, el noble destilado mexicano desde el inicio tuvo y siempre tendrá en mi una atención, admiración y profundo aprecio, por todo lo que es, representa y significa.

La sección "Tequila y pasión por el agave" se inspira en una mezcla de aprendizajes, experiencias, notas, aventuras, descubrimientos, encuentros, vivencias e información adquirida tanto de manera presencial como documentada durante más de 15 años de contacto profesional constante y evolutivo con el tequila. Lejos de pretender que este apartado sea el producto de una investigación o una guía colmada de referencias de terceros, se trata más bien de la interpretación personal de una muy larga y compleja historia, contada en mis propios términos, tal como la he podido comprender con el paso del tiempo. Mi objetivo principal es compartir mis conocimientos sobre el tequila, contagiar mi pasión a otros sobre esta bebida y guiar sutilmente a todo aquel que le interese acercarse y saber más de este fascinante espirituoso. Y así, tal como yo tuve la fortuna de que otros lo hicieran conmigo, poder continuar transmitiendo la vasta herencia y tradición del tequila entre una mayor cantidad y diversidad de gente: mexicanos, extranjeros, aficionados y profesionales.

Alberto Navarro

Sumario

Tequila y pasión
por el agave

el agave

13

El
agave

Generalidades

En el mundo de las bebidas espirituosas, ninguna de ellas puede ser realmente comprendida si no se conocen y estudian sus orígenes. La definición de una categoría, incluyendo el perfil organoléptico particular de cada bebida, está inevitablemente ligada a la riqueza cultural que hay de fondo; es decir, a las tradiciones, a la forma en que se descubrió o inventó, a su evolución histórica, a su proceso de producción y a la materia prima de la cual provenga. En el caso del tequila y de otros destilados relacionados que se producen en México, el punto de partida es un género de plantas conocidas como agaves, de las cuales existen registros desde el periodo prehispánico.

Agave potatorum

Partes del agave

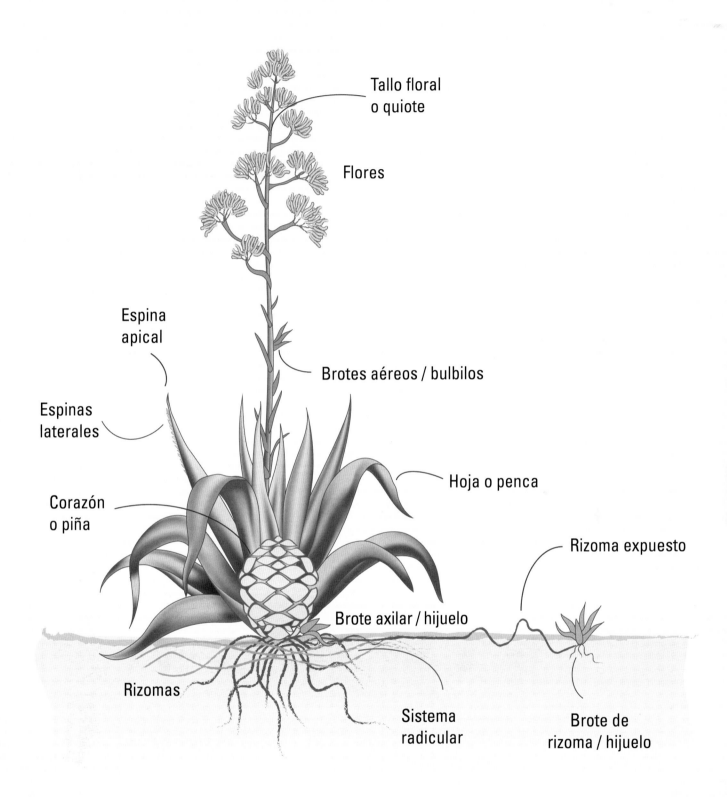

Tallo floral o quiote

Flores

Espina apical

Espinas laterales

Brotes aéreos / bulbilos

Hoja o penca

Corazón o piña

Rizoma expuesto

Brote axilar / hijuelo

Rizomas

Sistema radicular

Brote de rizoma / hijuelo

El agave en México es conocido de forma habitual con distintos nombres regionales, como maguey, mezcal, *metl*, fique, pita o cabuya, por mencionar algunos. Maguey es el más empleado, término de origen caribeño que los españoles utilizaron como genérico para referirse a cualquier agave. En el *Primer diccionario etimológico de la lengua española* de Roque Barcia, se afirma que el origen de la palabra viene del griego Αγαυή (*Agaué*), hermoso o noble. Los agaves son plantas robustas, de tronco nulo o reducido con hojas largas que forman rosetas, carnosas, fibrosas y terminadas en púa; en sus bordes presentan espinas rectas o en forma de gancho.

Flores de agave

Los agaves son plantas que se desarrollan muy bien en climas semiáridos y áridos con mucho sol directo y relativamente poca cantidad de agua. Crecen en su mayoría en regiones que se encuentran dentro de la franja entre el trópico de Cáncer y el trópico de Capricornio. Es muy común que se les confunda con cactus debido a ciertas similitudes: ambos se desarrollan en condiciones similares y son plantas suculentas; es decir, absorben agua de su entorno y la almacenan en su interior para subsistir durante periodos de sequía prolongados. Sin embargo, no están emparentadas; de hecho, pertenecen a dos clasificaciones botánicas totalmente distintas. *Agave* es el género más importante de la familia de las Agaváceas, perteneciente a la clase Liliopsida; en ese sentido, los agaves tienen mayor relación con plantas como la alcachofa, la palma o el tulipán, que con un cactus.

Distintas variedades de agave

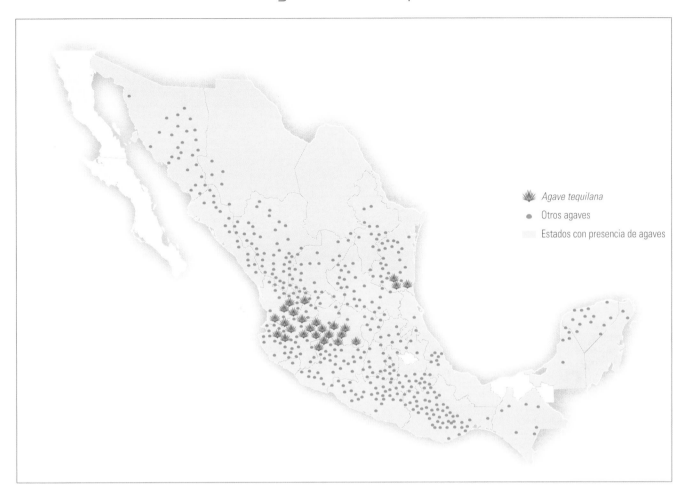

Agave tequilana

Otros agaves

Estados con presencia de agaves

El agave es originario del territorio americano. Existen alrededor de 300 variedades de agaves identificadas en el mundo, de las cuales poco menos de 200 pueden ser encontradas en México; de entre ellas, las especies que más se utilizan en la elaboración de destilados son: *Agave americana; Agave americana.* var. *oaxacensis; Agave angustifolia; Agave cupreata; Agave durangensis; Agave inaequidens; Agave karwinski; Agave lechuguilla; Agave maximiliana; Agave palmeri; Agave potatorum; Agave rhodacantha; Agave salmiana,* y *Agave tequilana.*

Para la elaboración del tequila sólo puede ser utilizado el *Agave tequilana* Weber variedad azul. En cambio, para elaborar otros destilados de agave, se utiliza una o más variedades. Aunque cada una de ellas esté botánicamente clasificada con un nombre científico propio, el nombre común con el cual se les identifica de mane-

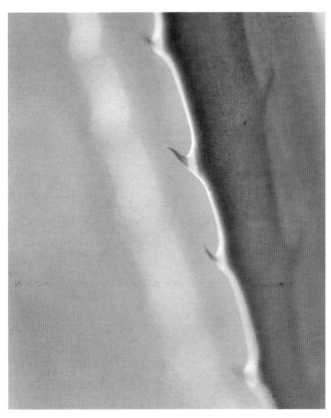

ra local en ocasiones difiere de una región a otra, aun tratándose de la misma variedad; asimismo, diferentes regiones pueden identificar de manera local con el mismo nombre común a distintas variedades de agave. Por tanto, en ocasiones resulta difícil saber qué tipo de destilado se elabora con qué tipo de agave.

Los agaves son plantas que solamente tienen un ciclo de floración en toda su vida en promedio a los 6 u 8 años de edad, aunque en algunas especies éste ocurre hasta los 20 años. El *Agave tequilana* y muchas de las especies se pueden reproducir sexual y asexualmente.

Relevancia en el periodo prehispánico

El cultivo y aprovechamiento de los agaves en México se remonta al periodo prehispánico; se estima que su domesticación data de aproximadamente 10 000 años. Su cultivo fue de gran importancia económica y cultural para varias civilizaciones nativas, desde las más antiguas, como la olmeca y la tolteca, hasta las más recientes, como la mexica. Las principales culturas prehispánicas mesoamericanas contaban con alto grado de avance y conocimientos extendidos en muchos ámbitos, como la astronomía, la arquitectura, las matemáticas y la organización social; asimismo, tenían una relación muy estrecha de aprecio, respeto y simbiosis con su entorno que les permitió utilizar y aprovechar de manera muy inteligente y sustentable todos los recursos que les eran provistos por la naturaleza.

Entre los elementos que dichos pueblos tomaban de la tierra, los agaves destacaban por su versatilidad y eran sumamente apreciados por la cantidad de beneficios que aportaban. Los usos que se les daban a estas plantas, que con la llegada de los españoles serán conocidas como magueyes, eran muy variados. La planta se aprovechaba en su totalidad en cada etapa de su procesamiento, satisfaciendo así una amplia gama de necesidades, como la obtención de alimentos y productos medicinales; vestimenta; instrumentos y objetos de la vida diaria, además de los usos rituales.

Algunos ejemplos de usos, varios de ellos vigentes, son:

- Elaboración de cuerdas, mantas y diversos textiles a partir de las fibras.

Eliminación de la pulpa de las pencas de agave para obtener las fibras

Fibras de agave secando al sol

- Obtención de hilo y aguja para coser en una sola pieza; para ello, la espina de la punta de la penca es desprendida junto con algunas fibras adheridas a ella.
- Fabricación de escobas, cepillos y estropajos, entre otros objetos similares.
- Confección de sandalias, redes, bolsas, tapetes, cestas, entre otros objetos similares.

Fibras y papel de agave

Productos hechos con fibra de agave

Quiote cocido

- Uso de la membrana superficial de la penca como hoja, similar a un papiro, para escribir o ilustrar, o para envolver alimentos, como la hoja de mixiote.

- Uso de las fibras para mascar y limpiar los dientes.
- Extracción de jarabes para consumo humano, hoy conocido como jarabe o miel de agave, y para la elaboración de adhesivos.

Membrana de penca de agave

Jarabe o miel de agave

- Extracción de la pulpa para procesarla y fabricar papel, con el cual actualmente se confeccionan cuadernos y libretas.
- Usos medicinales para combatir distintos malestares, para cicatrizar, entre otros.

- Cocción de las piñas para consumo como alimento o golosina, llamado *mexcalli,* y la extracción de sus jugos para obtener una bebida que sería el antecesor del vino de mezcal. Algunas fuentes documentan la existencia de un método de destilación prehispánico.

- Extracción de la savia para obtener bebidas dulces, como el aguamiel, y fermentadas como el pulque, o para la obtención de vinagres.
- Consumo de flores y plagas de las plantas, como gusanos u hongos.
- Fabricación a partir de las espinas de herramientas y objetos punzantes para el trabajo, como clavos.
- Uso ritual de las espinas como castigo o para hacer brotar la sangre como ofrenda para los dioses.

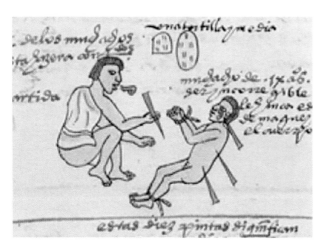

Muchacho de 9 años siendo castigado por su padre, quien le hinca púas de agave. *Códice Mendoza*, fol. 59, (a.1542).

- Fabricación de instrumentos musicales, como trompetas, hechos con el quiote o tallo de floración del agave.
- Utilización en la construcción para formar estructuras habitacionales, por ejemplo, columnas hechas con los quiotes recubiertos con pencas para formar las paredes; estas mismas también sirven como tejas para los techos.

Hilo de fibra de agave teñido

- Utilización de las pencas como tapas para hornos de piso, platos y envoltura de alimentos.

La enorme cantidad de beneficios que una sola planta ofreciera a los pueblos prehispánicos durante varios siglos, provocó el desarrollo de una serie de asociaciones, atribuciones y representaciones que vincularon al agave con las creencias religiosas.

Destaca Mayahuel, la diosa mexica del maguey y, por extensión, del pulque y de la embriaguez. Según la cosmovisión de esta cultura, Mayahuel era una diosa agrícola que vivía con sus hermanas en custodia de su

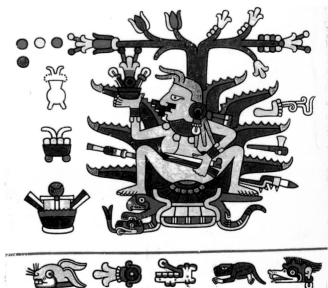

Representación de Mayahuel, diosa mexica del maguey. *Códice Laud*, lám. 9, (s. XVI).

abuela, una *tzitzimime* o demonio de estrellas. Una noche mientras dormía, Ehécatl-Quetzalcóatl visitó a la joven y la convenció de bajar a la tierra para convertirse juntos en un árbol de dos ramas. Cuando su abuela despertó y no vio a Mayahuel bajó a la tierra a buscarla junto con sus hermanas; al encontrar el árbol donde la pareja se había unido, la abuela *tzitzimime* rompió una de las ramas y se la dio de comer a sus hermanas. Sin embargo, la rama en que se había convertido Quetzalcóatl permaneció intacta. Ehécatl-Quetzalcóatl rescató los restos del cuerpo de Mayahuel, los enterró, y de éstos creció el primer agave.

Mayahuel se unió con Patécatl, el dios de la medicina, las intervenciones quirúrgicas y del bienestar; a él se le atribuye la idea de la fermentación de la savia y, por tanto, la creación del pulque.

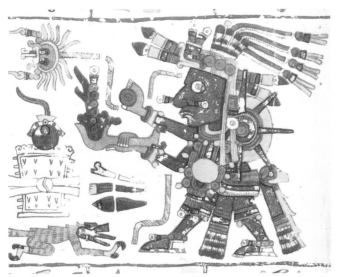
Representación de Patécatl, dios mexica de la medicina. *Códice Borgia*, facsímil, lám. 18, (a.1988).

Mayahuel también era relacionada con la fertilidad y la tierra, representada como una mujer convertida en agave con 400 pechos para alimentar con su lechoso pulque a los humanos y a sus 400 hijos, conocidos como

Octecómatl. *Códice Borgia*, facsímil, lám. 23, (a.1898).

Centzon totochtzin o los 400 Conejos, considerados los dioses del pulque. Éstos se reunían en diferentes festividades y eran responsables de la embriaguez. Cada uno era un dios individual que representaba a una de las múltiples personalidades que el ser humano podía adquirir cuando estaba en estado de ebriedad.

El pulque, antecesor y compañero de los destilados de agave

Si bien, varios de los destilados de agave actualmente son reconocidos a nivel global, probablemente el pulque sea el que más trascendencia ha tenido. Por un lado, es el antecesor de los destilados de agave, además de que tradicionalmente ha sido una bebida que ha gozado de cierto nivel de popularidad. Por otro lado, cabe destacar su trayectoria que, en parte, ha ido de la mano con los destilados de agave al compartir las mismas plantas como materia prima, así como la apreciación que ha tenido por parte de las diversas sociedades que han habitado el territorio mexicano.

El pulque es la bebida resultante del fermento de la savia del agave; históricamente, la zona de producción más propicia ha sido el Altiplano Central de México. Entre los mexicas se creía que los dioses del pulque

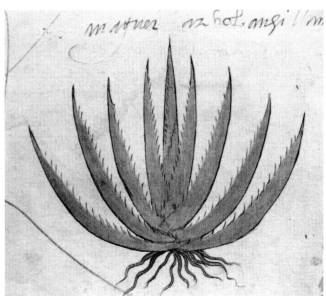
Maguey. *Códice Tudela*, facsímil (a.1533).

Agumielero recolectando jugo de agave; pieza de barro de Nayarit (300-950 d.C.).

Extracción de hijuelos de metl. *Códice Florentino*, s. XVI.

eran responsables de los efectos de la embriaguez. La bebida se empleaba en rituales públicos con fines ceremoniales, en los cuales los tlachiqueros eran los encargados de probar su calidad, mientras que los sacerdotes fungían como intermediarios entre la sociedad y los dioses a través de la intoxicación alcohólica. Su consumo fuera de estas ceremonias estaba controlado, casi completamente limitado a los ancianos con cierto nivel económico o político y a los guerreros. El resto de la población sólo podía beber el aguamiel sin fermentar, la trasgresión de las normas era penada hasta con la muerte.

En tiempos coloniales, debido al desvanecimiento de las prohibiciones de antaño, su consumo se extendió cada vez más, provocando un importante primer auge, especialmente entre la población indígena. La generación de recursos resultantes del creciente mercado fue aprove-

chada por los evangelizadores para el financiamiento de sus misiones, a pesar de que el pulque representara una competencia para los vinos europeos y el aguardiente de caña. Asimismo, su producción sufrió

Agave potatorum

Indio que extrae pulque. Claudio Linati, *Trajes civiles, militares y religiosos de México*, Editorial Innovación, México 1978, lám. 38.

Hombres brindan con pulque afuera de una cantina

Pulquería de barrio, inicios del siglo XX.

modificaciones importantes para abastecer su creciente demanda, principalmente, en las cuestiones agrícolas y planeación de su producción. Comenzó a ser elaborado por los hacendados españoles y fue necesario adecuar y extender el cultivo del agave en muchas zonas del altiplano. Los volúmenes de producción del pulque se incrementaron exponencialmente, incluso hasta el punto de

Pulquero despachando a un hombre en el interior de una pulquería en la Ciudad de México

ser sujeto de una tasa impositiva virreinal y de decretarse diversas normas que regularan su comercialización, transportación y consumo.

Al consumarse la Independencia, el fortalecimiento del sentimiento de patriotismo y orgullo nacional, aparejado con la desaparición del sistema de recaudación fiscal que había sido impuesto al pulque durante el Virreinato, dio como resultado un nuevo florecimiento y desarrollo económico de la industria pulquera. Su influencia se extendió principalmente en la parte central del país, en donde se establecieron numerosas haciendas dedicadas exclusivamente a su producción. La bebida incluso comenzó a ser popular también entre las clases sociales más elevadas.

Durante el mandato de Porfirio Díaz, debido a la tendencia de adoptar modas extranjeras y permitir el ingreso al país de capital foráneo, se propició la imposición de un nuevo producto proveniente de Europa: la cerveza. Los apoyos económicos hacia los productores y vendedores de pulque decayeron y comenzó una campaña de desprestigio del pulque entre las clases altas por parte de la industria cervecera y algunos intelectuales de la época. Ya en la Revolución, la industria pulquera se vio afectada; sin embargo, el panorama en los sectores populares mejoró debido a la expansión de la migración de la población rural a los centros urbanos y al creciente desarrollo de las vías de comunicación y de las ciudades, sobre todo la Ciudad de México. Los campesinos tomaron empleos como obreros en las ciudades, lo cual estimuló la aparición de las "pulquerías de barrio" en las ciudades aledañas a las zonas de producción del pulque, lugares donde de manera regular la clase trabajadora se reunía después de la jornada laboral a disfrutar de esta bebida.

A principios del siglo XXI la industria del pulque se ha visto nuevamente beneficiada. Actualmente, es posible encontrar algunas de esas pulquerías fundadas a inicios del siglo XX; debido al auge global de los productos de agave, el consumo del pulque ha crecido, al menos en un segmento de la población, y recientemente se han dado nuevas aperturas de pulquerías.

Proceso de producción del pulque

Mientras que los destilados de agave requieren que la planta sea cosechada y procesada al llegar a su punto de madurez, la elaboración del pulque requiere que la planta no sea desenterrada o desenraizada y es necesario que se mantenga viva de manera casi íntegra durante un

Feria del pulque, Milpa Alta, Ciudad de México.

Pulque blanco

Mujer sirviendo pulque, Ixmiquilpan Hidalgo, pueblo otomí, (2014).

Agave salmiana

Persona raspando un maguey, El Cardonal Hidalgo, pueblo otomí (1990).

tiempo después de haber alcanzado la madurez. Durante ese lapso la planta es explotada periódicamente para extraerle la savia o aguamiel a partir del cual se produce el pulque. Las plantas pulqueras más comunes son *Agave salmiana*, conocido como maguey pulquero, manso o de montaña, y *Agave atrovirens*, nombrado también maguey pulquero, tlacámetl o clacámel. Sus principales zonas de cultivo y explotación son Zacatecas, San Luis Potosí, Estado de México, Puebla, Hidalgo, Tlaxcala, Michoacán y la periferia de la Ciudad de México.

Cuando el agave ha madurado se capa, es decir, se cortan las hojas o pencas que brotan en la parte central superior de la planta, llamada cogollo; o bien, el quiote o tallo de floración. Después, se raspa el centro con una cucharilla con bordes afilados para ir desgastando el interior del corazón de la planta de manera progresiva; este proceso tarda aproximadamente 6 meses. Transcurrido este tiempo, se habrá formado un orificio amplio donde se acumula por exudación la savia del maguey, es decir, el aguamiel. La planta produce entre 10 y 15 litros por día en un periodo de aproximadamente 6 meses. Durante este tiempo, el orificio de la planta se tapa con piedras o con las mismas pencas que se le han cortado a la planta para evitar que ingresen insectos u otros contaminantes del exterior.

Para la extracción del aguamiel el tlachiquero utiliza un acocote que emplea como sifón, introduciendo uno de los extremos en el orificio de la planta lleno de aguamiel y succionando con la boca por el extremo opuesto. Tradicionalmente se transporta el líquido en odres o en castañas de madera hacia el tinacal, en donde fermentará. El pulque al natural es la manera más tradicional de consumirlo, servido en un cajete, jícara, tarro o directamente del tinacal; otra forma, es curado al añadirle la pulpa de una gran variedad de frutas o verduras y algún tipo de endulzante.

Acocote

Tlachiquera

¡Nunca se cansan de mirar mis ojos el
perpetuo milagro de la vida!

Amado Nervo, **Éxtasis**

Historia
del tequila

Historia
del tequila

De todas las formas en que históricamente los agaves han sido aprovechados en el actual territorio mexicano, su consumo como alimento, que incluso se cree sucedió antes de la domesticación del maíz, es probablemente un elemento clave que eventualmente hizo que el tequila adoptara su forma y nombre actual. En las primeras crónicas españolas se encuentran menciones de bebidas alcohólicas consumidas por la población local, a las cuales los peninsulares denominaron con el nombre genérico de vinos. Esto supone el inicio de la asignación de nombres en castellano a aquellos elementos prehispánicos, que podrían tratarse tanto del pulque como del consumo del jugo de maguey cocido y fermentado, que dieron vida posteriormente a los mezcales y tequilas actuales.

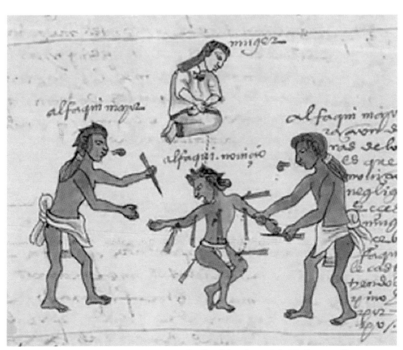

Uso de púas de agave como castigo. *Códice Mendoza*, fol. 63, (a. 1542).

El *mexcalli*, el vino de *mexcalli* y el vino mezcal

Los mexicas, civilización dominante en Mesoamérica cuando los españoles arribaron al continente americano, consumían un alimento que llamaban *mexcalli*, nombre derivado del náhuatl *metl*, maguey, e *ixcalli*, cocido. De acuerdo con los informantes indígenas del fraile Bernardino de Sahagún: "mexcalli son las pencas de maguey cozidas [*sic*], *necutlatotonilli* es la miel reciente que sale del maguey calentada al fuego". Hacia 1536, Fray Toribio de Benavente, conocido por los indígenas como Motolinía, redactó *Historia de los indios de la Nueva España*, una crónica sobre las costumbres de los pueblos de la Nueva España. Gracias a esta referencia se sabe que del *mexcalli* también se obtenían una bebida alcohólica y vinagre:

Hay otro género de estos cardos o árboles de la misma manera, sino que el color es algo más blanquecino, aunque es tan poca la diferencia, que poco miran en ello, y las hojas o pencas son un poco más delgadas; de este que digo sale el mejor vino que dije que bebían algunos españoles, y yo lo he bebido. El vinagre de éste también es mejor. Éste se cuece en tierra, las pencas por sí y la cabeza por sí, y sale de tan buen sabor como un diacitrón no bien adobado o no muy bien hecho. Lo de las pencas está muy lleno de hiladas; éste no se sufre al tragar, mas de mascar y chupar el sumo [*sic*] que es dulce y así lo llaman mexcalli.

Otra referencia escrita por Sahagún permite mostrar que los españoles se encontraron con al menos dos tipos de bebidas producidas a partir del maguey: el *iztac octli* o pulque blanco, bebida alcohólica elaborada con aguamiel; y el *ayuctli* o pulque de agua, una bebida a la

Fray Toribio de Benavente

Agave cocido

1519-1521	1530		1536
Conquista del territorio mesoamericano por parte de Hernán Cortés.	La zona de Tequitlán es anexada al territorio de Nueva Galicia por manos de Cristóbal de Oñate.	Fray Juan Calero funda el poblado de Santiago de Tequila.	Fray Toribio de Benavente documenta los distintos usos que los nativos daban al agave en su *Historia de los indígenas de la Nueva España*.

Códice Magliabecchiano, lám. 41.

Consumo ritual de pulque. *Códice Mendoza*, fol. 71, (a. 1542).

Representación de la Conquista

que se hace referencia como pulque hechizo o contrahecho por componerse de agua y miel, seguramente de maguey, porque menciona que ésta se cocía con la raíz, y que antes de beberse se dejaba reposar algunos días. Un informe de las autoridades de Nueva Galicia, emitido el 10 de junio de 1769, detalla el procedimiento para la fabricación de la bebida llamada vino *mexcalli*, el cual podría ser considerado muy similar al *ayuctli* o pulque de agua que menciona Sahagún. Para obtener el jugo de las piñas de agave, primero se les despojaba de su quiote y hojas o pencas. Posteriormente, las piñas se cocían lentamente en hornos subterráneos recubiertos de piedra; esta tecnología de horneado subterráneo fue común en mesoamérica para la cocción de diversos alimentos. Luego, de la piña cocida y tatemada se extraía el jugo a través de golpes con mazos para después fermentarlo.

Después de la Conquista y una vez instalados los españoles en territorio americano, conforme disminuyeron las raciones de destilados fuertes que habían transportado desde ultramar surgió el interés por destilar las fuentes locales de fermentos con baja graduación alcohólica para obtener fácilmente, a un bajo costo y en abundancia, destilados de alta graduación alcohólica. La experimentación, la tecnología y los procesos de producción importados, en conjunto con los recursos locales y prácticas ancestrales, sin duda, fueron los que dieron origen al nacimiento de los primeros destilados de agave, productos mestizos dedicados específicamente

1542	Finales del siglo XVI		1590
Se establece definitivamente la Villa de Guadalajara.	Introducción en Nueva Galicia de la alquitara o alambique.	Tabernas clandestinas se localizan en sitios apartados, como cañadas o serranías.	Joseph de Acosta describe al agave como el "árbol de las maravillas" en su *Historia natural y moral de las Indias*.

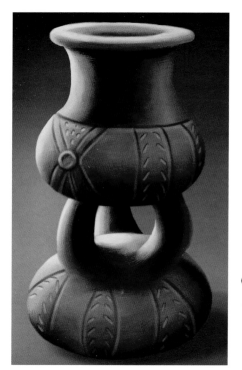

Vasija empleada para experimento de destilación prehispánica (izq.); destilador árabe (der.).

al consumo humano. Sin embargo, es preciso decir que algunas investigaciones sugieren que previo a la Conquista, en algunas regiones del terreno que actualmente ocupa México, se producían algunos destilados usando una especie de destilador ancestral. Su uso, sin embargo, no era muy difundido y era exclusivo de ciertas clases sociales. El descubrimiento de hornos precolombinos alrededor del sitio de Xochitécatl empleados para la cocción de agaves; la presencia de agave masticado en las mismas unidades habitacionales, así como de basureros adjuntos con restos de ollas, ha llevado a varios estudiosos a formular esta hipótesis. Entre ellos se encuentra un estudio realizado por académicos del Centro de Investigación Científica de Yucatán y el arqueólogo Fernando González del Centro INAH de Colima quienes desarrollaron experimentos con réplicas de vasijas prehispánicas con la finalidad de mostrar la posibilidad

de que en el área cercana al volcán de Colima se conociera la destilación desde antes de la llegada de los españoles.

No obstante, es un hecho que a principios del siglo XVII ya se producían bebidas destiladas de agave, al menos en Nueva Galicia. El cronista Domingo Lázaro de Arregui en su *Descripción de la Nueva Galicia* de 1621, hace referencia a un destilador: "Los mexcales son muy semejantes al maguey, y su raíz y asientos de las pencas se comen asadas, y de ellas mismas, exprimiéndolas así asadas, sacan un mosto del que sacan vino por alquitara más claro que el agua y más fuerte que el aguardiente y de aquel gusto".

De acuerdo con el investigador estadounidense Henry John Bruman, en las zonas donde los indígenas conser-

1616

Cobro de diezmo a los ingresos generados por la comercialización del vino *mexcalli*.

1637

Creación del estanco al vino mezcal por iniciativa del presidente de la Audiencia de Guadalajara.

1656

El pueblo de Santiago de Tequila adquiere la categoría de villa.

varon la producción de *ayuctli* o vino *mexcalli* después de la llegada de los españoles, se originó la producción del destilado alcohólico denominado vino mezcal; estas zonas comprendían lo que actualmente son los estados de Nayarit, Jalisco, Colima, Guerrero y Oaxaca, además de partes de Veracruz y Tabasco y el Altiplano Central donde se consumía sobre todo pulque. A partir de ello hubo una transformación en la elaboración de esta bebida, la cual pasó a manos de una población heterogénea compuesta por nativos, mestizos, criollos y españoles en las zonas tradicionales de producción.

Si bien la introducción del alambique a finales del siglo XVI fue responsable de la transformación paulatina del vino *mexcalli*, otras aportaciones europeas permitieron un cambio en todo el proceso de producción que derivó en el aumento de su rendimiento y la masificación de su elaboración; por ejemplo, la introducción de la tahona europea que facilitó el proceso de molienda; el envasado de líquidos y granos en recipientes de barro, cuero o madera para trasladarlos o almacenarlos; la incorporación de las grandes tinas de pisado, fermentación y almacenaje del vino a las tabernas novohispanas donde se fermentaba el jugo de agave; el almacenamiento de bebidas regionales en los toneles que llegaban a América cargados con vino o aguardiente, así como la incorporación de las castañas.

Al paso de los años el término vino mezcal comenzó a emplearse como referencia a todo destilado elaborado

Tahona

1670

El rey Carlos II ratifica por medio de la Cédula Real el Real Estanco de vino mezcal.

1673

Carlos II permite la elaboración de vino mezcal en el territorio de Nueva Galicia.

Inicios del siglo XVIII

Don Pedro Sánchez de Tagle introduce la primera destilería moderna de vino mezcal en la hacienda de Cuisillos.

Barricas antiguas

producción. Se obtuvieron así múltiples combinaciones de destilados de agave; algunos de ellos comenzaron a destacar y se fueron perfeccionando, ya fuera porque la planta para producirlo tenía una gran disponibilidad, accesibilidad y diversidad, aunado a su eficiencia y rendimiento productivo; o bien, por su sabor y cualidades organolépticas. Todos estos productos conservaron el nombre genérico de vino mezcal durante mucho tiempo.

Es muy probable que las primeras destilerías en la zona de Nueva Galicia, conocidas en la región con el nombre de tabernas, se hayan localizado principalmente en sitios apartados, como cañadas o serranías donde abundaba el agua, y que en ellas se obtuviera un destilado de agaves silvestres utilizando alambiques de barro rudimentarios, similares a los que actualmente se utilizan en la producción de mezcales artesanales. La localización en sitios alejados y de difícil acceso de estas destilerías sirvió también para que permanecieran en la clandestinidad ante la prohibición virreinal del consumo de bebidas alcohólicas entre la población nativa, y posteriormente, a evitarles el pago de impuestos.

a partir de agave. Estos nuevos destilados se tornaron muy populares, no sólo entre los españoles y sus descendientes, sino especialmente entre la población nativa que no tardó en tomarle gusto sobre todo a su potencia alcohólica y a sus elevados efectos embriagantes. Comenzaron a aparecer en varias zonas de Nueva España fábricas de vino mezcal, las cuales operaban, en ocasiones, por periodos con permiso de las autoridades virreinales, y otras veces de manera clandestina. Así, entre prohibiciones y gravámenes impositivos, el vino mezcal se extendió y se hizo popular prácticamente en todo el Virreinato, sobre todo en la zona de Nueva Galicia.

La fuerte demanda del vino mezcal no sólo representaba una competencia directa a los aguardientes españoles, sino que el aumento en su consumo causó cierto desorden en las poblaciones nativas; así, las autoridades españolas comenzaron a cobrar un diezmo, es decir, una décima parte de los ingresos generados por su comercialización. Posteriormente, en 1637 se creó el estanco de vino mezcal por iniciativa del presidente de la Audiencia de Guadalajara, don Juan de Canseco y Quiñones, con el fin de controlar el comercio y consumo de la bebida.

El desarrollo de la industria del vino mezcal

Cientos de años de integración cultural y explotación comercial en torno al agave permitieron que en la producción del vino mezcal se experimentara con diferentes variedades de la planta y con diversas formas de

1709
Mateo Martínez de la Parra dicta un auto prohibiendo la comercialización de vino mezcal y de coco.

1750
Las tabernas se convierten en parte integrante de la infraestructura de algunas haciendas de los alrededores del volcán de Tequila.

• La Rojeña se establece en el rancho de San Martín.
• La comercialización del vino mezcal llega a toda Nueva Galicia.

1758
La familia Cuervo y Montaño inicia una destilería en la Hacienda de Arriba o Antigua Cuisillos.

Carlos II de España

Pedro Sánchez de Tagle

A inicios de la década de 1670 el rey Carlos II ratificó por medio de la Cédula Real el Real Estanco de vino mezcal como una medida de recaudación impositiva que regulaba el comercio del destilado y de sus diferentes productos. Dicho estanco permitía la comercialización durante diez años y consistía en establecer precios, cobrar tributaciones, trasladarlos y vigilar que la calidad y pureza de la bebida fueran las requeridas. La recaudación se destinó a mejorar la infraestructura de abastecimiento de agua hacia la Villa de Guadalajara. Éste podría considerarse el primer intento por normalizar el proceso del vino mezcal, uno de los primeros antecedentes para la actual Norma Oficial Mexicana del tequila.

La presencia de agua fue un factor fundamental para la producción del vino mezcal. En adición a las tabernas localizadas en la cañadas, ríos y barrancas, se establecieron tabernas en las inmediaciones del volcán, que en la actualidad se conoce con el nombre de Tequila gracias a la abundancia de agua. Por ello, la Villa de Tequila se benefició de la actividad comercial de mayor escala que sucedía en Guadalajara, pero también de la introducción de la primera fábrica de vino

1768

Establecimiento del puerto de San Blas como un puerto comercial financiado por el estanco.

1769

Carlos III suspende el estanco de vino mezcal.

1770

Las tabernas se distribuyen en una posición estratégica dentro de la ruta del Camino Real.

mezcal gracias a la familia Sánchez de Tagle, la cual se estableció en la región desde el siglo XVII y adquirió a principios del siglo XVIII la hacienda de Cuisillos. Es probable que dentro de todas las actividades que se realizaban en la hacienda, una de ellas haya sido la fabricación de vino mezcal, siendo la primera destilería moderna en la región actual de Tequila y, por tanto, la que haya iniciado la siembra de agaves destinados específicamente para la destilación del vino mezcal. De esta manera, pese a que producía pequeños volúmenes, comenzó la formalización agronómica del agave en la región.

Después, la fabricación del vino mezcal se vio desestimulada; a ello se suma que en 1709 el capitán Mateo Martínez de la Parra dictó un auto prohibiendo el "trajín y comercio de vino mezcal y de coco y otros brebajes que llaman tepache y binguí" con el fin de asegurar el control de cualquier bebida, acción que incluso se contrapuso al objetivo del estanco de vino mezcal. A pesar de esta situación, a finales de la primera mitad del siglo XVIII el vino mezcal seguía siendo popular, hecho

que se demuestra con la notable cantidad que de él se introducía a Guadalajara. De acuerdo con el sacerdote Matías de la Mota y Padilla llegaban a ser 150 cargas por año, de hasta 136 kg cada una.

Durante la mitad del siglo XVIII las tabernas se incorporaron a algunas haciendas de la comarca como parte de la infraestructura. Estas remotas instalaciones industriales sirvieron en la mayoría de los casos para la destilación de cantidades limitadas de vino mezcal destinado al consumo local y, de manera excepcional, para el comercio regional que abarcó toda Nueva Galicia. Algunos ejemplos son La Rojeña, que se estableció en el rancho de San Martín gracias a Nicolás Rojas en 1750; la Hacienda de Arriba o Antigua Cuisillos, adquirida por la familia Cuervo y Montaño que en 1758 inició como destilería, o La Chorrera, fundada en 1777 en el Rancho San Juan de Dios de las Chorreras por Malaquías Cuervo.

La distribución del vino mezcal cada vez abarcaba mayores territorios. En 1768, al establecerse San Blas como un puerto de altura financiado por el estanco y que conectaba con el Pacífico norte, las Californias y la costa oeste de Estados Unidos, el vino mezcal se pudo transportar hasta el norte de Nueva España. Asimismo, también se comercializó internacionalmente a naciones como Filipinas, convirtiéndose en el primer producto de exportación hecho en Nueva Galicia e intercambiado por medio de trueque. Por otro lado, la apertura de la ruta comercial del Camino Real logró conectar el puerto de San Blas con la Villa de Tequila, Guadalajara y la Ciudad de México. En esta ruta comenzaron a establecerse de manera estratégica muchas destilerías donde también se encontraban las tabernas que, de acuerdo

Mapa de Nueva España, Ortelius, 1612.

1777	1785	1795	
Malaquías Cuervo funda la fábrica La Chorrera, en el Rancho San Juan de Dios de las Chorreras.	El rey Carlos III prohíbe la producción y venta de bebidas alcohólicas en Nueva España; la producción de vino mezcal continúa de forma clandestina.	Se anula la cédula emitida por el rey Carlos III que prohíbe la producción y venta del vino mezcal.	El rey Carlos IV otorga a José María Guadalupe de Cuervo y Montaño el primer permiso oficial para producir vino de mezcal en la Villa de Tequila.

Mapa de San Blas publicado en 1844. *David Rumsey Map Collection.*

con el naturalista español, José Longinos Martínez, fueron de gran importancia para el desarrollo de la población. Al mismo tiempo, el vino mezcal fue un producto que otorgó fama a la región que poco a poco se fue especializando en él.

Si bien no se halló hasta ahora algún documento que establezca la fecha en la cual el ya popular vino mezcal comenzó a mutar de nombre para ser conocido simplemente como mezcal, lo que sí queda claro es que este destilado, conocido a través del tiempo con varios nombres, es el antecedente directo del futuro tequila.

De vino mezcal a tequila

El destilado de agave conocido hoy como tequila adquirió tal nombre debido a la zona donde históricamente fue desarrollado durante mucho tiempo como vino mezcal; es decir, en Nueva Galicia y con presencia notable en Santiago de Tequila. Los diferentes tipos de vino mezcal comenzaron a ser denominados o conocidos simplemente como mezcal. Aunado a esto, la especialización o preferencia regional por el origen de algún mezcal en particular dio lugar a que quienes hablaban de este tipo de destilado procedente de la Villa de Santiago de Te-

1797	1805	1810
Primera feria comercial en América, la Feria de San Juan de los Lagos.	José María Castañeda funda la destilería La Antigua Cruz en la Villa de Tequila.	Inicia la guerra de Independencia mexicana.

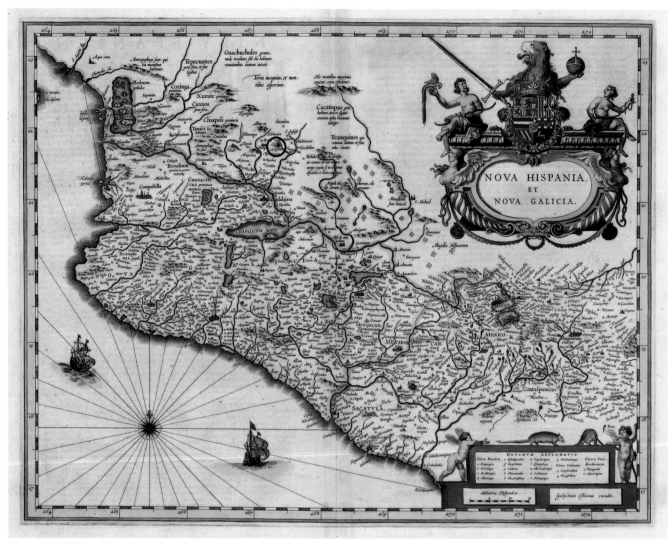

Mapa de la "Nova Hispania et Nova Galicia" hacia 1653. Universidad de Texas.

quila, se refirieran a él como mezcal de Tequila. Eventualmente, a los mezcales elaborados en Tequila, simple y llanamente se les llamó tequila. De esta manera, los tequilas se fueron distinguiendo históricamente de entre los demás mezcales, y aunque muchos otros tipos de mezcal o destilados de agave se han conservado, e incluso algunos también han desarrollado exitosamente una denominación de origen, el tequila ha tenido presencia durante varios siglos, lo cual le ha valido para

convertirse en la categoría de destilados de agave más reconocida, protegida por su propia denominación de origen, y que da vida a una industria altamente rentable, sumamente cuidada, de enorme relevancia como acervo nacional y con un extendido alcance internacional.

La historia de la zona de Tequila comienza en el periodo prehispánico con un grupo cultural que originariamente formaba parte de una alianza de varios; todos

1812-1815

Se cierra el puerto de Acapulco. San Blas se convierte en el principal puerto de entrada y salida de productos.

1821

La crisis de producción de vino mezcal a causa de la alta competencia ocasiona el cierre de varias destilerías.

1824

El territorio que ocupaba la antigua Intendencia de Guadalajara se convierte en el estado de Jalisco.

Herramienta de obsidiana

ellos habitaron un amplio territorio conocido como Chimalhuacán, zona que comprendía los actuales estados de Jalisco, Nayarit, Colima, Aguascalientes, así como parte de otros estados colindantes. Provenientes de los grupos chichimeca, nahuatlaca, tolteca y otomí, este grupo cultural se asentó en las inmediaciones del cerro del Chiquihuitillo, al oeste de la actual ciudad de Guadalajara, en un lugar llamado Teochinchán: "lugar del dios todopoderoso". Este nombre fue inspirado por la

abundante obsidiana en la zona, producto de la erupción del volcán que hoy es conocido como volcán de Tequila, ya que esta piedra era considerada sagrada. Posteriormente, debido a que la gente de la zona trabajó la obsidiana, al lugar se le adjudicó el nombre de Tequitlán, del náhuatl *tequitl*, trabajo, y *tlan*, lugar. Como resultado, a los habitantes de dicha zona se les nombró tecuilos. Una vez que la zona fue conquistada y anexada al territorio de Nueva Galicia en 1530 a manos de Cristóbal de Oñate, los tecuilos opusieron resistencia ante el conquistador. En el mismo año de 1530, el día 15 de abril, misioneros franciscanos fundaron el poblado de Santiago de Tequila, nombre inspirado en el grupo que allí habitaba, los tecuilos. De acuerdo con las instrucciones de Fray Juan Calero, existió la obligación de reubicar a algunos tecuilos nativos del cerro del Chiquihuitillo. En un inicio la creación del poblado, incluyendo

Cristóbal de Oñate

Fray Juan Calero

1840	Mediados del siglo XIX		1858
Se establecen nuevas destiladoras de vino mezcal en otras zonas, como en Zacatecas y San Luis Potosí.	Modernización en las herramientas de destilación y sustitución de los hornos de pozo por hornos de mampostería.	Primeras apariciones del término tequila para describir al vino mezcal.	Cenobio Sauza se muda a Villa de Tequila y trabaja en la taberna de don José Antonio Gómez Cuervo.

el asentamiento forzado de muchos de sus primeros habitantes, fue pacífica; sin embargo, 11 años después tuvo lugar una insurrección de los indios tecoxines y de los caxcanes; los indígenas de Tequila, Ahualulco y Ameca se unieron a la rebelión y retornaron al cerro. Fray Juan Calero, en un intento por pacificarlos e invitarlos a regresar, fue muerto a flechazos y pedradas. Tras sofocarse el movimiento de insurrección indígena de 1541, Santiago de Tequila fue gradualmente pacificado y organizado, lo cual le permitió poco a poco ganar relevancia económica a nivel regional. Otros territorios cercanos a Santiago de Tequila se fueron delimitando, como la Villa de Guadalajara, fundada formalmente en 1542. En 1656 el pueblo de Santiago de Tequila adquirió la categoría de villa bajo el nombre del gobernador del reino de Nueva Galicia: Villa de Torre Argas de Ulloa y Chávez. Ésta se dividió en dos partes, siguiendo las

reglas de aquella época: en el poniente de la villa habitaban los españoles y sus descendientes, mientras que en el lado oriente los indios.

A la par que el desarrollo del vino mezcal ocurría en diversas zonas de Nueva Galicia, incluida la Villa de Santiago de Tequila, Carlos III suspende el estanco de vino mezcal, con orígenes en 1637, y emite en 1785 una cédula donde prohíbe la producción y venta de bebidas alcohólicas en Nueva España con inclusión de los destilados y fermentados de agave, como el vino mezcal y el pulque. Con esta medida, que estuvo vigente durante 10 años, se pretendía proteger los aguardientes españoles. Como resultado, sí hubo una reducción en los índices de producción del vino mezcal. Sin embargo, en 1795 el rey Carlos IV otorga el primer permiso oficial a José María Guadalupe de Cuervo y Montaño para pro-

Carlos III de España

Carlos IV de España

1862

Popularización de las damajuanas como medio de transporte del vino mezcal.

1873

Cenobio Sauza compra la destilería La Antigua Cruz y realiza la primera exportación oficial de vino mezcal a Estados Unidos de América.

1874

Se le otorga el rango de ciudad a la Villa de Tequila.

Catedral Basílica de Nuestra señora de San Juan de los Lagos, construida en en el s. XVIII.

La Antigua Cruz

ducir vino mezcal en la Villa de Tequila. Este hecho da origen a una de las dos casas consideradas como las fundadoras del tequila. Dos años después inicia la primera feria comercial en América, la Feria de San Juan de los Lagos, decretada por el rey. En ésta se presenta ante los comerciantes el vino mezcal, o simplemente mezcal, como una bebida nacional, lo que genera una distribución a mayor escala. Esta percepción de la bebida le otorgaría a futuro su mejor carta de presentación para su difusión.

A principios del siglo XIX la fabricación de vino mezcal se concentraba en gran medida en las zonas de Villa

de Tequila cercanas a las plantaciones de agave y a las regiones donde existió mayor abastecimiento de agua; para esta época eran pocas las que se mantenían en haciendas o ranchos. La Antigua Cruz, fundada en 1805 por José María Castañeda en la Villa de Tequila, es la destilería más antigua de la que se tiene registro oficial. En 1873 sería adquirida por Cenobio Sauza, quien se mudó a Villa de Tequila en 1858 para emplearse en la taberna de don José Antonio Gómez Cuervo, situada en la hacienda de San Martín. Con el tiempo se iniciaría en la industria de la producción de destilado de agave comprando fracciones de terrenos aledaños a La Antigua Cruz y renombrándola en 1888 como La

1880
Jesús Flores recibe la Medalla de primera clase en reconocimiento a la calidad de sus productos exhibidos durante la segunda exposición de Las Clases Productoras, en Guadalajara. Comienza a envasar el vino mezcal en botellas de vidrio.

1888
Cenobio Sauza cambia el nombre de la destilería La Antigua Cruz por el de La Perseverancia.

1893
Cenobio Sauza recibe la Medalla de Oro por su tequila en el *Columbian Exposition* dentro de la Feria Mundial de Chicago.

José María Guadalupe de Cuervo y Montaño

Cenobio Sauza

Perseverancia, año en que en Guadalajara ya existían 16 tabernas.

Cuando inicia la guerra de Independencia se genera un periodo de dificultades para obtener destilados procedentes de Europa, lo cual beneficia el consumo del mezcal y ayuda a forjar un sentimiento nacionalista en el mercado, especialmente en el centro del país. Por los conflictos internos, el puerto de Acapulco es cerrado y San Blas se convierte en el principal puerto de entrada y salida de mercancía nacional e internacional, hecho que beneficia el transporte del mezcal por su cercanía con la zona. Debido a la alta competencia que existía de

productores de mezcal y a su demanda, hubo una crisis de producción en 1821; a consecuencia de ello, muchos dueños de destilerías decidieron venderlas.

Posterior al movimiento independentista, el mercado de producción comienza a ampliarse en 1840 y se establecen nuevas destiladoras de mezcal en otras zonas, como en Zacatecas y San Luis Potosí. Poco a poco se fueron introduciendo en las tabernas adelantos en los procesos de fabricación y tecnologías que mejoraban la calidad del producto. Se introdujeron los pipones, grandes toneles de roble para la fermentación de los mostos, así como las columnas de destilación continua.

1884-1910

Porfirio Díaz lidera y moderniza al país. Se consolida le Red Ferroviaria Mexicana y se amplía el mercado nacional del tequila.

1899

Se registran 39 fábricas de vino mezcal, de las cuales 18 se ubicaban en torno a la ciudad de Tequila.

1900

Exportación de tequila a un mercado internacional más amplio, como Guatemala, El Salvador, Francia, Inglaterra y Alemania.

A mediados del siglo XIX las referencias escritas ya emplean el término tequila para nombrar al vino mezcal procedente de la Villa de Tequila. Una de las más representativas es la de Ernest de Vigneaux quien menciona que: "Tequila da su nombre al aguardiente mezcal, lo mismo que el Coñac lo da a los aguardientes de Francia en lo general". Manuel Payno escribe *Memoria sobre el maguey mexicano y sus diversos productos*, donde hace una referencia al comercio del vino mezcal de Tequila en todo el país y a la bebida reconocida ya con el nombre de su lugar de origen: "El mezcal puro es uno de los licores espirituosos más estimados en el mercado de México. Este licor y el tequila que se fabrica en el Departamento de Jalisco, suelen confundirse en el olor y en el sabor con la ginebra de Holanda".

Al mismo tiempo se popularizan las damajuanas, envases de vidrio soplado, esféricos, con un cuello similar al de las botellas de vino, forradas con fibras de agave para protegerlas y ofrecerles estabilidad. Éstas permitían mantener las características idóneas del mezcal

Fotografía antigua de Guadalajara

a la vez que facilitaban su transporte al menudeo. En 1873, Cenobio Sauza, dueño de la destilería La Perseverancia realizó la primera exportación oficial de vino mezcal a Estados Unidos con la venta de tres barricas y seis damajuanas. Por su parte, en 1880 Jesús Flores, dueño de La Constancia, antes La Rojeña, comenzó a envasar en botellas de vidrio el vino mezcal. Con esto logró ampliar el mercado gradualmente mediante el traslado del producto con arrieros, quienes podían ser considerados como empleados de los empresarios. Así fue que llegó el destilado de agave a la Ciudad de México.

A partir de 1870 se presenta un avance considerable en la producción y creación de nuevas destilerías industriales y en la expansión de las plantaciones de agave. Poco a poco la región de Tequila se fue especializando en la bebida, tanto que a finales de la década mencionada se perdió considerablemente la diversificación de cultivos porque se sembraban casi sólo agaves; los cultivos básicos como el maíz y el frijol se restringieron

1902		1906	1910-1920	
El naturalista Franz Weber comienza el trabajo de clasificación exhaustiva del agave.	La planta para la producción de tequila es renombrada a *Agave tequilana* Weber variedad azul.	Apertura de la primera planta embotelladora del país en Monterrey.	Revolución Mexicana.	Contrabando de tequila para repartirlo entre las tropas norteamericanas que resguardaban la frontera.

al autoconsumo de las haciendas destiladoras, provocando así que se perdieran otras fuentes de comercio de la región. Para 1874, la Villa de Tequila fue reconocida como ciudad en respuesta a la patriótica conducta de sus ciudadanos y policías después de un enfrentamiento con el ejército de Manuel Lozada, "El tigre de Alica". Y ya en 1875, la Sociedad Médica de Londres dictaminó que el tequila poseía propiedades curativas, una muestra del aprecio que la bebida estaba obteniendo fuera de México.

La consolidación del tequila: camino de éxitos y crisis

Para 1899 se tenían registradas 39 fábricas de vino mezcal, de las cuales 18 se ubicaban en torno a la Ciudad de Tequila. Muchas de las marcas fueron objeto de condecoraciones y premios nacionales e internacionales. En mayo de 1880 Jesús Flores recibió la Medalla de Primera Clase en reconocimiento a la calidad de sus productos exhibidos durante la segunda exposición de Las Clases Productoras, en Guadalajara. Por su parte, Cenobio Sauza recibió la Medalla de Oro por su tequila en el *Columbian Exposition* dentro de la Feria Mundial de Chicago de 1893, y Medalla de Oro en la *San Antonio Internacional Fair Association,* en 1910. Estos hechos marcaron la separación definitiva del tequila del resto de los vinos de mezcal, identificándose a partir de ese momento solamente como tequila tanto dentro como fuera de México.

A finales de los años 70 del siglo XIX los empresarios tequileros se dieron a la tarea de realizar cambios tecnológicos en el proceso de la bebida incrementado con-

Feria mundial de Chicago, 1893.

siderablemente la productividad. Por ejemplo, la tahona comienza a caer en desuso y se sustituye por maquinaria más avanzada; se perfeccionan los alambiques, y se sustituyen los hornos de pozo por hornos de mampostería, los cuales hicieron más eficiente el proceso de destilación mediante vapor, ya que permitieron reducir el uso de la leña, insumos, mano de obra, y por tanto, costos del producto final. Este horno significó para el futuro tequila un gran diferenciador de otras bebidas similares producidas en México. Porfirio Díaz, quien lidera y colabora con la modernización del país, incentiva la

1917	1920-1933		1928
Promulgación de la Constitución mexicana con un apartado sobre la devolución al pueblo de las tierras que las haciendas tenían concentradas.	Prohibición de alcohol en Estados Unidos de América.	• Contrabando de tequila para surtir al mercado estadounidense. • Destilerías clandestinas en auge.	Se expide el reglamento de Alcoholes, Tequilas y Mezcales.

Horno para mezcal, Santa María Ecatepec, Oaxaca, pueblo Chontal de Oaxaca.

Horno de mampostería

Porfirio Díaz

Inauguración del ferrocarril a Cuernavaca

nales del siglo XIX y comenzó el trabajo de clasificación exhaustiva del agave. Para 1902 logró clasificar 718 especies entre cactáceas y agaváceas o mezcales, resultados que publicó en París. La planta para el tequila sería renombrada a *Agave tequilana* Weber variedad azul en honor a él. También, en 1906 se abre la primera planta embotelladora del país en Monterrey, la cual establece una nueva forma de envasar líquidos de manera conveniente. Esta planta iniciaría el desplazamiento de las damajuanas por botellas, facilitando aún más la distri-

consolidación de la Red Ferroviaria Mexicana que ayuda a la ampliación del mercado nacional del tequila. Asimismo, a principios del siglo XX el tequila se exportó a un mercado internacional más amplio; países como Guatemala y El Salvador eran de los principales consumidores, aunque también llegaba en menor proporción a países europeos, como Francia, Inglaterra y Alemania.

A la par que la mayoría de los procesos de producción del tequila comenzaron a estandarizarse, los extranjeros se interesaban por el producto y también por la materia prima. El naturalista Franz Weber llegó a México a fi-

Damajuanas

1929	1930	1935	1939-1945
Inicia reparto agrario.	Establecimiento de nuevas destilerías en la zona de Los Altos de Jalisco.	Fundación de la sociedad Tequila S.A. de C.V.	Durante la Segunda Guerra Mundial, las exportaciones de tequila aumentan, generando un desbasto de agaves, lo que causa una disminución en la calidad del destilado.

bución del tequila y disminuyendo los costos, ya que las únicas botellas que se conseguían antes llegaban desde Alemania.

Entre 1910 y 1920 tuvo lugar la Revolución Mexicana. Este movimiento planteaba un rechazo hacia lo europeo acentuando un orgullo por lo nacional y por los productos mexicanos. Por ello, los revolucionarios terminaron identificándose con el tequila, llevándolo a todos los lugares donde podían para consumirlo. En estas fechas hubo un alto índice de contrabando de esta bebida para repartirla entre las tropas estadounidenses que resguardaban la frontera.

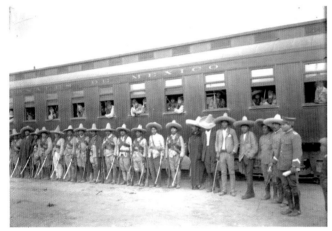
Tropas de Pascual Orozco antes de salir a campaña

Francisco Villa

En las primeras tres décadas del siglo XX la agroindustria del tequila tuvo una primera crisis debido a la inestabilidad política dentro y fuera del país, por lo cual muchas destilerías cerraron. Para 1910, de las 87 fábricas de vino mezcal registradas, sólo quedaban 32, número que se vio reducido a razón de los conflictos revolucionarios. Asimismo, disminuyó el número de plantaciones de agave y la producción. Las ferias internacionales y exposiciones en torno a esta bebida ayudaban a la di-

fusión y hasta cierto punto a que no pasara al olvido. Por ejemplo, La Rojeña, la cual fue renombrada con su nombre original por José Cuervo, obtuvo el gran premio de la Exposición Internacional de Madrid, en 1907; el Grand prix en L'Exposition Internationale d'Alimentation et d'Hygiene en París, en 1909, y la Medalla de Oro en la Esposizione del Progresso Industriale en Roma, en 1923. Al clima inestable causado tras la Revolución se le sumó que en 1917 se promulgó la Constitución Mexicana con

1942	1949	1955	1958
Surgimiento del coctel margarita.	Aprobación de la Norma Oficial Mexicana de Calidad para el Tequila DEN-R9-1949.	Tequila S.A. de C.V. se convierte en Tequila de Jalisco S.A. de C.V.	Inclusión del tequila en el Tratado de Lisboa, aprobada por el Senado de la República en 1962.

un apartado sobre la devolución al pueblo de las tierras que las haciendas tenían concentradas. Esta repartición generó problemas económicos a las destilerías; muchas veces, los terrenos con los que habían quedado no resultaban rentables y los dejaban perder. En respuesta a esto surgieron los intermediarios que se encargaron de acaparar el agave y así garantizar a la industria el abasto de su materia prima. Éstos ejercían un control sobre los agaves para destinarlos a un pequeño sector industrial y controlaban su precio. Gran parte de los terrenos destinados a la siembra de agave quedaron fuera de la producción y hacia 1929 sobrevivían aproximadamente ocho destilerías en la zona de Tequila.

A pesar de lo anterior, por esos años, la prohibición de alcohol en Estados Unidos significó una gran oportunidad para el tequila. Sin producción o venta de cualquier tipo de alcohol en el país vecino se buscó por medio del contrabando surtir a un gran mercado que lo necesitaba. Las destilerías clandestinas estaban en su auge y algunas lograron sobrevivir hasta después de la segunda mitad del siglo XX.

Para 1928 se expide el reglamento de Alcoholes, Tequilas y Mezcales, con el fin de estandarizar el proceso del tequila con regulaciones en la instalación, producción y funcionamiento de las destilerías. En la zona de Los Altos de Jalisco se establecen nuevas destilerías con una gran producción de la bebida.

En 1935 se funda la sociedad Tequila S.A. de C.V. para regular las destilerías de una manera más formal y en conjunto. Y es en el periodo de la Segunda Guerra Mundial donde la exportación de tequila aumenta debido a que los destilados europeos se vuelven difíciles de encontrar. Para poder satisfacer a todo el mercado, tanto nacional como internacional, los empresarios decidieron sobreexplotar las plantaciones, generando más de lo que se plantaba, llegando a mezclar una parte de tequila con cuatro de agua y azúcar de caña para surtir

Ley de Prohibición en Estados Unidos

Bombardeo durante la Segunda Guerra Mundial

1959	1960	1964		1968
Tequilas de Jalisco S.A. de C.V. se consolida en Guadalajara como la Cámara Regional de la Industria Tequilera.	El cóctel margarita tiene un *boom* en el mercado internacional, principalmente en Estados Unidos.	Ratificación del Tratado de Lisboa por la presidencia.	Publicación en el Diario Oficial de la Federación de la Norma Oficial de Calidad para Tequila DGN-R9-1964.	México es sede de los Juegos Olímpicos.

la demanda. Asimismo, la apertura de la primera fábrica de botellas de Guadalajara facilitó el embotellamiento del tequila para su venta.

El 8 de abril de 1949 es publicada en el Diario Oficial de la Federación la Norma Oficial Mexicana de Calidad para Tequila DGN-R9-1949. En ésta se describe que se debe utilizar el 100% de azúcares procedentes del agave. También se establece que el tequila debe venderse envasado, no en barriles. A partir de esta época, las medidas para la protección del tequila formarían uno de los principales objetivos de la industria debido a la gran cantidad de bebidas apócrifas que se producían y al mismo tiempo se buscaba que se aplicaran de manera internacional.

Para 1955, la sociedad Tequila S.A. de C.V. se convierte en Tequila de Jalisco S.A. de C.V., que después cambia-

ría su nombre a Cámara Regional de la Industria Tequilera. En 1958, dentro del Tratado de Lisboa enfocado a la protección internacional de productos típicos de zonas geográficas específicas, se incluye al tequila, lo cual incentiva su Denominación de Origen. Esta firma fue aprobada por el Senado de la República en 1962 y ratificada por la presidencia en 1964. Asimismo, se crean organismos en beneficio de la bebida, como la Cámara Regional de la Industria Tequilera, cuyo objetivo principal se basó en la protección del tequila del contrabando, la adulteración y los impuestos excesivos.

Una segunda crisis del tequila apareció en la década de los años sesentas debido a una escasez de agaves. Para tratar de enmendar tal situación, en 1964 se elaboró una actualización de la Norma Oficial de Calidad para Tequila DGN-R9-1964, a petición de algunos productores, en la cual se establecía que la

La Época de Oro del cine mexicano propició la visibilidad del tequila, ya que el modelo de ranchero o charro de las películas siempre estaba consumiendo tequila, ya sea por valentía o alegría. La asociación de México con una bebida emblema, en este caso el tequila, se consolidó en este periodo.

Jorge Negrete (centro) conversando con otro actor en una mesa, durante filmación de escena.

 1970

Actualización de la Norma Oficial de Calidad DGN-V7-1970.

 1974

Inclusión en la NOM de un nuevo tipo de tequila: el reposado, con una exigencia de mínimo 6 meses de reposo en madera.

1974 y 1977

Publicación en el *Diario Oficial de la Federación* de la Declaración general de protección de la Denominación de Origen Tequila.

El *Agave tequilana* Weber variedad azul se establece como el único permitido para la producción de tequila.

producción de tequila fuera posible utilizando solamente 70% de los azúcares del agave. A pesar del éxito de la petición, pudo más la sobreexplotación de los agaves disponibles gracias a la facilidad de acceso a créditos mediante instituciones bancarias, así como la voluntad de los intermediarios que controlaban la comercialización en detrimento de los campesinos, lo cual ocasionó que para 1970 fuera una realidad la desorganización en la industria del tequila al enfocarse en la producción pero olvidando la plantación. Como solución, se creó en 1976 la Unión de Productores e Introductores de Mezcal Tequilero del estado de Jalisco, con el fin de terminar con los intermediarios y mejorar el precio del agave. La Unión logró sus metas, al romper el monopolio y quedar prohibida la adquisición de agave fuera de su organismo. Asimismo, se actualizó la Norma Oficial de Calidad DGN-V7-1970, donde se aprobó la utilización de 51% de azúcares provenientes del agave para la elaboración del tequila. La norma llegaría a aceptar hasta el 49% en las normas de 1973, 1993 y 1997.

Una consecuencia positiva de esta crisis fue el surgimiento fortuito del tequila reposado; hacia inicios de los años 70, ante la inestabilidad del mercado, algunas empresas tuvieron que almacenar su producción en pipones de roble durante algún tiempo. Obtuvieron así un destilado con una coloración ámbar, teñido por la madera y más suave al paladar. En 1974, la empresa Herradura saca a la venta el primer tequila reposado. Fue tanto su éxito que otras empresas comenzaron a comercializarlo también.

En 1968 México se convirtió en el centro de atención del mundo por ser la sede de los Juegos Olímpicos, evento que benefició al tequila en su difusión fuera del país.

Asimismo, el crecimiento del turismo en el país propiciaría un importante cambio en la percepción general del tequila, sobre todo entre los estadounidenses. De ser una bebida popular se convirtió paulatinamente en una de clase media y alta.

En la década de los 70 se publicó en el Diario Oficial de la Federación la primera Denominación de Origen de México: la Declaración General de Protección de la Denominación de Origen Tequila. La región geográfica en cuestión incluyó 167 municipios distribuidos en Jalisco principalmente, además de Michoacán, Nayarit y Guanajuato. A finales de 1977 se estableció la segunda declaratoria, esta vez con municipios de Tamaulipas. El *Agave tequilana* Weber variedad azul se designó como el único agave permitido para la producción de tequila.

Tequila reposado

1978	1980	1984	1988	
Registro la Denominación de Origen Tequila (DOT) ante la Organización Mundial de la Propiedad Intelectual (OMPI).	Primeras infecciones de bacteria y hongos en los agaves.	Fundación de la firma Promotora Regional del Agave.	Las plantaciones de Los Altos de Jalisco son seriamente atacadas por la plaga de bacterias y hongos.	Aumento en el precio del agave.

Esta declaratoria se registra en 1978 ante la Organización Mundial de la Propiedad Intelectual (OMPI), de manera que el proceso de producción se fortalece.

En 1984 se funda la firma Promotora Regional del Agave, con empresas accionistas de renombre como Cuervo, Sauza, Tres Magueyes y El Viejito, cuyo fin era promover las plantaciones de agave a través de convenios. Es en estos años que los campesinos consideran al agave el "oro azul", debido al incremento de su precio en el mercado, por lo cual dejan atrás la siembra de productos básicos como el maíz. En 1994 se forma el Consejo Regulador del Tequila (CRT), como un organismo autónomo de vigilancia y regulado a causa de la ineficiencia del gobierno federal para vigilar y controlar el cumplimiento de la norma del tequila. Dos años después se fortalece el Tratado de Lisboa con el reconocimiento oficial por parte de la Unión Europea a las denominaciones de origen mexicanas del tequila y el mezcal.

A pesar de lo anterior, una tercera crisis del tequila se suscitó en la década de los años noventas como consecuencia de un acumulado de diversas situaciones:

- La destilación de tequila formaba parte de las principales actividades de la región de Jalisco pero no generaba muchos empleos directos, ya que se exportaba a granel.
- La escasez de agaves durante las décadas previas, el aumento de su precio en la década de los años noventas, debido a su inmadurez por haber sido plantados recién en la década anterior, y la consecuente disminución de la producción de tequila.
- El aumento creciente de la demanda del tequila fuera de México sin poder satisfacerla completamente.

- Las plagas que atacaron a los agaves desde la década de los años ochentas, en especial, la de 1988 en Los Altos y la propagación de ésta en 1994 al Valle de Tequila. Los organismos causantes de este brote epidémico fueron dos bacterias (*Erwinia carotovora* y *Erwinia* sp., especie no identificada) y dos hongos (*Fusarium* y *Cercospora*) que provocaron la muerte de millones de agaves.

Agave enfermo

Como solución a esta problemática multifactorial, en 1991 los industriales tequileros argumentaron la escasez de agaves para solicitar al gobierno federal una disminución en la cantidad de mieles de agave en la Norma Oficial del tequila. Los tequileros lograron que se autorizara producir tequila con la cuota de agave más

1994		1996	1997		2000
Una plaga se propaga al Valle de Tequila.	Se forma el Consejo Regulador del Tequila (CRT).	Fortalecimiento del Tratado de Lisboa con el reconocimiento oficial por parte de la Unión Europea de las Denominaciones de Origen mexicanas hacia al tequila y el mezcal.	Entra en vigor la NOM-006-SCFI-1994.	Creación del Tequila Express.	Entra en vigor la cuarta declaratoria general de protección de la Denominación de Origen.

baja de la historia: 30% de mieles de agave y 70% de otras procedencias. A mediados de los años noventa los agaves plantados en la década anterior derivados de la fiebre del "oro azul" maduraron, y con ello vino una sobreproducción, junto con la especulación de precios por parte de los intermediarios. Así, la crisis aún no terminaba, pues los productores se veían obligados a rematar sus piñas para evitar perder su producción. Como consecuencia los precios de los agaves comenzaron a caer.

En 1992 inicia un periodo conocido como el *boom* del tequila, caracterizado por la proliferación de nuevas marcas y un aumento en la producción y distribución de tequila 100% agave, lo que causó que la bebida se convirtiera en un producto de grandes ganancias para las casas tequileras y para el producto interno bruto, a la vez que su prestigio internacional se incrementó.

En 1995, de manera semejante a 1976 los productores encabezaron una protesta contra las empresas tequileras y los intermediarios. Sin embargo, la respuesta gubernamental, a diferencia de los años setentas, nunca llegó. Fue hasta 1997 que se logró un empuje al tequila que ha logrado mantenerse y hasta aumentarse en la actualidad.

Las normas continuaron actualizándose, pues en 1997 entró en vigor la NOM-006-SCFI-1994, que fijó al territorio actual (municipios en Jalisco, Tamaulipas, Michoacán, Nayarit y Guanajuato) como Denominación de Origen Tequila, así como las diferentes categorías y tipos de tequila. A principios del siglo XXI se creó la cuarta declaratoria general de protección de la Denominación de Origen, la cual contempló a 181 municipios.

A inicios del siglo XXI el turismo se convirtió en una fuente de ingresos importante para la población de Tequila; así, se creó Tequila Express, un atractivo de la región que aprovechó la infraestructura ferroviaria del lugar, organizando recorridos en tren con algunas actividades culturales como la música de mariachi, eventos de charrería y visitas a fábricas de tequila. En 2003, Tequila es declarado Pueblo Mágico al abrigo del programa federal Promágico con la intención de incentivar la visibilidad y calidad de los destinos, productos y servicios turísticos. Tres años después se crea el proyecto Ruta del Tequila promovido por el CRT, Fundación José Cuervo y el Banco Interamericano de Desarrollo. Su objetivo fue capacitar a pequeñas y medianas empresas para impulsar el turismo en la región. Después de un largo proceso de investigación que comenzó en el 2002, la región en la que se produce el tequila fue declarada Patrimonio Mundial de la Humanidad por la UNESCO, bajo la denominación de El Paisaje Agavero y las Antiguas Instalaciones Industriales de Tequila. La zona protegida incluye los campos de agave localizados en la región del volcán de Tequila y de la Barranca del Río Grande de Santia-

José Cuervo Express

2003	**2006**	**2006**	
Tequila es declarado Pueblo Mágico.	Entra en vigor a NOM-006-SCFI-2005.	Creación del proyecto Ruta del Tequila promovido por el CRT; Fundación José Cuervo y el Banco Interamericano de Desarrollo.	La región de producción del tequila es declarada *Patrimonio Mundial de la Humanidad* por la UNESCO.

go, así como las destilerías o tabernas y fábricas (en actividad o abandonadas) ubicadas en los municipios de El Arenal, Amatitán, Tequila y Magdalena y los vestigios arqueológicos de Teuchitlán. Asimismo, en 2012 José Cuervo echó a andar el José Cuervo Express, dedicado a mostrar a los turistas el proceso de producción del tequila de su casa productora.

Las innovaciones constantes en la producción del tequila hacen que se vuelva a actualizar la Norma a NOM-006-SCFI-2005, publicada el 8 de enero del 2006, para incluir a tequilas extra añejos y saborizados, así como eliminar de la relación del tequila con la madurez del agave. Con el tiempo aparecen en el mercado los tequilas añejos cristalinos.

La norma que rige actualmente es la NOM-006-SCFI-2012, publicada el 13 de diciembre de 2012, la cual propone regulaciones más severas que sus predecesoras y una mayor protección en la cadena de producción. Plantea mejoras en el fortalecimiento del esquema regulatorio y una mayor protección en la cadena productiva, dejando claro que el tequila sigue siendo un producto de calidad. Tan sólo en 2015 se logró un récord en las exportaciones a más de 120 países del mundo de 180 millones de litros de tequila.

Pueblo de Tequila

2010	2012	2013	2015
Casa Cuervo, lanza al mercado Maestro Dobel Diamante, el primer tequila cristalino.	Entra en operación el José Cuervo Express.	Entra en vigor la Norma Oficial actual: NOM-006- SCFI-2012.	Récord histórico de exportaciones internacionales de tequila.

¿Lo has visto? Las plantas caminan en el tiempo,
no de un lugar a otro, de una hora a otra hora.

Jaime Sabines, **Adán y Eva**

Proceso de
producción
del tequila

Proceso de
producción
del tequila

El proceso de producción del tequila se puede dividir en varias etapas; las que corresponden a la práctica agrícola: reproducción de plantas, siembra, cuidados, poda, jima o cosecha; y aquellas que se llevan a cabo dentro de la destilería o planta procesadora: cocción, molienda y extracción de jugos, fermentación, destilación, añejamiento y envasado. Sin importar el estilo de tequila final, todas las etapas deben ser cuidadas y controladas para asegurar la obtención de un tequila acorde con los objetivos establecidos; por ejemplo, si se desea un producto con rendimiento masivo o un producto equilibrado que conserve la esencia del agave, reflejo al paladar de un delicado proceso de elaboración de varios años.

Durante todas las etapas se desarrollan características que le conferirán al tequila su personalidad final. Por ejemplo, los sabores y aromas dependen principalmente de dos factores: las condiciones de crecimiento de los agaves y el tiempo que se someten a un proceso de maduración en barrica.

Reproducción silvestre e industrial del
Agave tequilana Weber variedad azul

La materia prima del tequila es el *Agave tequilana* Weber variedad azul, también conocido como agave azul o agave tequilero. Esta especie se reproduce naturalmente por vía asexual, mediante la formación de hijuelos de rizoma o de bulbilos y, por vía sexual, con la formación de semillas. En la industria tequilera la reproducción también se logra a través de la micropropagación de tejidos.

Agave tequilana Weber variedad azul con rizomas expuestos

Reproducción por hijuelos

Al ser una forma de reproducción asexual, las hojas, los tallos y las raíces llevan a cabo la reproducción vegetativa. Actualmente, ésta es la forma de reproducción de agave más utilizada por los agricultores y se emplea desde la época prehispánica. En el caso del *Agave tequilana*, cuando la planta tiene alrededor de un año de edad, en sus raíces se comienza a formar un tallo llamado rizoma o chirrión que crece de manera subterránea y en sentido horizontal. Del extremo inferior del rizoma surgen las raíces, y del superior brota una pequeña planta que es un clon de la planta madre, es decir, un hijuelo con las mismas características genéticas.

Hijuelo

> Las plantas madres jóvenes producen rizomas que se extienden con diferentes longitudes, lo cual ayuda a dispersar los hijuelos, quienes retoñan lejos de la planta; a medida que la planta envejece, los hijuelos retoñan más cerca de ella, por lo que no reciben mucha luz y crecen deformes y débiles.

El método de propagación más utilizado en las plantaciones de *Agave tequilana* Weber variedad azul es el de la recolección, traslado y plantación de hijuelos; su ventaja es la rapidez con la que se obtienen plantas de buen tamaño y la cantidad que produce la planta madre. Utilizando este método, el tiempo promedio para que el agave alcance una madurez óptima para ser cosechado y procesado es de 6 a 8 años.

Cuando los hijuelos tienen un tamaño adecuado, aproximadamente a los 2 años de edad, se desprenden de la planta madre con un corte en el rizoma, utilizando un barretón. Después, se les cortan las raíces para darle una forma uniforme a los bulbos; a esto se le conoce como tostoneado. Finalmente, se les retiran las espinas para que sean más manejables.

Hijuelo tostoneado

La edad fisiológica de los hijuelos varía; por tanto, es importante seleccionarlos y separarlos por tamaños, debido a que su ciclo de vida hasta la cosecha será distinto. En muchas ocasiones se almacenan bajo sombra o bajo los rayos del sol antes de trasladarlos al campo donde serán plantados. Durante ese proceso los pequeños agaves son estresados; es decir, son llevados a un punto máximo de deshidratación y desnutrición. De esa manera, cuando son plantados, absorben del suelo rápidamente el agua y los nutrientes que necesitan para sobrevivir, convirtiéndose así en plantas vigorosas.

Recolección de hijuelos

Separación de hijuelos por tamaño

Siembra de hijuelos

Reproducción por bulbilos

La formación de bulbilos en el agave ocurre cuando las flores no son polinizadas o son cortadas antes de ser polinizadas; en el caso del agave tequilero la reproducción por bulbilos es un evento raro, ya que no es común permitir la floración de las plantas en campos de cultivo.

Los bulbilos crecen en la inflorescencia o quiote de la planta y surgen cuando la producción de frutos es baja o nula. La floración de la planta de agave azul sucede sólo una vez en su vida al final de su ciclo de maduración, cuando la producción de savia pasa de las hojas hacia el tallo; este evento puede ocurrir entre los 6 y 12 años de edad de la planta, en función de muchas variables.

Después de la etapa de floración el agave agota todas sus energías y muere. Durante esta etapa, crece al centro de la planta un tallo floral llamado quiote; en el extremo superior de éste se sitúan las flores y los frutos, mientras que los bulbilos, brotes similares a los hijuelos, se desarrollan en la parte inferior. Los bulbilos crecen unidos a la planta madre hasta que tienen 6 o 7 centímetros y les brotan sus raíces; algunos de ellos se desprenden solos y otros caen al suelo cuando la planta madre muere. El estar unidos a la planta durante los estadios tempranos de su vida les asegura una mayor probabilidad de supervivencia.

A diferencia de los hijuelos, los bulbilos pueden mostrar variabilidad genética con relación a la planta madre y entre ellos. Esta variación es importante, permite la adaptación a condiciones ambientales adversas, así como una posible selección con fines comerciales; además, este método de propagación es muy eficiente, ya que de una planta madre se pueden producir entre 2 000 y 3 000 bulbilos. La reproducción por bulbilos es utilizada en otros sistemas de producción como el del maguey espadín en Oaxaca.

Quiote

Agave con quiote floreado

Bulbilos de *Agave fourcroydes* Lem.

Reproducción por micropropagación

Las grandes empresas productoras de tequila utilizan la técnica de cultivo de tejidos *in vitro* para la propagación masiva de plantas. Este procedimiento asegura eficiencia en el ciclo de reproducción de la planta, así como en el control y propagación de cualidades genéticas óptimas. Este método ha logrado reducir el ciclo de reproducción del agave alrededor de cinco años.

La micropropagación consiste en tomar hojas de brotes producidos *in vitro* (originados a partir de hijuelos o semillas) y seleccionados por ciertas características, como condiciones óptimas de salud y contenido de azúcares (almidones). Las hojas se cortan en segmentos, los cuales son colocados en cajas de Petri con un medio de cultivo e incubados en condiciones específicas durante un

Cuando se encuentra un campo en el cual la mayoría de los agaves tienen quiote, normalmente se trata de un campo abandonado. Asimismo, se pueden ver campos de agave donde sólo un agave conserva su quiote en floración como símbolo de respeto a la naturaleza.

cierto periodo para obtener embriones. Una vez que los embriones han alcanzado un tamaño específico, se trasladan a un invernadero (o son utilizados para obtener más embriones para un nuevo ciclo de propagación); los brotes obtenidos son aclimatados y crecen hasta estar listos para ser plantados, ya como plantas, en un campo agavero.

Viveros comunitarios "Sansekan tinemi" en Chilapa de Álvarez, Guerrero.

Agave cupreata antes de ser plantado en el campo

Laboratorio de Cultivo de Tejidos Vegetales (*Agave salmiana*) de la División de Ciencias de la Vida (DICIVA) de la Universidad de Guanajuato

Reproducción por semillas

La reproducción del *Agave tequilana* por medio de semillas es rara debido a que naturalmente tiene un bajo porcentaje de germinación; por tanto, a nivel industrial este tipo de reproducción no resulta atractivo.

La reproducción por semillas ocurre en la etapa de madurez del agave: la planta florea en lo alto del quiote y en una primera etapa funge como macho generando polen, mismo que es dispersado a otras plantas por medio de insectos, aves y murciélagos que se posan en las flores para alimentarse de su néctar. En una segunda etapa los bulbos florales se vuelven receptivos, fungiendo como hembras, y aceptan el polen de otras plantas, fertilizando así sus óvulos para formar un fruto. Después de una maduración de 10 meses, el fruto se abre y dispersa sus semillas.

Este tipo de reproducción sucede, en la mayoría de los casos, en plantas que crecen de forma salvaje o en las

Frutos de agave con semillas de agave

descuidadas o abandonadas de una plantación. Generalmente, las plantaciones industriales son celosamente cuidadas y mantenidas para retirar el quiote o tallo floral de las plantas en el momento en que comienza a desarrollarse, pues esto implicaría la disminución de nutrientes y almidones almacenados en la piña que serían transferidos al tallo floral, algo indeseable para la producción de tequila ya que afectaría negativamente el rendimiento de la plantación.

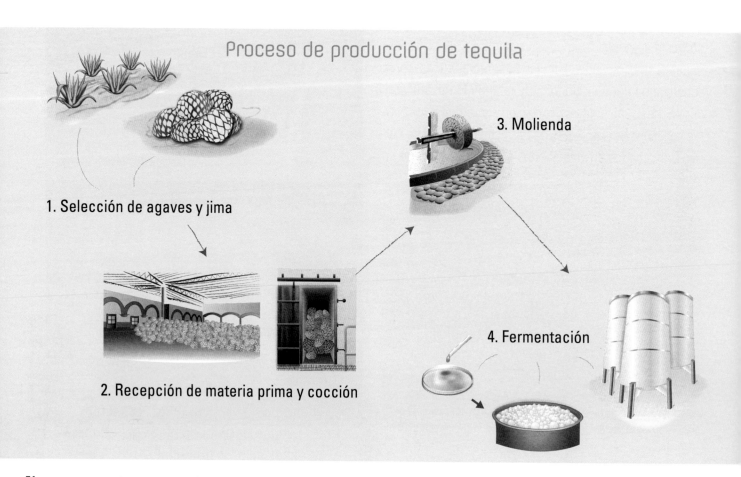

Proceso de producción de tequila

1. Selección de agaves y jima

2. Recepción de materia prima y cocción

3. Molienda

4. Fermentación

Bulbos floreados

La jima

Para la elaboración del tequila, así como para otros destilados de agave, es necesario que los magueyes hayan llegado a su punto de madurez óptimo para ser cosechados. Aunque los tequilas no requieren de un tiempo de añejamiento tan prolongado como los rones, whiskys o coñacs, su ciclo productivo puede llegar a ser igual o incluso mayor al de otras bebidas espirituosas.

Selección de agaves

Después de plantar los agaves, la primera decisión determinante es seleccionar los que serán cosechados. Aunque en un campo agavero todas las plantas hayan sido sembradas el mismo día, a algunas de ellas les tomará un poco más de tiempo madurar que a otras. Ante tal situación hay dos alternativas: cosechar el campo completo, o bien, seleccionar y cosechar sólo aquellas con un punto de madurez óptimo y volver posteriormen-

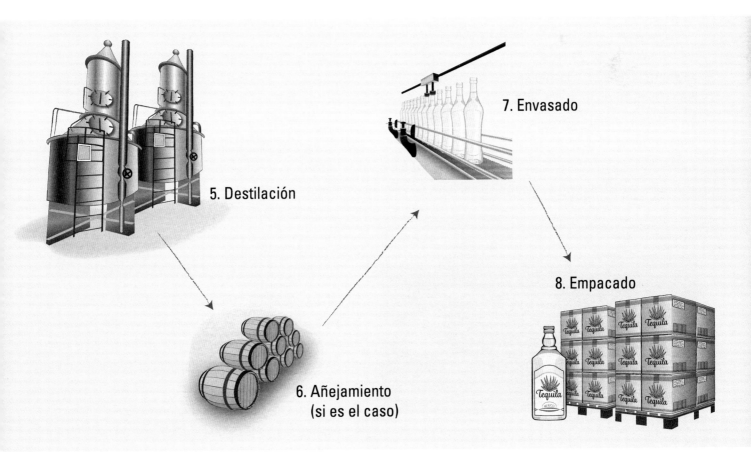

5. Destilación

7. Envasado

6. Añejamiento (si es el caso)

8. Empacado

Brotes de rizomas de *Agave sisalana* Perr.

te al campo para cosechar el resto de plantas. La primera opción es adecuada si se desea invertir el menor tiempo y capital posible, pues requiere menos mano de obra ya que la cosecha sólo se realiza una vez, pero los puntos de maduración de las piñas son distintos, lo cual deriva en una disminución de la calidad final. La segunda opción requiere un doble esfuerzo por parte de los jimadores; por tanto, es más costosa. Sin embargo, la decisión de sólo cosechar los agaves con un grado de madurez óptima garantiza al productor que las piñas que lleguen a su planta o destilería para ser horneadas tendrán una madurez uniforme, lo que se traduce en mayor consistencia y mejor calidad en su producto. Los agaves inmaduros o verdes producen un sabor herbal distintivo a planta o a tallo, similar al sabor de un plátano verde o inmaduro, un sabor poco deseado en un tequila; en cam-

bio, los agaves maduros aportan notas más afrutadas y equilibradas.

Un jimador experimentado puede fácilmente distinguir entre un agave maduro y uno inmaduro. Los signos de madurez de la planta aparecen en las hojas centrales, las cuales comienzan a disminuir su tamaño y hacerse más numerosas por el próximo crecimiento del quiote, el cual debe ser removido tan pronto aparezca para evitar que utilice en su desarrollo los azúcares del agave. La prueba de la madurez de un agave se obtendrá al cosecharlo, presenta un color rosa-rojizo en la base de las hojas indicando que los almidones de la planta han comenzado a desdoblarse de manera natural en azúcares simples; a estos agaves se les conoce como agaves o magueyes pintos.

Poda y jima o cosecha

La jima o cosecha consiste en cortar las pencas del agave y extraerlo de la tierra; para ello, las plantas se preparan realizándoles podas paulatinas durante su ciclo de crecimiento. Ambas actividades requieren de tal experiencia, que sólo un jimador posee las habilidades para llevarlas a cabo; éste emplea varias herramientas especializadas, entre ellas, la coa o coa de jimar, que es

Agave pinto

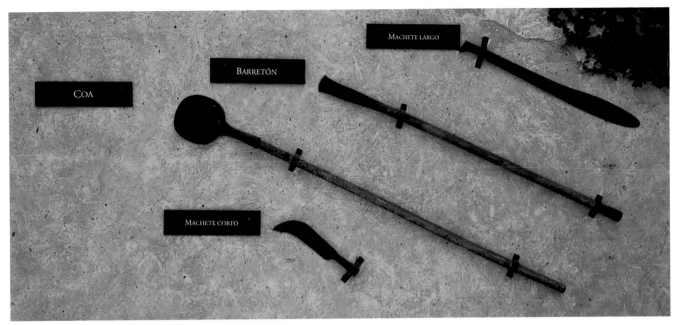

COA

BARRETÓN

MACHETE LARGO

MACHETE CORTO

Herramientas utilizadas durante la jima

una barreta pesada de metal con uno de sus extremos en forma circular y bordes afilados. Estos procesos son completamente manuales debido a que las inconsistencias en los tamaños de los agaves y la inaccesibilidad y poca uniformidad en los terrenos de cultivo impiden el uso de maquinaria industrial.

El proceso de poda comienza desde el crecimiento de la planta, cuando es necesario despuntar las hojas con un machete para propiciar la máxima acumulación de almidones en el núcleo del agave, principalmente inulina; a este proceso de poda se le conoce como barbeo. En la región de producción de la zona de Valles, el barbeo tiene diferentes variantes; mientras que en la zona de los Altos el barbeo no se acostumbra. El primer bar-

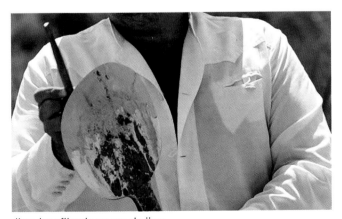

Jimador afilando su coa de jima

beo, llamado de cacheteo o chaponeo en la región de los Altos, consiste en una poda de la punta de las hojas basales y medias para lograr el acceso a las plantaciones. Posteriormente se realiza el barbeo de farol, que se efectúa entre los 3 y 4 años de edad del agave. Esta poda permite que la planta tenga una mayor aireación y exposición al sol, lo cual le genera deshidratación, que se traduce en estrés y acumulación de inulina. El tercer barbeo es el llamado de arbolito, a los 5 años de edad del agave o a 1 año después de la segunda poda. El cuarto barbeo es el de escobeta, que consiste en hacer cortes horizontales hasta la mitad de la altura de las hojas y del cogollo. La poda se sigue efectuando de esta forma para ir acortando las pencas de las plantas; este barbeo se llama barbeo castigado. En presencia de plagas, como gusanos, se efectúa un barbeo llamado de desemplague, en el cual se cortan sólo las pencas dañadas.

Una vez que la planta ha sido despojada de todas sus hojas comienza el paso de cosecha, que consiste en desprender las raíces y hojas del centro de la planta para liberar el corazón o núcleo, parte en donde se ha concentrado toda la inulina, que ya en la etapa de procesamiento se someterá a altas temperaturas para transformarla en azúcares fermentables de donde se

Rasurado de piña de agave

obtendrá el tequila. El jimador, utilizando con ambas manos la coa de jimar, corta las pencas gradualmente hasta dejar expuesto el corazón o piña de la planta e inmediatamente lo extrae de la tierra desde la raíz.

Piña con quiote rasurada

Posteriormente, las piñas cosechadas se rasuran, es decir, se cortan los restos de las bases de las pencas al ras de la piña; después, generalmente son partidas por la mitad y son trasladadas a camiones, cargadas por trabajadores o animales de carga. Con esto quedan listas para la siguiente etapa del proceso.

Factores que influyen en la calidad del tequila

En el caso de los agaves anovillados, es decir, que no produjeron quiote, el jimador debe remover el cogollo, que es la sección al centro de la planta donde crecería el quiote, y donde nacen esas nuevas hojas formando un

El oficio del jimador se transmite de forma generacional y requiere de varios años de experiencia y práctica. Un jimador con buenas habilidades puede llegar a jimar hasta 180 piñas de agave en un día.

rollo apretado. Esta parte de la planta es muy amarga y si no se retira, ese sabor amargo puede transferirse al tequila. La decisión de mantener o remover el cogollo del agave es determinante en la calidad del tequila. Dicha decisión depende de la casa tequilera, ya

sea que ésta obtenga su materia prima de plantaciones de agave propias o a través de intermediarios; o bien, puede serla del productor o comerciante de agave, un agente intermediario que vende las piñas de los agaves por peso. Eliminar el cogollo de las piñas supone una pérdida de peso de las mismas, lo cual se traduce en un menor rendimiento y una ganancia menor. Es por ello que algunos comerciantes de agave, así como algunas casas tequileras, deciden no quitarlos.

El rasurado de las piñas es un factor que influye en la calidad del tequila. Éste puede ser al ras de la piña, o bien, en un punto menos preciso que conserva un pequeño trozo de la base de las pencas en la piña. Este trozo de penca tiene, como en el caso del cogollo, un sabor amargo y herbal, que si no se retira puede transferirse al sabor del tequila. Como en el caso de los cogollos, rasurar mal la piña, o no rasurarla al ras, tiene como ob-

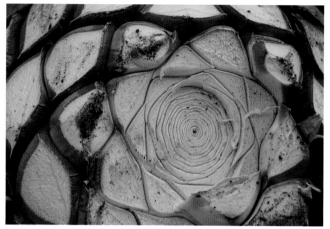

Piña con cogollo

Piña rasurada a la que se le ha removido el cogollo

jetivo que éstas pesen más y que puedan ser vendidas a un costo mayor.

Debido a las variables que suceden en las etapas anteriores al procesamiento de las piñas de agave, los productores de tequila optan por dos estrategias distintas en función de los resultados que deseen obtener: una gran producción o productos de calidad. Por un lado,

> En la mayoría de los casos, las piñas se cortan por la mitad en el campo antes de ser transportadas hacia la planta de producción. Esto se hace con la finalidad de facilitar su transporte para hacerlas menos pesadas y voluminosas, pero también, porque al cortarlas se puede ver la base del cogollo que crece desde el centro de la piña y fácilmente se puede remover.

pueden pagar a los jimadores por peso para obtener más toneladas de agave a un menor costo, lo que se traduce en piñas que probablemente vendrán con cogollo y estarán mal rasuradas. Por otro lado, pueden pagar a los jimadores por día; recibirán menos toneladas de agave o las pagarán a un mayor costo, pero el producto que recibirán será de calidad.

Horneado

Una vez en la planta o destilería las piñas deben ser horneadas; antes de ello, en ocasiones son troceadas para cargar los hornos con pedazos más uniformes y que esto permita una cocción más pareja y eficiente.

El horneado tiene la finalidad de transformar la inulina acumulada en azúcares fermentables. En su estado natural, los jugos de la piña del agave concentran este almidón que, sometido a altas temperaturas, se desnaturaliza y se transforma en glucosa y fructosa principalmente, dos tipos de azúcares simples, que después serán fermentados para producir alcohol. De manera científica, este proceso se llama hidrólisis. En apariencia, el jugo de las piñas de agave, que antes era ácido y rico en almidón, después de la cocción se transforma en una especie de jarabe fluido o miel, con alta concentración de azúcares.

Antaño, las piñas de agave para elaborar tequila eran cocidas en hornos de pozo, similares a los que se utilizan actualmente en la industria mezcalera; sin embargo, ese método lleva muchos años en desuso en la industria del tequila. Hoy día existen principalmente dos formas de cocer las piñas de agave: en horno de mampostería o en autoclave.

Horno de mampostería

La cocción de las piñas en hornos de mampostería es un proceso tradicional. Conocidos como hornos de superficie, para diferenciarlos de los hornos de pozo, están fabricados con ladrillos y, en ocasiones, la parte exterior tiene un recubrimiento metálico; cuentan con una

Horno de pozo

Horno de mampostería

Al final del proceso de cocción, las piñas de agave cambian completamente su apariencia original. De tener un color blanco con tonos verdes y una consistencia dura y fibrosa, adquieren un color dorado y su textura es más suave; asimismo el sabor, tanto de sus fibras como de sus jugos, es sumamente dulce con notas a piloncillo, caramelo, clavo, canela y un ligero toque ahumado. Además, su aroma es similar al de una calabaza en dulce o camote cocido. Al momento de catar un tequila, estos aromas y sabores son los que se describen como la nota de agave cocido, la cual es deseable y se espera encontrar en cualquier tequila.

puerta por donde se cargan y descargan las piñas y con un respiradero. Después de introducir las piñas en el horno, se cierran las puertas y el interior se calienta con vapor de agua.

El tiempo de cocción es prolongado y depende del tamaño del horno y de la cantidad de piñas; en hornos muy grandes éste puede ser hasta de 3 días. El ciclo de cocción se divide en tres etapas: en la primera el horno se carga con el agave crudo y la temperatura comienza a elevarse; en la segunda, la temperatura llega a su punto máximo, no mayor a los 100 °C y se mantiene constante hasta que las piñas están cocidas; finalmente, en la tercera etapa la temperatura desciende gradualmente hasta que el horno y las piñas están completamente frías.

Los procesos físicos y químicos que ocurren durante este tipo de cocción, a una temperatura baja y durante un periodo largo, permiten que las piñas se cuezan uniformemente y evita que los azúcares se caramelicen o se quemen, propiciando una mejor integración de los sabores y una riqueza y cuerpo ideal en los jugos o mieles.

Durante la primera etapa de cocción de las piñas, sin importar si es en horno u atoclave, los agaves comienzan a cocerse y a absorber la humedad interna del horno, lo que causa el escurrimiento de los primeros jugos de cocción. Éstos contienen la tierra que los agaves traían desde el campo, así como azúcares con componentes vegetales de sabor amargo. Por ello se conocen como mieles amargas, por estar contaminados con la tierra que les confiere ese sabor. Estos jugos siempre son recolectados y desechados.

Conforme avanza la cocción, los jugos o mieles se van depurando y adquieren un sabor dulce y característico a agave cocido. A estos segundos jugos se les conoce como mieles de escurrimiento o mieles de horno y son recolectados y almacenados para incorporarlos en el siguiente paso del proceso de producción: la fermen-

tación. Asimismo, se utilizan para elaborar un subproducto del proceso de producción conocido como jarabe, néctar o miel de agave.

Autoclave

Los autoclaves alcanzan temperaturas mayores que un horno de mampostería, por ello se utilizan frecuentemente en plantas o destilerías con grandes volúmenes de producción. Éstos son grandes contenedores de acero inoxidable que funcionan como una olla de presión, pero en versión industrial. Después de ser cargados con las piñas crudas, se cierran herméticamente y se les inyecta a presión vapor de agua, lo cual incrementa la presión interna. El tiempo de cocción de las piñas en un autoclave es de aproximadamente 12 horas, o incluso entre 6 u 8 horas. Es un tiempo considerablemente menor al de la cocción en un horno de mampostería.

La utilización de un autoclave supone un proceso más eficiente; sin embargo, es de suma importancia contro-

lar la temperatura para obtener una hidrólisis adecuada de los azúcares y así evitar que, en un intento de disminuir el tiempo de cocción y agilizar la producción, el agave se queme por fuera y quede crudo por dentro.

Molienda y extracción de jugos

El siguiente proceso en la cadena de producción es la molienda. La finalidad de esta etapa consiste en exponer lo más posible los azúcares, que se obtuvieron durante la cocción, a las levaduras que se alimentarán de éstos para convertirlos en alcohol. Para ello, los trozos grandes de agave cocido deben ser desmembrados, ya sea moliéndolos o convirtiéndolos en pulpa para extraerles los jugos o las mieles. Existen en la industria tequilera tres métodos de molienda: la tahona, el molino eléctrico automático y el difusor.

Tahona

El uso de la tahona es el modo de molienda más antiguo que sobrevive en la industria tequilera. Antiguamente, la tahona era la única opción de que disponían las tabernas o destilerías para moler el agave. Actualmente sólo existen algunas que la siguen utilizando, generalmente para producir tequilas llamados artesanales.

Confeccionada a partir de un tipo de piedra volcánica conocida como tezontle, la tahona es una enorme rueda que pesa en promedio 2 toneladas y que gira sobre un eje dando vueltas en círculo sobre un lecho o contenedor. Originalmente el eje rotatorio era propulsado por

animales de tracción, como burros, mulas o caballos; sin embargo, por cuestiones de higiene, actualmente la fuerza animal ha sido sustituida por un pequeño motor. Los agaves cocidos se colocan en el contenedor y la piedra de la tahona pasa repetidamente sobre ellos triturándolos lenta y suavemente mientras extrae sus jugos y los mezcla con las fibras, formando así una pulpa.

La extracción de jugos, desmembramiento de las fibras y obtención de las pulpas con tahona es un procedimiento que dura varias horas. Aunque es menos eficiente que un molino automático o un difusor, el sabor del producto final es de mayor complejidad. El molino de tahona extrae lentamente los sabores y aromas obtenidos durante

la cocción y se van concentrando, lo que hace que estén presentes de forma equilibrada y con mayor intensidad en el producto final.

Generalmente, cuando se utiliza una tahona para la elaboración de un tequila, en los siguientes procesos de transformación de los agaves, que son la fermentación y la destilación, no se separan las fibras de los jugos o mieles. Esto enriquece más los sabores del tequila y hace que tengan una mayor personalidad, cuerpo y carga aromática. En boca, producen una sensación gentil y sedosa.

Bagazo prensado

Molino automático

Actualmente el molino automático es el método más utilizado en la industria tequilera para extraer los jugos de las piñas cocidas del agave. Los trozos grandes de las piñas pasan primero por una desgarradora que reduce su tamaño y luego son triturados por rodillos giratorios con cuchillas, al mismo tiempo que las fibras son enjuagadas con agua; este procedimiento se repite

varias veces en una misma máquina con la finalidad de triturar al máximo las fibras y extraerles todo el jugo. Finalmente, las fibras son prensadas para extraer la mayor cantidad de jugo; las fibras casi secas o bagazo se separan del ciclo de producción y el jugo dulce pasa a la siguiente etapa.

La extracción de azúcares por medio del molino automático es más eficiente que una tahona, tanto en términos de velocidad como en rendimiento. Varios kilos de agave cocido pueden ser procesados en cuestión de minutos; por ejemplo, para moler y separar las fibras de los jugos dulces de un lote se necesita 1 hora aproximadamente, dependiendo del tamaño del lote. Así, el uso de molinos automáticos permite que la producción sea continua.

Difusor

A nivel industrial, el uso del difusor es el método más avanzado para la extracción de los jugos del agave. Hoy en día son muy pocas las destilerías que tienen acceso a esta tecnología, ya que los difusores, además de ser muy costosos, son equipos muy grandes que requieren de un espacio y energía considerables; asimismo, deben ser tequileras que produzcan en grandes volúmenes y de forma constante para aprovechar la capacidad de los equipos y que su uso sea rentable.

Las piñas de agave cocidas se trocean con una desgarradora similar a la de los molinos automáticos, después los trozos son aplastados y desagarrados para separar

Difusor, Casa Sauza.

las fibras del agave. Los difusores son como túneles. La fibra de agave avanza a través del túnel por medio de una banda donde se le inyecta agua, normalmente caliente, a una presión muy elevada, haciendo que los jugos dulces contenidos en las fibras se separen y se mezclen con el agua. Este jugo dulce es recuperado por una parte de la máquina y las fibras o bagazo que queda son prensados para extraerles la mayor cantidad de líquido posible, el cual se mezcla con el resto del jugo dulce.

En Casa Sauza utilizan el difusor de una manera peculiar: las piñas de agave se introducen crudas para obtener un jugo de agave crudo. Este jugo, rico en almidones, se hierve en autoclave para completar la hidrólisis y obtener azúcares fermentables.

Fermentación

El objetivo de esta etapa en el proceso de producción consiste en transformar en alcohol los azúcares que se obtuvieron de la cocción de las piñas de agave.

La fermentación es un proceso biológico natural provocado por microorganismos, levaduras o bacterias, organismos presentes de forma natural en los alimentos y el medio ambiente, éstos transforman sustancias orgánicas en energía. En la industria alimentaria es común que se añadan levaduras a ciertos alimentos para activar y acelerar el proceso de fermentación o para obtener una característica organoléptica particular en el producto final.

Existen varios tipos de fermentación de acuerdo con el alimento, el microorganismo y la duración del proceso. En el caso del tequila sucede una fermentación alcohólica, la cual resulta de la transformación de azúcares en alcohol etílico y dióxido de carbono principalmente.

Para que este proceso pueda llevarse a cabo, es necesaria la presencia de agua, azúcar y levaduras; estas últimas son las que permiten separar las moléculas de glucosa para producir etanol y dióxido de carbono. Durante este proceso se forma una parte importante de los compuestos volátiles aromáticos que darán al tequila sus aromas y sabores distintivos.

El proceso de fermentación comienza cuando los jugos dulces obtenidos después de la molienda se mezclan en tanques o tinas de fermentación con las mieles de escurrimiento y con agua para obtener un mosto; en el caso de las piñas que han sido molidas en tahona se utiliza la pulpa, es decir, el mosto con las fibras. Los tanques de fermentación son de acero inoxidable o de madera; estos últimos son los que se emplean para fermentar

Evaluación del mosto

Tinas de madera para fermentación de mosto con fibras de agave

mostos con fibra de agave. En los tanques, las levaduras se alimentan de los azúcares presentes en el mosto para metabolizarlos.

Antes de iniciar con el proceso de fermentación, se debe determinar qué tipo de tequila se desea obtener. Para un tequila 100% agave, los azúcares en el mosto deben proceder únicamente del *Agave tequilana* Weber variedad azul; en este caso el mosto se agrega directamente a los tanques de fermentación. En el caso de la elaboración de un tequila mixto, oficialmente etiquetado sólo como tequila, el mosto puede incluir azúcares de otras fuentes que no sean otras variedades de agave; por ejemplo, caña de azúcar o jarabe de maíz. Para acondicionar el mosto, la proporción debe ser de mínimo 51% azúcares procedentes del *Agave tequilana* Weber variedad azul y el resto de otros productos que no sean agaves.

Llenado de tinas de fermentación

La primera etapa del ciclo de fermentación es muy activa, pues las levaduras generan movimiento mientras comen y el mosto burbujea a causa del dióxido de carbono que generan; en ese momento al mosto se le conoce como mosto vivo. Dependiendo de la cantidad de mosto y de las condiciones ambientales, las cuales pueden ser controladas por el productor, esta etapa dura entre 24 y 72 horas aproximadamente. Una vez que las levaduras han consumido toda su fuente de alimento, mueren y forman unas costras en la superficie del mosto; en esta segunda etapa, la actividad dentro del tanque de fermentación cesa y al mosto se le nombra mosto muerto. La cantidad aproximada de alcohol que hay en el mosto muerto es de 8% de alcohol por volumen, similar al que se encuentra en una cerveza fuerte.

Levaduras activas (arriba). Levaduras muertas: formación de costras (abajo).

Durante la fermentación hay varios factores a considerar que impactan de manera directa el sabor y los aromas del producto final. Uno de ellos es la temperatura, la cual idealmente debe rondar los 33 °C para asegurar que el metabolismo de las levaduras no provoque la generación de sustancias secundarias indeseables, como glicerol o ácido acético. Otro factor es el tiempo de fermentación; controlarlo es muy importante, pues es necesario que las levaduras tengan el suficiente tiempo para consumir todos los azúcares y asegurar así un óptimo rendimiento, pero no demasiado para evitar dos situaciones: canibalización de la levadura, y fermentación secundaria. La primera situación sucede cuando se agota el azúcar y no hay más alimento disponible para las levaduras que ellas mismas; este fenómeno genera un aroma indeseable en el producto, similar al de cabello quemado. La segunda, la

fermentación secundaria, es causada cuando alguna bacteria entra en contacto con el mosto, consume el alcohol y genera ácido acético o vinagre, provocando que el producto final presente esos aromas característicos.

Para que dé comienzo el proceso de fermentación se puede optar por dos caminos: la inoculación o la fermentación espontánea o natural. En la primera, las levaduras son añadidas al mosto de manera deliberada con el objetivo de activar y acelerar el proceso de fermentación. Tiene como ventaja el control de las condiciones generales del proceso, lo cual asegura resultados uniformes. Además, la utilización de cepas de levaduras específicas puede generar mejoras en el rendimiento y en las características organolépticas finales. Las empresas pueden elegir entre comprar levaduras, aislar las cepas para conservarlas y utilizarlas a voluntad, o bien, desarrollar alguna cepa que le confiera ciertas características deseables al producto final. En el segundo tipo de fermentación, la espontánea o natural, se espera a que las levaduras en las tinas de fermentación, y en general las que se encuentran en el medio ambiente, se activen. Este proceso puede comenzar varios días después de haber añadido el mosto a las tinas, en ocasiones más de una semana. En este tipo de fermentación, varios resultados del producto final no se pueden controlar, pues variables como el pH, la temperatura y la concentración de azúcares podrían generar inconsis-

Tanques de fermentación de acero inoxidable

tencias de los productos que a través de ellos se obtienen, generando así sabores distintos entre los lotes de producción. A pesar de ello, varias destilerías prefieren la fermentación natural con levaduras nativas que aseguran un perfil organoléptico ligado 100% al agave y al ecosistema local.

Destilación

La destilación es el tratamiento de un líquido mediante el calor para aislar sus constituyentes volátiles y recuperar una parte de ellos por condensación. En el caso de los aguardientes, el principio de la destilación se basa en las diferentes temperaturas a las que se evaporan el agua, los varios tipos de alcohol y demás compuestos volátiles. Cuando se calienta un líquido alcoholizado a una temperatura comprendida entre los dos puntos de

Mosto muerto en tanque de fermentación de acero inoxidable

ebullición del agua y del alcohol, se pueden retener los vapores que se desprenden y condensarlos después mediante enfriamiento.

Esta etapa del proceso tiene dos objetivos principales: el primero, separar del mosto muerto el alcohol para obtener un líquido de alta graduación alcohólica; el segundo, separar el líquido alcohólico en dos productos: uno de ellos deseable, compuesto en su mayoría por alcohol etílico y otros compuestos orgánicos favorables

generados durante la fermentación, y el otro indeseable por contener compuestos orgánicos, entre ellos algunos alcoholes que afectan la calidad del tequila, como ácidos, aldehídos, metanol, alcoholes superiores y ésteres.

Si bien todas las decisiones que se toman durante el proceso de producción del tequila son importantes y tienen un impacto en el producto final, la destilación es determinante en cuanto a su calidad.

Existen dos métodos de destilación que se utilizan en la industria del tequila: el método de destilación con alambique, utilizado en la producción de destilados desde la llegada de los españoles a América y que a la fecha sigue siendo común en muchas empresas, y el método de destilación con torre o columna de destilación continua, cuya introducción en la industria tequilera se dio en 1888 con don Cenobio Sauza, quien adquirió estos novedosos dispositivos para equipar las instalaciones de su fábrica La Perseverancia.

Tanto los alambiques como las torres de destilación pueden ser fabricados en cobre o en acero inoxidable; la utilización de uno u otro material dependerá de cada productor. El acero inoxidable, en comparación al cobre, es más económico, totalmente inocuo, necesita menos

Alambiques de acero inoxidable

mantenimiento y tiene más durabilidad. Por su parte, el cobre cuenta con una afinidad electroquímica que de manera natural le permite atrapar ciertos compuestos de sulfuro presentes desde la fermentación de las piñas de agave. Cuando se utiliza un destilador de cobre se obtiene un tequila más puro que con uno de acero inoxidable, pues los compuestos de sulfuro y, por tanto, sus aromas desagradables, quedan adheridos a las paredes internas del destilador.

Destilación con alambique

El alambique es uno de los útiles de destilación más antiguos. Fue empleado por varias culturas antiguas tanto de Oriente como de Occidente. Su nombre proviene del árabe *al-ambiq*, que tiene su origen en el griego ἄμβιξ (*ambix*); en español también se le conoce como alquitara, término de origen árabe que viene de *al-qatara* (*qattara*, destilar). El alambique fue introducido en Europa por los árabes y, posteriormente, llegó a América con la

Conquista; desde entonces se ha establecido como el utensilio más utilizado para producir destilados. El uso del alambique implica hacer una producción por lotes y es lo más cercano a la destilación tradicional que hay actualmente en la industria tequilera.

El alambique se compone de una caldera en donde se vierte y calienta gradualmente el líquido que se desea destilar. Esta caldera está cubierta por una chimenea y un capitel por donde suben y se concentran los vapores. A su vez, el capitel está conectado a un condensador por medio de un tubo llamado cuello de cisne por donde pasan los vapores y llegan al condensador; ahí, los vapores calientes pasan por un serpentín sumergido en un tanque de agua fría, donde se condensan y transforman en líquido que se puede recuperar.

La obtención de tequila por destilación con alambique se conforma de al menos dos pasos: primera y segunda destilación. Para llevar a cabo la primera destilación, el mosto muerto es trasladado de las tinas de fermenta-

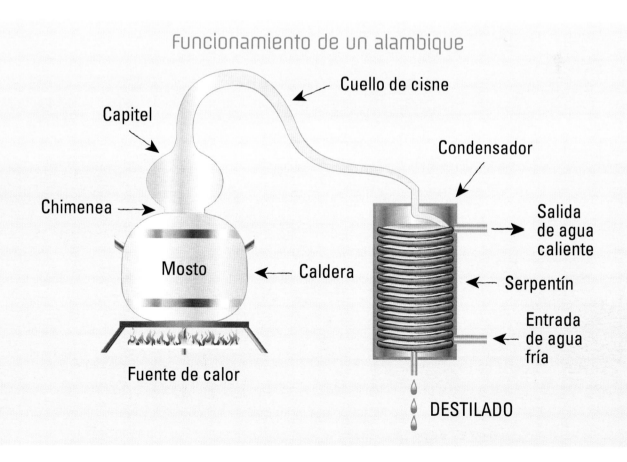

Funcionamiento de un alambique

Alambiques de cobre y contenedores de acero inoxidable de tequila ordinario y tequila

ción hacia las calderas. Al inicio, cuando el calor no es tan intenso, el alcohol contenido en el mosto se evapora antes que el agua; este vapor se condensa y se recolecta obteniendo un líquido de graduación alcohólica media llamado ordinario o tequila ordinario. Derivado de este paso quedan los sólidos mezclados con agua y otras sustancias, los cuales ya no se utilizarán en el proceso de producción; en el caso de los mostos que han sido fermentados con las fibras del agave, este desperdicio contiene bagazo y vinazas. Durante esta primera destilación, se incrementa la graduación alcohólica que el mosto generó durante la fermentación, pues pasa de 8% de alcohol por volumen inicial a 20%. A pesar de que el ordinario no posee una graduación alcohólica muy alta, resulta bastante agresivo y poco agradable si se le bebe debido a que contiene muchos compuestos orgánicos indeseables. Sin embargo, si se busca con cuidado dentro de todas las notas aromáticas negativas

del ordinario, se hallarán las notas finas que caracterizan a un buen tequila. El ordinario es un producto intermedio en la elaboración del tequila y no es apto para ser consumido; por ello, de acuerdo con la Norma Oficial Mexicana referente al tequila, éste debe pasar por dos destilaciones como mínimo.

En la segunda destilación, llamada de rectificación, la graduación alcohólica se incrementa hasta 65% o 70% de alcohol por volumen. Durante esta segunda destilación, el proceso de evaporación del ordinario se divide en tres secuencias de evaporados de acuerdo con la volatilidad de los elementos inmiscuidos:

• Las cabezas: conjunto de elementos que se evaporan al inicio de la segunda destilación por ser los más volátiles, cuando la temperatura aún es templada. Estos elementos son indeseables por contener metanol y acetaldehídos, los cuales son tóxicos si se consumen en exceso. Se caracterizan por tener aromas a solvente, barniz de uñas o acetona.

- El corazón: contiene los compuestos que se evaporan a temperatura media. En este conjunto se concentra el etanol, un alcohol deseable y de calidad por ofrecer notas deseables para el tequila y no ser dañino. Este conjunto de compuestos es el llamado alcohol bueno.
- Las colas: conjunto de compuestos que se evaporan cuando el proceso de destilación ha alcanzado su máxima temperatura. Dentro de estas volatilizaciones se encuentran los alcoholes superiores que tienen notas a plástico, aceite, petróleo y caucho quemado. Al ser consumidos en exceso pueden ser perjudiciales a la salud.

Corte de cabezas y colas

Durante la segunda destilación, a la separación de compuestos en cabezas, corazón y colas se le llama corte. Las cabezas y las colas son añadidas en la primera destilación del siguiente lote de producción, y el corazón es propiamente el tequila. Existe un límite definido por la norma en el punto a partir del cual se debe hacer el corte de cabezas y colas a descartar. Dentro de los márgenes de dicho límite, los productores pueden determinar libremente el punto preciso donde hacer el corte del corazón, para con ello definir el perfil y calidad de sus tequilas.

Opcionalmente se puede llevar a cabo un tercer paso en la destilación, que es destilar el corazón obtenido de la segunda destilación. Aunque es poco común, algunas marcas de tequila sí lo hacen para obtener productos con un alcohol más puro; es decir, con menos compuestos orgánicos indeseables, aunque sacrificando el rendimiento final. Estos tequilas suelen ser sumamente amigables al paladar, suaves y sedosos.

Destilación con torre o columna de destilación continua

El aparato para el método de destilación continua fue inventado por el escocés Robert Stein en 1828 y perfeccionado dos años más tarde por el irlandés Aenas Coffey; desde entonces fue adoptado de forma masiva para la fabricación de alcoholes en todo el mundo.

Esta metodología de destilación es utilizada por las empresas que producen grandes volúmenes de tequila; es más eficiente que el alambique debido a que no es necesario descargarlo y limpiarlo cada que se realiza una destilación, además de que puede mantenerse en operación sin interrupción. No obstante funciona con el mismo principio del alambique, que es la separación de los componentes de un líquido por medio del calor y la recuperación y posterior condensación de vapores. Los tequilas destilados con esta metodología suelen ser más potentes pero menos aromáticos que los obtenidos con el método de alambique.

La torre de destilación continua se compone de dos columnas: la de destrozamiento o analizador y la columna de rectificación o rectificador. Ambas tienen en su interior varios niveles o cámaras. En la primera columna

Columnas de destilación

las cámaras están separadas por medio de placas con varios orificios pequeños llamadas platos de lluvia; en la segunda columna, las cámaras están separadas por charolas. Entre ambas columnas, en la parte superior, se encuentra un condensador.

El proceso de destilación comienza cuando el mosto muerto se vierte por la parte superior de la columna de destrozamiento y desciende por gravedad atravesando lentamente los orificios de los platos de lluvia de una cámara a otra. Al mismo tiempo que se vierte el mosto, por la parte inferior de la columna se inyecta un vapor caliente, que asciende naturalmente a través de los platos de la columna debido a su temperatura. Cuando las gotas de mosto se encuentran con el vapor caliente, el alcohol contenido en ellas se evapora y asciende con él junto con muchos de los compuestos y alcoholes no deseados. En la parte superior de la columna, la mezcla de vapor caliente, alcohol y demás compuestos volátiles pasa al condensador donde retoma su forma líquida y se convierte en ordinario o tequila ordinario, para luego ser transportado a la parte inferior de la columna de rectificación, donde se llevará a cabo la segunda destilación. Las vinazas que quedan en la primera columna se drenan por debajo de ella y se descartan.

Las charolas dentro de la segunda columna o columna de rectificación almacenan líquidos y al mismo tiempo dejan pasar vapor por medio de unas válvulas *check* (o no retorno) llamadas calotas. Las calotas se sitúan por encima del nivel del líquido almacenado, permitiendo el paso del vapor de forma ascendente pero no de forma descendente; es decir, el vapor puede pasar de una cámara inferior a una superior, pero ya no puede bajar. Cada nivel va acumulando líquidos y vapores a diferentes temperaturas, separando naturalmente las tres calidades de alcohol: las cabezas, el corazón y las colas. Cada nivel tiene una válvula de salida que permite drenar por un lado el vapor y por otro el líquido de cada compartimento, esto permite hacer el corte de colas y cabezas. Las cabezas y las colas se reintegran al proceso de manera permanente. Los compuestos que conforman el corazón se someten a condensación para convertirlos en alcohol líquido.

La graduación alcohólica en el alcohol obtenido por medio de columna de destilación llega hasta 95% por volumen o incluso más.

Dilución

Después de la destilación se debe regular la graduación alcohólica del producto obtenido diluyéndolo con agua, siguiendo los parámetros especificados por la Norma Oficial Mexicana referente al tequila de acuerdo con el tipo de éste.

Según la norma el porcentaje de volumen de alcohol final para todos los tipos y categorías de tequila debe ubicarse entre 35 y 55%. La graduación alcohólica deberá ajustarse de acuerdo con las preferencias del productor, el perfil de cada uno de sus productos y las regulaciones legales de cada país en donde será vendido. En México, las graduaciones alcohólicas que son más comunes encontrar en el mercado son: 35%, 38% y 40%, es muy raro encontrar un tequila con un volumen de alcohol superior a 45%, aunque por norma es posible comercializar un tequila hasta con 55% de alcohol por volumen.

El agua de dilución debe ser agua potable, destilada o desmineralizada, y generalmente es la misma que se utiliza para todos los procesos de producción. La calidad de ésta es de suma importancia, ya que cualquier sabor o aroma presente en ella (notas minerales) terminará siendo transferido al producto final. Algunas plantas o destilerías se construyen en un terreno específico donde pueden acceder al agua subterránea a través de un pozo propio; otras toman el agua del caudal municipal, y algunas más se abastecen de otras fuentes naturales, como de los manantiales ubicados alrededor del volcán de Tequila. En la industria tequilera es común que las empresas cuenten con algún sistema de filtrado, purificación o tratamiento de agua para asegurar su neutralidad; el sistema de tratamiento más común es el de ósmosis inversa.

En caso de que el producto final sea un tequila blanco, después de la dilución estará listo para ser filtrado. De lo contrario, si el producto se procesará como reposado, añejo o extra añejo, deberá diluirse hasta que tenga un volumen de alcohol de 55% para después someterlo a la etapa de añejamiento.

Añejamiento

Esta etapa, generalmente, se lleva a cabo con tequilas que serán reposados, añejos o extra añejos. Consiste en mantenerlos dentro de contenedores o barricas de madera para otorgar aromas y sabores sutiles complementarios a los que se obtuvieron en procesos previos.

El reposo en madera permite al tequila adquirir lentamente notas aromáticas y sabores adicionales. Cuando el líquido se vierte en los contenedores entra en contacto directo y continuo con las paredes internas de éstos, de los cuales absorbe sus características organolépticas y su coloración. Mientras más tiempo pase el tequila dentro de un contenedor de madera, su perfil organoléptico y coloración se vuelven más complejos.

La madera es un material poroso que absorbe al tequila como una esponja, especialmente durante el día, cuando las temperaturas son altas y la madera se expande. Durante la noche las temperaturas bajan y la madera se contrae, expulsando de su interior el líquido que había absorbido y regresándolo al interior del contenedor. De esta forma todos los días se crea un flujo, en el cual el tequila entra y sale constantemente de la madera, arrastrando con él aromas, colores y sabores característicos de ésta.

Debido a este fenómeno, poco a poco hay pérdidas del líquido resguardado en el contenedor, ya que al momento de ser absorbido por la madera, un poco de él alcanza a traspasar el exterior del contenedor y se evapora. A esto se le conoce como la cuota o la parte de los ángeles, expresión muy utilizada en la producción de whisky, conocida en inglés como *angel's share*. Las condiciones climatológicas y de temperatura que hay en la región de producción de tequila en México, provocan que esta pérdida sea entre 2% y 5% anual. También las condiciones de las cavas o bodegas de añejamiento influyen en el porcentaje de la pérdida de líquido por evaporación, el cual se reducirá, por ejemplo, con una temperatura y humedad controladas, así como con una planeación previa de la arquitectura, la orientación, y la ubicación geográfica de la cava o bodega.

Contenedores

Los contenedores se componen de duelas de madera con las que se forman las paredes y las tapas, con cinchos de metal que se encargan de mantenerlas unidas. Para que las duelas sean más flexibles y puedan adquirir la forma curva propia del contenedor, se tuestan y después se enfrían con agua antes de colocar todos los cinchos, los cuales ejercen presión sobre ellas; una vez formado el cuerpo del contenedor, se colocan las tapas a presión asegurándolas con cinchos. La presión que ejercen los cinchos, así como la humedad dentro del contenedor que hace que la madera se hinche, son suficientes para sellar las uniones de las duelas sin ningún tipo de adhesivo.

Existen dos tipos de contenedores de madera para reposar tequila: los pipones y las barricas.

- Pipones. Tanques de madera con capacidad que oscila entre 5 000 y 12 000 litros, aunque también existen pipones con capacidad de hasta 80 000 litros. Los pipones suelen ser contenedores con muchos años de uso, algunos con más de 40. Un inconveniente en utilizarlos es que, debido a su tamaño y a la gran cantidad de líquido que pueden contener, la contribución organoléptica de la madera hacia el tequila no es tan significativa como en un contenedor más pequeño, sobre todo si el tiempo de reposo no es largo o si las duelas del pipón son muy viejas.

Pipones de 1950, destileria Río de plata.

• Barricas. Contenedores de madera con capacidades menores a los pipones. Generalmente, las barricas de roble blanco americano, típicamente utilizadas para madurar *bourbon,* tienen una capacidad de 200 litros. Las barricas europeas de roble francés o español, fabricadas en distintas dimensiones, normalmente no rebasan los 600 litros. Las destilerías de tequila regularmente cuentan con distintos tipos de barrica de varios tamaños; sin embargo, el uso de barricas de roble americano previamente utilizadas para madurar *bourbon* y con capacidad de 200 litros, es común a lo largo de toda la región de producción de tequila.

Según la Norma Oficial Mexicana referente al tequila, la madera que se utilice para los contenedores de añejamiento debe ser de roble o encino. El tiempo de repo-so, en el caso de los tequilas reposados, es de 2 meses como mínimo sin ninguna restricción en cuanto al tamaño del contenedor donde se llevará a cabo. Los pipones son muy utilizados en producciones donde se generan volúmenes grandes de tequila reposado. Para los tequilas añejos y extra añejos los tiempos mínimos de reposo son de 1 y 3 años, respectivamente, con contenedores que tengan una capacidad máxima de 600 litros.

Contribuciones organolépticas de la madera

El proceso de tostar la madera de los contenedores ocasiona que los azúcares y las resinas naturales de la madera se caramelicen. Éstos son responsables de los aromas en el tequila distintivos a madera tostada, caramelo y una ligera nota a humo. El nivel de penetración

Barricas

Pipón con capacidad de 17 700 litros, destilería La Rojeña.

del tostado puede ser ligero o profundo, y esto tendrá un impacto acorde con la intensidad de las notas que el contenedor aportará al tequila, principalmente en la nota ahumada.

El tipo de roble utilizado para la fabricación de las barricas influye bastante en la contribución organoléptica al tequila. La mayoría de los contenedores de madera en México son importados, y los que más se utilizan en la industria tequilera son de roble blanco americano, seguido por los de roble francés. Ambas maderas aportan ciertas notas en común, pero existen algunas diferencias. La madera de roble americano tiene poros más grandes que la de roble francés, por lo que sus atributos son transmitidos con mayor facilidad y con más velocidad. Además, su aportación de taninos es menor y las notas que transfiere son de carácter tropical, como coco, café, tabaco, humo, vainilla y cacao; asimismo, sus aromas son potentes y poco delicados. Por su parte, la madera de roble francés es más blanda que la del americano. Al ser sus poros finos, aporta sus atributos de una manera pausada y equilibrada, con notas sutiles a vainilla, miel de abeja, frutos secos, canela y varias especias dulces, hierbas y notas balsámicas; sus aromas son más delicados y elegantes. La madera de roble francés tiene un costo más elevado que la de roble americano, hasta tres veces superior, debido a que lleva un proceso de corte particular llamado hendido que provoca una disminución de su rendimiento. Sin embargo, el equilibrio y distinción que la acompañan, reflejado en el producto final, hacen que algunos productores la prefieran.

> Existen distintos grados de tostado de barricas: *tostado ligero* (aporta notas a especias y roble dulce); *tostado medio* (aporta aromas a vainilla con miel y pan tostado); *tostado fuerte* (produce aromas a chocolate, almendras y notas ahumadas).

Ejemplo de diferentes tostados en barricas, Casa Cuervo.

Otro factor que influye en la contribución organoléptica es el uso que se le hayan dado previamente a los contenedores. Si los contenedores son nuevos, sus aportaciones serán potentes y relacionadas con el tipo de madera de la que estén hechos. En el caso de los contenedores que han servido para madurar otras bebidas destiladas o fermentadas previas al añejamiento del tequila, las aportaciones organolépticas variarán en función de la bebida que se trate. Los usos previos más comunes son *bourbon*, jerez, brandy y vino.

La Norma Oficial Mexicana referente al tequila no hace referencia a ningún tipo de limitante en cuanto a la edad de los contenedores, ni a su uso previo. Por tanto, cada productor es libre de seleccionar el tipo de barricas, madera y edad de sus contenedores; asimismo, puede mezclar tequilas que hayan sido madurados en distintos contenedores, siempre y cuando cumplan con el tiempo de reposo obligatorio para cada tipo y cumpla con todas las condiciones establecidas dentro de la norma. De esta forma puede crear perfiles organolépticos específicos y propios de sus productos.

Filtrado y envasado

Filtrado y abocamiento

El último paso antes de iniciar el proceso de envasado consiste en filtrar el tequila para obtener un producto translúcido y asegurarse de que no tenga partículas solidas. En el caso de los tequilas que pasaron por añejamiento, es necesario ajustar antes del filtrado la graduación alcohólica del producto diluyéndolo con agua, en función de la graduación que el productor desee obtener y siguiendo los parámetros especificados por la Norma Oficial Mexicana referente al tequila.

El filtrado se realiza con un filtro, el cual se conforma de varias placas de papel de celulosa por las que atraviesa el tequila. Este primer filtrado se puede realizar a temperatura ambiente o en frío; esta última opción permite solidificar y retirar las grasas contenidas en el jugo de agave que no fueron eliminadas en las etapas anteriores. Asimismo, este paso se puede complementar con un filtro elaborado con placas de carbón activado que remueve el cloro y otros compuestos orgánicos, como fenoles, pesticidas y herbicidas. Este segundo tipo de filtrado resulta muy eficiente para tequilas que han sido producidos con tahona, en los que tanto el proceso de fermentación como el de destilación del mosto se ha hecho junto con las fibras del agave, generando un producto más susceptible a contener sólidos y grasas del agave.

En 2010 Casa Cuervo lanzó al mercado el primer tequila reposado cristalino. A partir de ese momento, varias empresas crearon sus propias versiones de este tipo de tequila. Éstos han pasado por un tiempo de añejamiento en madera y sometidos a un sistema de doble filtrado que elimina toda la coloración adquirida durante el reposo. De esta forma se obtiene un líquido transparente, pero con algunos de los aromas producidos durante el añejamiento.

Posterior al filtrado, algunos tequilas son abocados; es decir, se les agregan uno o más ingredientes con la finalidad de otorgarle características de sabor y color determinadas. Los ingredientes permitidos por la Norma Oficial Mexicana son: color caramelo, extracto de roble o encino natural, glicerina y jarabe de azúcar. Éstos, en total, deben representar menos del 1% del volumen total del líquido.

Envasado y etiquetado

El paso final en el proceso de producción del tequila es el envasado o embotellado. Según la Norma Oficial Mexicana, el tequila 100% agave debe ser envasado en una planta o destilería ubicada dentro del territorio de la Denominación de Origen; en el caso de los tequilas o tequilas mixtos, éstos pueden ser envasados fuera de la zona de Denominación de Origen, incluso fuera del país. A pesar de ello, los envasadores deben cumplir con ciertas especificaciones establecidas en la norma;

por ejemplo, que el traslado a granel del producto se supervisado por un organismo evaluador, y que la planta brinde a dicho organismo todas las facilidades para realizar verificaciones de la existencia de la planta, así como de su funcionamiento y operación.

En todos los casos, la línea de envasado debe contar con las condiciones de higiene adecuadas. Generalmente, las botellas o recipientes se llenan con tequila y se tapan inmediatamente para garantizar así la inocuidad de la bebida. Estas botellas deben ser de vidrio o PET y su capacidad no debe ser mayor a 5 litros. Para demostrar que el tequila no ha sufrido adulteraciones durante el proceso de envasado, el organismo evaluador realiza análisis cromatográficos, los cuales deben coincidir con los análisis realizados en la planta o fábrica.

Posteriormente se colocan las etiquetas de los envases. Éstas deben incluir información en español que indique al consumidor la naturaleza y características del tequila:

clase o categoría del tequila que se trate, saborizantes añadidos, contenido neto, graduación alcohólica, nombre de la marca y del productor y número de lote.

Una vez etiquetado el producto, se aplican las decoraciones en caso de que lleven, y se empaca en cajas de cartón para su distribución comercial.

El proceso de elaboración de tequila genera dos tipos de desperdicios que deben tratarse para no generar un impacto negativo en el medio ambiente: las vinazas y el bagazo. Las primeras son el producto líquido residual de la destilación; normalmente se generan entre 7 y 10 litros de vinazas por cada litro de tequila destilado. El bagazo son los desechos de la jima y corte de las piñas, así como las fibras que quedan después de la molienda y extracción del azúcar de las mismas; representa 40% del peso de las cabezas de agave. Las vinazas son desechos que pueden contaminar el agua, y por tener un pH menor a 3.9, no pueden ser utilizadas directamente para regar los campos; por tanto, es necesario someterlas a algún tipo de tratamiento para neutralizar su pH. Por su parte, el bagazo en ocasiones se utiliza como combustible, relleno para colchones y como forraje; sin embargo, debido a que es una fibra con un gran contenido de humedad es difícil procesarla, transportarla y almacenarla. El tratamiento de estos desechos es bastante costoso; sin embargo, ciertas empresas han invertido en equipos que permiten el manejo integral de estos residuos para poder utilizarlos como composta o como agua de riego de los campos. Además de reciclar sus residuos, algunas de ellas reciben también los restos de otras empresas.

Recuperación de bagazo resultante de la molienda

Laguna de neutralización del bagazo

Y el reposo del fuego es tomar forma con su pleno poder de transformarse.

José Emilio Pacheco, **El reposo del fuego**

El tequila,
clasificación, protección y regulación

El tequila,
clasificación, protección y regulación

El tequila fue el primer producto mexicano en recibir una Denominación de Origen (DO) debido a los factores naturales e históricos inmiscuidos. Por un lado, el cultivo de *Agave tequilana* Weber fue posible debido a las condiciones climatológicas y geográficas de una región en específico: el valle de Tequila. Por otro lado, los distintos usos que los pueblos mesoamericanos dieron al agave, así como su continuidad durante el Virreinato y en los siglos XIX y XX, fueron los que permitieron el surgimiento del tequila con la primera aparición de leyes de regularización y protección en 1928, cuando se expide el reglamento de Alcoholes, Tequilas y Mezcales.

En materia legislativa existen dos referentes que se encargan de proteger al tequila como un producto único y distintivo: la Denominación de Origen Tequila (DOT) y la Norma Oficial Mexicana NOM-006-SCFI-2012. La primera tiene relevancia a nivel nacional e internacional, mientras que la segunda, se encarga de definir qué es un tequila y asegura el cumplimiento de la DOT y el proceso de producción del mismo para asegurar su calidad.

Definición de tequila

La NOM-006-SCFI-2012, define al tequila como:

"bebida alcohólica regional obtenida por destilación de mostos, preparados directa y originalmente del material extraído, en las instalaciones de la fábrica de un Productor Autorizado la cual debe estar ubicada en el territorio comprendido en la Declaración de origen del tequila, derivados de las Cabezas de Agave de la especie tequilana Weber variedad azul, previa o posteriormente hidrolizadas o cocidas, y sometidos a fermentación alcohólica con levaduras, cultivadas o no, siendo susceptibles los mostos de ser enriquecidos y mezclados conjuntamente en la formulación con otros azúcares hasta en una proporción no mayor de 49% de azúcares reductores totales expresados en unidades de masa, en los términos establecidos en la norma y en la inteligencia que no están permitidas las mezclas en frío. El tequila es un líquido que puede tener color, cuando sea madurado, abocado, o añadido de un color específico. El tequila puede ser añadido de edulcorantes, colorantes, aromatizantes y/o saborizantes permitidos por la Secretaría de Salud, con objeto de proporcionar o intensificar su color, aroma y/o sabor."

El agave azul que se utilice como materia prima para la elaboración de tequila debe haber sido cultivado en el territorio comprendido en la DOT y estar inscrito en el registro de Plantación de Predios, el cual debe ser actualizado o ratificado anualmente por el productor; además, los agaves deben estar identificados como de la especie *A. tequilana* Weber variedad azul a través de cualquier figura legal.

Denominación de Origen

Las Denominaciones de Origen (DO) tienen como fin resguardar el nombre y regular los componentes y los procesos de producción o elaboración de algún producto. Los factores geográficos son decisivos para otorgar y cumplir una DO; por ejemplo, el clima, en el cual se incluyen precipitación pluvial, temperatura e intensidad y horas de luz solar, también el suelo y sus componentes químicos y textura, así como con las actividades humanas, tipos de cultivos, cosecha y producción.

México forma parte de dos acuerdos internacionales que protegen las DO en los países que son miembros de ellos: el Convenio de París desde 1976, y el Arreglo de Lisboa desde 1966. El primero, con 162 países miembros, aborda varias acepciones relativas a la propiedad industrial, como marcas, nombres comerciales, patentes y denominaciones de origen. El segundo, establece que todos los países miembros del acuerdo se comprometen a proteger los productos con DO de los países inmiscuidos.

Cada DO se regula mediante una serie de disposiciones, reglamentos, órdenes ministeriales, decretos y leyes orgánicas emitidas por las autoridades correspondientes en cada uno de los países de origen. En el caso de México, estas regulaciones son contempladas en las Normas Oficiales Mexicanas (NOM). De manera general, los Consejos Reguladores de cada DO son los encargados de velar por el cumplimiento de lo marcado en las regulaciones. El uso ilegal del nombre de un producto con DO mediante usurpación, imitación o el no cumplimiento de los procesos de producción o elaboración del mismo, es sancionado por la ley. En México, el Instituto Mexicano de la Propiedad Industrial (IMPI) es el organismo responsable de emitir y autorizar la protección de una DO.

En México existen 14 DO reconocidas y protegidas por el IMPI: tequila, mezcal, bacanora, sotol, charanda, olinalá, talavera, café de Veracruz, café de Chiapas, ámbar de Chiapas, mango Ataúlfo, chile habanero de la península de Yucatán, arroz del estado de Morelos y vainilla de Papantla.

Denominación de Origen Tequila

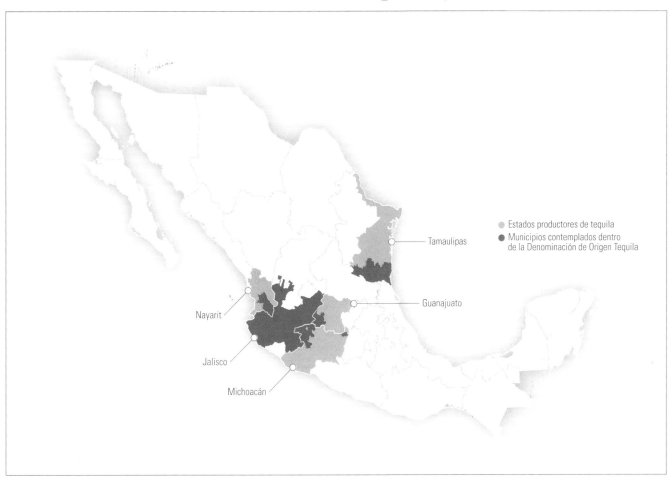

- ● Estados productores de tequila
- ● Municipios contemplados dentro de la Denominación de Origen Tequila

Tamaulipas

Guanajuato

Nayarit

Jalisco

Michoacán

Municipios que ostentan la Denominación de Origen Tequila

Jalisco	Guanajuato	Michoacán		Nayarit	Tamaulipas
Todos los municipios	Abasolo	Briseñas	Numarán	Ahuacatlán	Aldama
	Cuerámaro	Chavinda	Pajacuarán	Amatlán de Cañas	Altamira
	Huanímaro	Chilchota	Peribán	Ixtlán del Río	Antiguo Morelos
	Manuel Doblado	Churintzio	Sahuayo	Jala	Gómez Farías
	Pénjamo	Cojumatlán de	Tancítaro	San Pedro	González
	Purísima del Rincón	Régules	Tangamandapio	Lagunillas	Llera
	Romita	Cotija	Tangancícuaro	Santa María del	Mante
		Escuandureo	Tanhuato	Oro	Nuevo Morelos
		Jacona	Tingüindín	Tepic	Ocampo
		Jiquilpan	Tocumbo	Xalisco	Tula
		La Piedad	Venustiano		Xicoténcatl
		Los Reyes	Carranza		
		Maravatío	Villamar		
		Marcos	Vista Hermosa		
		Castellanos	Yurécuaro		
		Nuevo	Zamora		
		Parangaricutiro	Zinaparo		

El 9 de diciembre de 1974 se publicó en el Diario Oficial de la Federación la resolución por la cual se otorgó protección a la Denominación de Origen Tequila (DOT). De acuerdo con el artículo 156 de la Ley de la Propiedad Industrial en México: "se entiende por denominación de origen el nombre de una región geográfica del país que sirva para designar un producto originario de la misma, y cuya calidad o características se deban exclusivamente al medio geográfico, comprendiendo en éste los factores naturales y humanos". Esta definición exige tres condiciones: la existencia de una zona geográfica delimitada; un reconocimiento o renombre comprobado del lugar geográfico, y condiciones precisas de producción especificados por una norma, las cuales se cumplen en el caso del tequila.

En la DOT, de acuerdo con la Declaración General de Protección de la Denominación de Origen Tequila 1977 y sus subsecuentes modificaciones, se contempla como demarcación territorial a los 125 municipios del estado de Jalisco; 7 municipios de Guanajuato; 30 municipios del estado de Michoacán; 8 municipios de Nayarit, y 11 municipios del estado de Tamaulipas.

En el plano internacional, en 1994 se reconoció al tequila junto con el mezcal como bebida distintiva de México dentro del Anexo 313 del Tratado de Libre Comercio, y en 1997, México firmó con la Unión Europea un acuerdo de Reconocimiento Mutuo para la Protección de las Denominaciones en el sector de bebidas espirituosas. Mediante éste, México reconoció 193 DO de bebidas destiladas, y se le reconocieron las del tequila y mezcal.

Norma Oficial Mexicana

Las Normas Oficiales Mexicanas (NOM) son las regulaciones técnicas de observancia obligatoria, expedidas por las dependencias oficiales competentes, que establecen reglas, especificaciones, atributos, directrices, información, requisitos, procedimientos, metodologías, características y prescripciones aplicables a un producto, proceso, instalación, sistema, actividad, servicio o método de producción u operación, así como aquellas relativas a terminología, simbología, embalaje, marcado o etiquetado, además de las referentes a su cumplimiento o aplicación. A ellas están sujetos los bienes y servicios que se comercializan en México.

En México, el gobierno es el encargado y responsable de emitir las NOM; sin embargo, en el proceso se suman las consideraciones de expertos externos provenientes

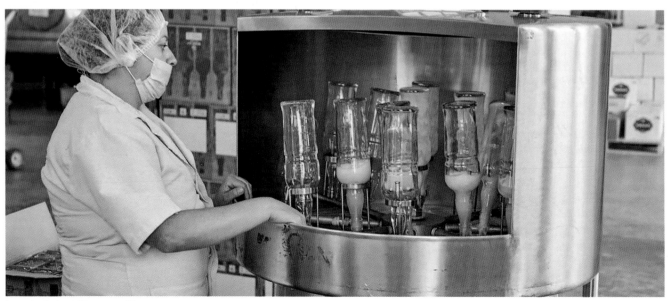

Lavado de botellas a presión

de otras áreas. Las NOM son propuestas por comités técnicos integrados por todos los sectores interesados en el tema, no únicamente el gobierno. Suelen incluirse investigadores, académicos y cámaras industriales o de colegios de profesionistas. Una vez aprobadas por el gobierno, las NOM son comunicadas por medio del Diario Oficial de la Federación y generalmente entran en vigor algunas semanas después de su publicación.

En junio de 1949 se aprobó la primera Norma Oficial Mexicana de Calidad para Tequila. Al ser un instrumento que regula la calidad y la estandarización de los procesos de elaboración en una industria en constante evolución, cada 5 años se desarrolla un proceso de actualización. La NOM vigente para el tequila es la NOM-006-SCFI-2012, publicada en el Diario Oficial el 6 de enero del 2006. En ella se establecen, conforme a un proceso determinado, las características y especificaciones que deben cumplir todos los integrantes de la cadena productiva, industrial y comercial del tequila. La norma prevé una serie de muestreos que obliga a los productores y envasadores autorizados a llevar un control de calidad permanente a través de su propia infraestructura o por medio de la contratación de los servicios de organismos de evaluación, con la utilización de equipo suficiente y adecuado de laboratorio, así como la aplicación de los métodos de prueba apropiados y un control estadístico de la producción y envasado que demuestre el cumplimiento de dichas especificaciones.

Categorías y tipos de tequila

La NOM que corresponde al tequila clasifica a este producto de acuerdo con dos puntos de referencia: el porcentaje de azúcares provenientes del agave que se establezca en su elaboración y las características adquiridas en procesos posteriores a la destilación.

La clasificación del tequila de acuerdo con el porcentaje de azúcares provenientes del agave se divide en dos:

- Tequila 100%. Puede ser etiquetado como 100% de agave, 100% puro de agave, 100% agave o 100% puro agave; al final se le puede agregar la palabra azul. Este tequila debe ser elaborado sin añadir azúcares provenientes de otras fuentes ajenas al agave y debe ser envasado en la planta que controle el propio productor autorizado, misma que debe estar ubicada dentro del territorio comprendido en la DOT.

- Tequila. También conocido como tequila mixto, debe ser elaborado con mínimo 51% de azúcares provenientes del *Agave Tequilana* Weber variedad azul y hasta con 49% de azúcares provenientes de otras fuentes que no sean ningún otro tipo de agave. Puede ser envasado en plantas ajenas a un productor autorizado, siempre y cuando los envasadores cumplan con las condiciones establecidas en la norma, incluso fuera de la DOT o del territorio mexicano. Para estos tequilas la norma no especifica alguna leyenda en el etiquetado, salvo la palabra tequila.

La clasificación del tequila de acuerdo con las características adquiridas en procesos posteriores a la destilación, ya sea 100% agave o tequila mixto, abarca cinco tipos:

- Tequila blanco o plata. Producto transparente, no necesariamente incoloro, diluido con agua después de destilación y sin abocante; puede tener una maduración menor de 2 meses en contenedores de roble o encino.

Tequila reposado (izq.) y tequila añejo (der.).

Tequila blanco (izq.) y tequila joven (der.).

- Tequila joven o tequila oro. Éste se puede obtener de dos maneras: mediante la mezcla de tequila blanco con tequilas que previamente fueron añejados durante 2 meses o más; o mediante la mezcla de tequila blanco con algún abocante.
- Tequila reposado. Producto que se puede obtener de dos formas: destilado sometido a un proceso de maduración o añejamiento de por lo menos 2 meses en contacto directo con la madera de contenedores de roble o encino, susceptible de ser abocado, cuyo contenido alcohólico comercial debe ajustarse con agua de dilución; o el resultado de las mezclas de tequila reposado con tequilas añejos o extra añejos.

- Tequila añejo. Producto que se puede obtener de dos maneras: mediante un destilado sometido a un proceso de maduración o añejamiento de por lo menos 1 año en contacto directo con la madera de contenedores de roble o encino, cuya capacidad máxima sea de 600 litros, con contenido alcohólico comercial ajustado con agua de dilución y que puede ser abocado; o el resultado de las mezclas de tequila añejo con tequila extra añejo.
- Tequila extra añejo. Producto sujeto a un proceso de maduración o añejamiento de por lo menos

Tequila extra añejo

3 años, en contacto directo con la madera de contenedores de roble o encino, cuya capacidad máxima sea de 600 litros, con contenido alcohólico comercial ajustado con agua de dilución y que puede ser abocado.

Otras clasificaciones que no se especifican en la NOM, pero que a partir de ella han surgido, son:

- Tequilas saborizados. Tequila de cualquier categoría y tipo al que se le han añadido saborizantes naturales permitidos por la Secretaría de Salud para complementar su sabor. Generalmente el añadido es de carácter frutal.

Tequila cristalino

- Tequilas cristalinos. Tequilas reposados, añejos o extra añejos, o una mezcla de éstos, que han sido sometidos a un proceso de filtrado para eliminarles la coloración adquirida durante el reposo en madera, pero conservando buena parte de las notas aromáticas propias del añejamiento.

Las instancias de autoridad
en torno al tequila

Existen dos instancias públicas y autónomas avaladas por el gobierno federal que tienen la finalidad de proteger la DOT y asegurar el cumplimiento de la NOM para el tequila, así como promover la cultura de la bebida en el mercado nacional e internacional: el Consejo Regulador del Tequila (CRT), y la Cámara Nacional de la Industria Tequilera (CNIT). Ambas cumplen con distintas funciones y persiguen objetivos diferentes.

Consejo Regulador del Tequila

El Consejo Regulador del Tequila A.C. es una organización que, desde diciembre de 1993, se dedica a verificar y certificar el cumplimiento de la NOM referente al tequila, a salvaguardar la DOT en México y en el extranjero, así como a promover la calidad, la cultura y el prestigio de esta bebida para garantizar su autenticidad. Se trata de una institución que reúne a todos los actores y agentes productivos ligados a la elaboración del tequila, con el fin de garantizar la transparencia en la operación al estar presentes de manera equilibrada los productores de agave, los industriales tequileros, los envasadores, los comercializadores y representantes gubernamentales.

El CRT tiene funciones como organismo de verificación de autenticidad del tequila y como certificador. La primera consiste en una verificación física del proceso, desde el cultivo hasta el envasado; una revisión documental de información comercial y contable de las empresas, inventarios, consumos y registros, y pruebas de laboratorio, muestreos y mediciones. Durante el proceso de verificación se consideran las características del agave; la formulación de los mostos; la destilación; el control de maduración por tipo de tequila; el envasado y etiquetado; las buenas prácticas de higiene, y la existencia de laboratorios de control de calidad de los distintos procesos. Por otro lado, realiza la certificación mediante una testificación en la cual se asegura que el tequila cumple con la normatividad. Algunos de los certificados que emite son: el agrícola; el de cumplimiento con la norma; el de comercialización nacional de tequila a granel, y el de autenticidad para la exportación de tequila.

Asimismo, algunas casas tequileras optan por buscar certificaciones de distintos grados de calidad a nivel nacional e internacional, como las Buenas Prácticas de Manufactura (BPM); el HACCP (Sistema de Análisis de Peligros y Puntos Críticos de Control), las ISO 9000, ISO 14000 e ISO 22000 (normas que cumplen con estándares de calidad internacionales); así como el cumpli-

Tequila certificado por el CRT

miento de la NOM-251-SSA1-2009 Prácticas de higiene para el proceso de alimentos, bebidas o suplementos alimenticos.

El CRT cuenta con un área de asuntos internacionales que se encarga de proteger la DOT en todo el mundo. El trabajo se realiza de la mano del gobierno federal en coordinación con las cuatro oficinas de representación del CRT en el extranjero, localizadas en Washington, Gi-

La normas de calidad exigidas por la NOM y reguladas por el CRT, han promovido un mejor control de calidad en los procesos de producción.

Barril con sello de certificación del CRT

nebra, Madrid y Shanghái. Cuenta con la infraestructura y personal que le permiten cumplir con sus funciones para visitar y verificar todos los espacios de la cadena productiva del tequila.

Cámara Nacional de la Industria Tequilera

Fundada en 1990, la Cámara Nacional de la Industria Tequilera (CNIT) es la institución más antigua de la industria tequilera a la cual las empresas se afilian libre y

voluntariamente para trabajar de la mano en beneficio del tequila. Está conformada por personas físicas o morales dedicadas a la producción de tequila. Cuenta con 76 socios productores de tequila de Jalisco, uno de Guanajuato y uno de Tamaulipas. Su objetivo es representar, promover y defender los intereses comunes de sus asociados mediante la propuesta y ejecución de acciones que satisfagan sus necesidades y expectativas para fortalecer el prestigio e imagen de la industria tequilera y del tequila. Tiene los siguientes objetivos particulares:

- Promover al tequila como bebida exitosa y a la cultura que la rodea como valor tradicional de México. Esto lo logra con la promoción de las actividades de sus empresas afiliadas y con la función de ser consultora y colaboradora del estado para el diseño y ejecución de políticas, programas e instrumentos que faciliten la expansión de la actividad económica en torno al tequila.
- Representar y defender los interees generales de la industria tequilera. Por un lado, se encarga de com-

batir la adulteración, el clandestinaje y el contrabando de los productos de la industria tequilera por todos los medios legales. Por otro lado, gestiona ante las autoridades federales y locales la expedición de leyes que protejan la industria tequilera y que fijen tasas justas de impuestos, a fin de impedir la competencia ilícita. Además, designa a los representantes de la industria tequilera en el seno de las comisiones y organizaciones constituidas por el gobierno.

- Enfocar los esfuerzos en atender las necesidades de los socios. Actúa como árbitro en los conflictos entre sus miembros, cuando éstos se sometan expresamente a la cámara. También, informa y ofrece orientación a sus socios y al público en general en lo relativo a las modificaciones fiscales y a los trámites que se realizan para las exportaciones de tequila.

¿El tequila puede incluir un gusano de maguey?

La idea de que los tequilas incluyen un gusano dentro de la botella está muy difundida sobre todo fuera de México; sin embargo, es una concepción falsa, ya que la Norma Oficial Mexicana que regula actualmente al tequila no lo permite. Sin embargo, existen algunos relatos que cuentan que los antiguos elaboradores de vino mezcal los empleaban como comprobador de calidad del destilado, práctica que se conservó con el tiempo sólo en el mezcal y no en el tequila.

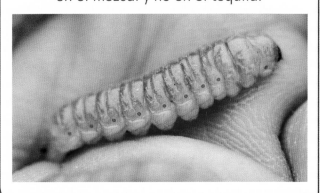

Lo que no es piedra es luz.

Octavio Paz, **Piedra nativa**

El tequila y su relación con otros destilados de agave

El tequila y su relación con otros
destilados
de agave

El tequila ha obtenido con los años un lugar de preferencia en muchos paladares gracias al desarrollo de su industria. Paulatinamente y cada vez con más fuerza surge una oferta de productos más diversa, eficientemente distribuida y comercializada. Si bien fuera de México este destilado es casi el único que se conoce, al interior del país se encuentra ligado a un grupo de destilados de agave con los que comparte muchas características: materia prima, zonas de producción, proceso de elaboración o cualidades organolépticas, por mencionar algunas. Por tanto, hablar del tequila en México obliga a repasar, aunque sea someramente, las características de otros destilados de agave para ofrecer un panorama completo del mundo del tequila y lo relacionado con él. En resumen, es por medio de las similitudes y diferencias con otros destilados como se puede entender al tequila con mayor profundidad.

La información que aquí se presenta no es exhaustiva y se constriñe a los destilados de agave más conocidos. Lo anterior responde a un criterio de disponibilidad, ya que existen muchos otros destilados que han sido absorbidos por las Denominaciones de Origen de otras bebidas, o bien, que por ser productos regionales y de pequeña producción no son tan conocidos, como es el caso del vino de Barranca de Tapalpa; el excomunión de Michoacán; el binguí de Guanajuato; el chichihualco de Guerrero; el refino de Morelos; el quitupán de Jalisco o el sisal de Yucatán.

Denominación de Origen y regiones de producción de destilados de agave representativos en México

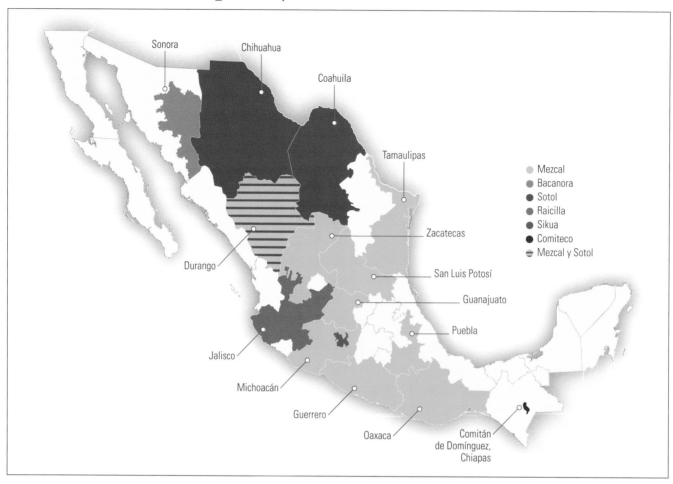

Mezcal
Bacanora
Sotol
Raicilla
Sikua
Comiteco
Mezcal y Sotol

Destilados de agave con Denominación de Origen

Mezcal

De todos los destilados de agave relacionados con el tequila, el que le sigue de cerca es el mezcal. Ambos gozan de un posicionamiento bastante privilegiado en el mercado como categorías específicas, tanto así, que muchos consumidores conocen bien sus características organolépticas. Sin embargo, todavía es necesario difundir información sobre sus formas de producción y características, pues identificar sus diferencias no es tarea fácil; ambas bebidas tienen un origen en común y muchas similitudes en su proceso de elaboración; además, durante años y hasta hace relativamente poco tiempo, el nombre mezcal fue utilizado de manera

Agave potatorum o tobalá

genérica para hacer referencia a cualquier destilado de agave sin importar su variedad, proceso o lugar de elaboración. Resulta fundamental comprender que los caminos que han seguido ambas bebidas han resultado en el surgimiento y desarrollo de dos categorías distintas de destilados de agave con valores e identidades específicas e independientes. Tanto el tequila como el mezcal son productos protegidos que poseen distintos procesos de producción, Denominaciones de Origen y materias primas permitidas para su elaboración.

El mezcal está protegido bajo la NOM-070-SCFI-1994 y obtuvo su Denominación de Origen (DO) en 1995, la cual está garantizada y salvaguardada por el Consejo Mexicano Regulador de la Calidad del Mezcal, A.C. (COMERCAM), asociación civil constituida el 12 de diciembre de 1997.

A diferencia del tequila que sólo puede ser elaborado con *Agave tequilana* Weber variedad azul, el mezcal puede elaborarse a partir de una o distintas variedades de agave; las bebidas obtenidas serán 100% cuando se emplee un solo tipo de agave, o un ensamble cuando se utilicen más de una, llamado mezcal tipo II.

Los proyectos de la Norma Oficial Mexicana para La Regulación del Mezcal más recientes indican que el mezcal 100% agave debe elaborarse obligatoriamente en un 100% con agave, ya sea salvaje o cultivado, siempre y cuando su desarrollo biológico haya sido dentro del territorio de Denominación de Origen, entendiéndose por maguey cualquier especie del género *Agave*. Asimismo, en la última norma vigente se permite producir un mezcal tipo II, llamado únicamente mezcal, cuyos azúcares totales deben provenir en un 80% de agave y el resto de

El gusano de maguey en el mezcal

Algunos relatos cuentan que los antiguos productores de vino mezcal usaban a los gusanos de maguey como una prueba para verificar la seguridad o calidad del destilado; para ello, introducían uno de ellos en la botella y dejaban que cayera al fondo de la misma; si el gusano se retorcía durante todo el trayecto significaba que el producto era de calidad; si por el contrario, el gusano moría en el camino, entonces significaba que su consumo no era seguro. Es por esta razón que en los recipientes de distribución de vino mezcal podían encontrarse gusanos de maguey. Otra historia dice que un productor de mezcal que consideraba a los gusanos de maguey como una delicia culinaria, introdujo algunos en sus botellas para mejorar el sabor del producto. Esto hizo que se diferenciara de otros productores quienes eventualmente adoptaron la idea. En la actualidad existen algunos mezcales que sí incluyen un gusano, aunque esta práctica es cada vez menos usual; asimismo, algunas marcas lo utilizan como estrategia de mercado.

Diferentes tipos de mezcal: mezcal de gusano, mezcal reposado y mezcal añejo. Oaxaca, México.

otras fuentes; por ejemplo, de caña de azúcar. Las dos variedades de agaves más utilizadas para la producción de mezcal son el *Agave angustifolia*, llamado espadín, y el *Agave potatorum*, conocido como tobalá. Otras variedades son la misma del tequila, *Agave tequilana* Weber variedad azul; *Agave karwinskii*, llamado *madrecuixe; Agave marmorata*, conocido como tepeztate; *Agave americana* variedad *Oaxacensis*, llamado sierra negra o arroqueño; *Agave cupreata* o papalote; *Agave duranguensis*, llamado cenizo en Durango; *Agave americana* o serrano; *Agave americana* variedad protoamericana, también nombrado cenizo en Tamaulipas, y *Agave salmiana,* conocido como verde o potosino.

El territorio de Denominación de Origen del mezcal se conforma por un conjunto de municipios repartidos en los estados de Oaxaca, Durango, Guerrero, San Luis Po-

tosí, Zacatecas, Tamaulipas, Michoacán, Guanajuato, y recientemente Puebla.

La norma vigente que regula la producción del mezcal data de 1994; en marzo del 2016 se presentó un proyecto de norma para modificar y actualizar la norma vigente, el cual fue propuesto por el sector empresarial del mezcal. En dicho proyecto desaparece el mezcal tipo II y se establecen especificadores en cuanto al tipo de proceso de producción utilizado en cada destilería o palenque, dividiéndolo en tres categorías: ancestral, artesanal y mezcal (industrial). Aunque esta norma aún no es oficial, permite conocer las distintas formas de producción del mezcal, que muestran la diversidad de la bebida y su apego a la cultura donde se elabora. Los requisitos mínimos correspondientes a cada categoría se presentan en la siguiente tabla.

Requisitos propuestos para elaboración del mezcal

	Ancestral	Artesanal	Mezcal (industrial)
Cocción	Hornos de pozo para cocción de cabezas de maguey.	Hornos de pozo o elevados de mampostería para cocción de cabezas de maguey.	Hornos de pozo, mampostería o autoclave para cabezas o jugos de maguey.
Molienda	Mazo en canoa; tahona: molino chileno o egipcio.	Mazo en canoa; tahona: molino chileno o egipcio; trapiche o desgarradora.	Tahona: molino chileno o egipcio; trapiche, desgarradora o tren de molinos.
Fermentación	Oquedades (orificios) en tierra, piedra o tronco; piletas de mampostería; recipientes de madera o barro; pieles de animal. En todos los casos se deben incluir las fibras del maguey.	Oquedades (orificios) en tierra, piedra o tronco; piletas de mampostería; recipientes de madera o barro; pieles de animal. En todos los casos con o sin las fibras del maguey.	Recipientes de madera, piletas de mampostería o tanques de acero inoxidable.
Destilación	Fuego directo en olla de barro y montera de barro o madera, con inclusión de las fibras del maguey.	Fuego directo en alambiques de caldera de cobre u olla de barro y montera de barro, madera, cobre o acero inoxidable; con o sin las fibras del maguey.	Alambiques, destiladores continuos o columnas de cobre o acero inoxidable.

Proyecto de Norma PROY-NOM-070-SCFI-2015 Bebidas-Mezcal-Especificaciones.

Según el proyecto de norma, de acuerdo con su proceso de maduración, el mezcal se dividiría en cuatro clases:

- Blanco o joven. Sin reposo ni maduración.
- Madurado en vidrio. Reposo en recipiente de vidrio durante más de 12 meses bajo tierra o en un espacio con condiciones estables de oscuridad, temperatura y humedad.
- Reposado. Reposo entre 2 y 12 meses en recipientes de madera, con al menos 1 m² de superficie de contacto por cada 120 litros de volumen, en un espacio con condiciones estables de temperatura y humedad.
- Añejo. Mismas condiciones que el reposado, pero con un tiempo mayor a 12 meses.

El mezcal puede ser producido y envasado con un volumen de alcohol de entre 36% y 55%; sin embargo, la graduación alcohólica más común en los productos del mercado es de al menos 45%.

En cuanto al perfil organoléptico, al compararlo con el tequila, el mezcal suele tener una mayor carga aromática; es decir, un aroma más robusto y complejo, con una nota ahumada característica, cuya intensidad es muy variable, desde casi imperceptible hasta sumamente potente y frontal. El origen de esta nota ahumada es el horno de pozo en el que normalmente se cuecen los agaves en la producción del mezcal.

El proceso de cocción de las piñas de agave para la elaboración del mezcal se puede resumir como sigue: para generar una fuente de calor, se prende leña hasta formar brasas en el horno cavado en el suelo; una vez obtenida la temperatura y consistencia de la brasa deseada, se rellena o carga el horno con las piñas de los agaves para

Fermentación en oquedades de tierra. Santa Catarina de las Minas, Oaxaca, pueblo Zapoteco, (2014).

Destilador de olla de barro

Elaboración artesanal del mezcal

cubrirlas con tierra, y algunas veces con sus mismas hojas rasuradas. La cocción suele tardar entre 3 y 5 días, aunque en ocasiones tarda hasta 7 días. Durante este tiempo los agaves están constantemente expuestos al humo de las brasas, por lo que al salir de la cocción, una nota ahumada se transfiere al producto final.

Existen algunos tipos de mezcales que adquieren nombres populares de acuerdo con variaciones implementadas en su proceso de producción. Cabe mencionar, que la norma indica que se pueden utilizar los aditivos permitidos y en la dosis que establezcan las disposiciones legales correspondientes. Por ejemplo, el mezcal corriente o chaparro, que se fermenta en cueros, con corteza de madera de palo de timbre y pulque; el mezcal de puntas o el mezcal de colas, provenientes de la primera y última parte de la destilación respectivamente; el mezcal de pechuga, al que se le pueden añadir durante el proceso de destilación ingredientes como piña criolla, plátano de Castilla, manzana criolla, canela, anís, pasas, almendras, arroz, chabacanos, cáscara de naranja criolla y pechuga de gallina o de guajolote; y el mezcal de gusano, al cual se le añade un gusano de maguey durante su envasado.

Fermentación de mosto con fibras de agave en pileta de madera, Santiago Matatlán Oaxaca, pueblo Zapoteco (2014).

Bacanora

Destilado protegido con la NOM-168-SCFI-2004 que obtuvo su Denominación de Origen en el 2000, la cual está garantizada y salvaguardada por el Consejo Sonorense Promotor de la Regulación del Bacanora.

Consejo Sonorense Promotor de la Regulación del Bacanora

Producido en Sonora, su origen, como el del resto de los mezcales, es resultado del encuentro entre la cultura americana y europea; durante el Virreinato fue denominado como vino mezcal, hasta que en la segunda mitad del siglo XIX se le empezó a denominar bacanora para diferenciarlo del resto de los mezcales; desde entonces ha sobrevivido a una larga historia de represión e intentos de extinguirlo. El ejemplo más brutal fue la ley seca decretada en 1915 por el entonces gobernador de Sonora, el general Plutarco Elías Calles. Durante el tiempo de permanencia de la ley, la persecución y represión a productores y comerciantes de bacanora fue despiadada. La policía rural se dedicó a destruir destilerías y plantaciones, así como a encarcelar y hasta ejecutar a todo aquel que osara desafiar la ley. La producción y el consumo de bacanora fue legal hasta 77 años después, cuando la Cámara de Diputados de Sonora modificó la ley de alcoholes.

La única variedad de agave permitida en la producción del bacanora es el *Agave vivipara* var. vivipara, conocido en la región como *Agave angustifolia* Haw, aunque éste no es un sinónimo oficial, o como agave espadín; procedente de poblaciones silvestres o de plantaciones comerciales y que haya sido cultivado o recolectado dentro del área de Denominación de Origen para el ba-

canora. En su elaboración no se permite añadir ningún otro tipo de azúcares.

El proceso de elaboración actual del bacanora, aunque ya ha sido modernizado en varias destilerías llamadas vinatas, conserva muchos elementos ancestrales y artesanales, como el uso de hornos bajo tierra a base de brasas de mezquite para la cocción de los agaves; la molienda por medio del uso del hacha; la fermentación natural de entre 5 y 10 días, y la destilación por medio de alambiques de leña de mezquite.

El territorio de Denominación de Origen del bacanora se conforma de un conjunto de 33 municipios ubicados dentro del estado de Sonora; se agrupan en ocho regiones: Río Sonora, Moctezuma-Cumpas, Huásabas, Bacanora-Sahuaripa, San Pedro de la Cueva, La Colorada-Yécora y Álamos.

Existen cuatro tipos de bacanora:

- Blanco. Sin reposo, con graduación alcohólica comercial que debe ajustarse con agua de dilución.
- Joven u oro. Producto susceptible de ser abocado; su graduación alcohólica debe ser ajustada con agua de dilución. El resultado de las mezclas de bacano-

Agave vivipara o espadín

Alambique de leña de mezquite

ra blanco con bacanora reposado, añejo o ambos es considerado como bacanora joven u oro.

- Reposado. Producto susceptible de ser abocado; su graduación alcohólica comercial debe ajustarse con agua desmineralizada, potable o destilada; reposo mínimo de 2 meses en recipientes de madera de roble o encino. En mezclas de diferentes bacanoras reposados, la edad del producto final es el promedio ponderado de las edades y volúmenes de sus componentes.

- Añejo. Producto susceptible de ser abocado; su graduación alcohólica comercial debe ajustarse con agua potable o destilada; reposo mínimo de 1 año en recipientes de roble o encino con capacidad máxima de 200 litros. En mezclas de diferentes bacanoras añejos, la edad del producto final es el promedio ponderado de las edades y volúmenes de sus componentes.

Destilados de agave sin Denominación de Origen

Raicilla

Destilado de agave originario del estado de Jalisco. El Consejo Mexicano Promotor de la Raicilla busca actualmente que obtenga su Denominación de Origen. El Instituto Mexicano de la Propiedad Industrial (CRT) ha reconocido al destilado otorgándole la figura jurídica de marca colectiva Raicilla Jalisco.

Existen aproximadamente 26 marcas de raicilla registradas. Este destilado se produce a partir de varias especies de agave. En las regiones serranas destaca el uso del *Agave maximiliana*, conocido como lechuguilla o pata de mula; el *Agave inaequidens*, también llamado bruto o lechuguilla, y el *Agave valenciana* o relisero, aunque este último ha sido declarado como una especie en peligro de extinción y su uso ha cesado. En las regiones costeras se utilizan el *Agave angustifolia*, llamado chico aguiar o amarillo, y el *Agave rhodacantha*, conocido como ixtero amarillo. En la región occidental de Jalisco la raicilla se produce tanto en la zona de la

Agave maximiliana

Agave rhodacantha

Sierra Madre Occidental como en la Sierra de Amula, así como en la costas norte y sur. Entre los 32 municipios jaliscienses que producen raicilla, Mascota y Cabo Corrientes son los que más volúmenes generan.

A la raicilla se le puede clasificar en dos categorías en función de las variedades de agave con las que se producen,

Horno de barro

así como de su región de origen: raicilla de costa y raicilla de sierra. Su contenido alcohólico oscila entre 35° y 45° GL de alcohol. Para la elaboración de la raicilla se utilizan algunos métodos artesanales en las tabernas o destilerías, como la cocción de las piñas en hornos de pozo o de barro calentados con leña y su molienda con mazo y batea de madera; la fermentación del mosto de forma natural, es decir, sin agregarle levaduras, entre 7 y 9 días, y la destilación en alambiques calentados con leña.

Existen 4 tipos de raicilla:

- Blanco. Sin reposo.
- Joven. Menos de un año de maduración en barricas de roble.
- Reposado. Entre 1 y 2 años de maduración en barricas de roble.
- Añejo. Más de 2 años de maduración en barricas de roble.

Comiteco

Destilado oriundo de la región de Comitán de Domínguez, Chiapas. No cuenta con una Denominación de Origen propia, aunque actualmente se hace un análisis histórico de la bebida con el objetivo de poder otorgarle tal distintivo; a la par, se desarrollan diversas investigaciones impulsadas en un inicio por la empresa Comiteco Balún Canán; entre ellas destaca el acopio de plantas de maguey comiteco que crecen en distintas localidades de Comitán de Domínguez para la reproducción por medio de hijuelos.

El comiteco se distingue del resto de los destilados de agave debido a que su elaboración no parte de azúcares del agave obtenidos por medio de la cocción de las piñas, sino que se utilizan los azúcares naturales del aguamiel fermentado; es decir, del pulque. En el caso de este destilado, las plantas de maguey se deben conservar vivas para poder extraer el aguamiel. Para su elaboración se utiliza la especie *Agave americana* L., también llamada maguey comiteco. La producción es muy pequeña y su consumo es prácticamente regional.

El proceso de elaboración comienza con la extracción y fermentación de la savia del agave, de la misma forma que para producir pulque; durante la fermentación del aguamiel se le puede añadir piloncillo y corteza de palo de timbre. Una vez obtenido el pulque se destila y se embotella directamente para obtener comiteco blanco; o bien, se somete a distintos niveles de maduración en madera para obtener versiones añejas o reserva. Asimismo, el destilado se puede infusionar con frutas de la región, como durazno, níspero, nance, zarzamoras, limón, anís, cardamomo, jocote, jobo o arrayán.

Sikua

Destilado tradicional en los municipios de Morelia, Tzitzio, Queréndaro y Villa Madero, Michoacán; su nombre en purépecha significa mezcal. Actualmente, el sikua está regulado por la NOM-142-SSA1-1995.

En 2012 hubo una modificación general de protección de la Denominación de Origen del mezcal, en la que se incluyeron varios municipios pertenecientes al estado de Michoacán, entre ellos los municipios donde se elabora el sikua, por lo que oficialmente este destilado puede ser considerado como mezcal.

No obstante, el sikua es una bebida que históricamente ha gozado de bastante prestigio debido al cuidado en cuanto a su calidad y las exigencias de los procedi-

Agave americana

Agave cupreata

mientos de elaboración, además de contar con un sabor distintivo debido a la variedad de agave con el cual se elabora, el *Agave cupreata* o maguey chino, y a que siempre se usa doble destilación. Asimismo, algo que la diferencia de otros mezcales, es que en su preparación no se permite agregar azúcares ajenos al *Agave cupreata*, ni alcoholes.

Es por esta razón que a partir de la incorporación a la DO del mezcal, un grupo de productores buscó que se reconociera al sikua como marca colectiva y de esta forma poder diferenciarla del resto de los mezcales y conservar su nombre comercial tradicional, así como garantizar la calidad y autenticidad de la bebida a sus consumidores. Este destilado ha llegado a mercados de Europa y Estados Unidos.

Otros destilados

Sotol

Destilado con proceso de elaboración similar al del mezcal pero con plantas del género *Dasylirion spp.*, las cuales pertenecen al mismo orden de los agaves pero no al género. Este destilado está protegido con la NOM-159-SCFI-2004. Obtuvo su Denominación de Origen

Dasylirion spp.

en septiembre de 2002, la cual es garantizada y salvaguardada por el Consejo Regulador Mexicano del Sotol constituido en 2005.

Se produce en los estados de Durango, Chihuahua y Coahuila. Su Denominación de Origen establece que debe elaborarse a partir de las plantas conocidas como sotol o sereque, pertenecientes al género *asparagales,* las cuales son físicamente muy similares a los agaves. A pesar de ello, el sotol no se puede considerar un destilado de agave.

Cocuy pecayero

Bebida de orígenes prehispánicos originaria de Venezuela. Cuenta con una Denominación de Origen Controlada (DOC), otorgada por el Servicio Autónomo de la Propiedad Industrial (SAPI) venezolano. Se produce en la serranía del estado Falcón, en la región noroccidental de Venezuela, concretamente en el poblado de Santa Cruz de Pecaya, en el municipio Sucre, a partir del *Agave cocui,* conocido como cocuy pecayero.

El proceso de fabricación del destilado es similar al de los destilados de agave mexicanos. La cocción de las piñas se efectúa en hornos de pozo durante 4 o 5 días, las cuales una vez cocidas se trituran de forma manual utilizando un mazo y cuba de madera; después se prensan con un dispositivo llamado burriquito; posteriormente, el mosto se deja fermentar hasta 8 días, para finalmente ser destilado en alambiques artesanales.

Para la elaboración del cocuy no es obligatorio utilizar el 100% de azúcares procedentes del agave. Los mostos pueden fermentarse mezclados con hasta 50% de otros azúcares. En caso de haber sido producido sólo a partir del azúcar del *Agave cocui,* al producto se le denomina cocuy de penca. La graduación alcohólica máxima es de 56° GL y en ocasiones se le deja madurar en barricas de roble.

Agave Spirit

Hace 150 años aproximadamente, algunas plantas de *Agave americana* fueron introducidas a Sudáfrica, donde localmente se les atribuyó el nombre de *blue agave* o agave azul, aunque éste fuera distinto al *Agave tequilana* Weber variedad azul. Existen varias versiones de cómo este agave arribó a tierras sudafricanas. Debido a las condiciones climáticas y de suelo pudo adaptarse y multiplicarse en el territorio de Karoo, una meseta semidesértica situada en la provincia del Cabo Oriental en Sudáfrica.

Ante la crisis de abastecimiento de *Agave tequilana* Weber variedad azul en México y sus efectos negativos en la industria del tequila a partir de mediados de la década de los años noventas, empresarios sudafricanos vieron una oportunidad en crear su propia versión del tequila, lo cual consiguieron y lo comerciaron con el mismo nombre. En respuesta a ello, el gobierno mexicano junto con el Consejo Regulador del Tequila y la Cámara Nacional de la Industria Tequilera, con el apoyo del Ministerio de Comercio e Industria de Sudáfrica, lograron que se aceptara un acuerdo internacional contra la utilización engañosa del nombre tequila con el argumento de que según la Denominación de Origen internacional, el tequila es un bebida que sólo puede ser elaborada a partir de la planta *Agave tequilana* Weber variedad azul y sólo puede ser producido en las regiones de México que especifica dicha norma. Como resultado, el productor sudafricano fue obligado a dejar de utilizar la palabra tequila para su aguardiente, y en enero de 1998, la empresa local cambió su nombre de

Tequila y Mezcal Distillers Ltd. a Reinet Distillers Ltd. La empresa quebró poco después ante la imposibilidad de usar la denominación de tequila.

Sin embargo, a finales de 2000, ante el auge de la demanda y los precios internacionales de la bebida nacional de México y de las limitaciones en su producción, se creó una nueva sociedad, Agave Distillers Ltd., con el objetivo de aprovechar el naciente mercado sudafricano y el auge del mercado internacional. En esa ocasión, los productos ya no se designaron como tequila, pero sí hacían referencia a la materia prima utilizada para elaborar el destilado, al cual se le dio el nombre de Agave Spirit; en ocasiones lo etiquetaron como "estilo mexicano", "hecho a partir de agave azul" o "100% *blue agave*", aunque no fuera elaborado con *Agave tequilana* Weber variedad azul. La producción de alrededor de 1 200 litros por día correspondía fundamentalmente a las marcas Agava Silver y Agava Gold, pero existían otras marcas de otros pequeños embotelladores. Estos productos se exportaban a Estados Unidos, Australia, el Reino Unido y Francia, principalmente a granel, aunque también existía el producto embotellado. En 2008 la compañía se declaró en bancarrota.

En 2011 una nueva destilería, Azul Blue Distillery, se estableció en Kimberly, en la provincia de Cabo del Norte, Sudáfrica, produciendo una nueva marca de Agave Spirit llamada Azul Blue, que hasta la fecha se comercializa.

Agave americana en el Desierto de Karoo

Busca en todas las cosas el oculto sentido;

lo hallarás cuando logres comprender su lenguaje.

Enrique González Martínez, **Busca en todas las cosas...**

El terruño
del tequila, la cata
y el maridaje

El terruño
del tequila, la cata y el maridaje

En el mundo del vino, el concepto de *terroir* o terruño se refiere a un territorio cuyas características geográficas (tipo de suelo y nutrientes, clima y agua) y culturales (tradiciones, elección de variedad de uva y técnicas de cultivo) influyen de manera directa en la calidad y cualidades organolépticas del vino que allí se produce. Aunque en el mundo del tequila el término no se utilice comúnmente, el terruño donde crecen los agaves también tiene un impacto en la calidad y cualidades organolépticas del mismo.

El *Agave tequilana* Weber variedad azul crece, como la vid, en zonas geográficas específicas con un tipo de suelo y clima particular, y se alimenta durante todo su desarrollo de los nutrientes presentes en la tierra; aunado a eso, las prácticas de cultivo de la planta (como la cosecha del agave en un nivel

óptimo de madurez o el retirar el cogollo antes de la cocción de las piñas) difieren de un productor a otro. Ya que la materia prima principal para producir tequila son los jugos del agave, cualquier factor que influya en ella será decisivo para el perfil del producto final.

Por otro lado, la cata es un análisis organoléptico del tequila para identificar aromas, sabores y otras características propias de la bebida que se pueden identificar mediante los sentidos de la vista, olfato, gusto y tacto. Este análisis es la antesala ideal para aquellos que desean internarse con mayor conocimiento en el aprecio y degustación del tequila gracias a la identificación en el producto final de las particularidades de su elaboración y procesamiento.

El maridaje es la amalgama ideal de balance al consumir un platillo con una bebida. El tequila, al contar con una amplia gama de categorías y tipos con características únicas debido a la materia prima y a su procesamiento, ofrece una opción de interés para quienes desean incluirlo en la experiencia placentera del beber y comer en armonía.

El terruño en las regiones de Valles y los Altos de Jalisco

Jalisco es la cuna del nacimiento del tequila y el estado productor más importante dentro de la Denominación de Origen (DO). En dicho estado existen dos regiones que, numéricamente, concentran gran parte de la producción de todas las zonas con DO debido principalmente a factores históricos y culturales: la región de Valles y la de los Altos de Jalisco. Por tanto, de estas dos zonas se especificarán sus características en cuanto al terruño.

Principales zonas de producción de tequila en Jalisco

Región Valles

Región Altos de Jalisco

Magdalena · Tequila · Amatitán · El Arenal · Guadalajara · Tepatitlán de Morelos · Arandas · Atotonilco el Alto · Jesús María

Características geográficas

Ubicación

La región de Valles se ubica en la parte centro-oeste de Jalisco, y la zona tequilera abarca las inmediaciones de los municipios de Tequila, Amatitán, El Arenal y Magdalena; es la región cultivada de agaves con mayor antigüedad.

Por su parte, la región de los Altos de Jalisco se ubica en la parte noroeste del estado, en la región del Bajío. Esta zona tequilera corresponde a la región administrativa Altos Sur y abarca las inmediaciones de los municipios de Arandas, Tepatitlán de Morelos, Atotonilco el Alto y Jesús María.

Tipo de suelo

El tipo de suelo en ambas zonas es similar: arcilloso, con drenaje eficiente, pH ligeramente ácido y de color café rojizo. Sin embargo, existen diferencias sutiles entre regiones.

El suelo de los Altos de Jalisco, al compararse con el de Valles, es rico en hierro, más arcilloso y de color rojo más intenso; también es más ácido debido al uso frecuente de fertilizantes y abonos orgánicos. Por sus características, no retiene mucho calor ni humedad, condiciones que generan estrés a los agaves provocando que concentren más almidones, hasta un 15% más que en Valles.

Respecto al suelo de Valles, éste tiene la influencia del volcán de Tequila; por ello, cuenta con arena volcánica rica en silicato y con algunas piedras de sílex, entre ellas la obsidiana, características que le permiten retener el calor. Su tonalidad suele ser un poco grisácea.

Clima

El clima en los Altos de Jalisco es predominantemente templado, con una media entre 18 y 20 °C. Comparado con Valles, el riesgo de heladas y granizo es ligeramente

Campo de Agaves en Arandas, región de Los Altos de Jalisco.

Campo de agaves en Tequila, región de Valles, Jalisco.

mayor. Respecto al clima de Valles, es predominantemente cálido y semicálido, con una temperatura promedio de entre 22 y 26 °C. La región presenta buena humedad y las probabilidades de granizo y heladas son mínimas.

Características culturales

Estas características se conforman prácticamente por las prácticas agrícolas, las cuales están determinadas por factores históricos y contemporáneos.

Los campos de agave en la región de los Altos de Jalisco están más densamente poblados que en la región de Valles. Mientras que en los Altos de Jalisco va de 4 000 a 5 000 agaves por hectárea, en la región de Valles va de 2 500 a 3 000. Por tanto, en Valles existe un mayor espacio entre agaves, lo cual favorece la ventilación y la insolación de los agaves lo que ayuda a prevenir la aparición y propagación de enfermedades causadas por un exceso de humedad. Asimismo en esta región es común la siembra de intercultivos, como garbanzo y cacahuate que ayudan a nutrir la tierra. Sin embargo, dos desventajas de Valles, en comparación con los Altos de Jalisco, son la facilidad de erosión de los suelos y un menor rendimiento en cosecha debido al mayor espacio entre cada agave.

El cultivo de agaves es más antiguo en la zona de Valles que en los Altos de Jalisco; data de finales del siglo XIX. Esta diferencia ha propiciado que en Valles exista una mayor especialización en algunas labores agrícolas, sobre todo en las referentes a barbeos o podas y laboreo de los suelos, actividades que se facilitan debido al espacio considerable que en esta zona existe entre los agaves. Por otro lado, en los Altos de Jalisco las tareas de poda se limitan a podas de acceso, deshije y desquiote.

Campo de agaves en Guadalajara, Jalisco. En la región de Valles y sus alrededores abundan los valles, las llanuras, los lomeríos y terrenos rocosos.

Campo de agave con alta densidad de población

Campo de agave en Guadalajara, Jalisco; el espacio entre hileras de agave es considerable.

Herramientas de trabajo

Piñas, región de los Altos de Jalisco.

Piñas, región de Valles, Jalisco.

Una desventaja en los Altos de Jalisco es que la alta densidad de cultivo demanda una gran cantidad de mano de obra durante los primeros años de vida de los agaves. Aunque, una vez que se cubren los campos con el follaje de las pencas se reduce considerablemente la cantidad de maleza y la pérdida de humedad en el suelo, las enfermedades en las plantas son más comunes por la reducida ventilación e insolación a las que están expuestas, por lo cual, el uso de abonos orgánicos, herbicidas y fertilizantes es frecuente. A pesar de esto, el rendimiento de cosecha es mayor que en Valles.

Las características geográficas y culturales determinan diferencias en las piñas de los agaves de una región u otra, mismas que se resumen en la siguiente tabla:

	Altos de Jalisco	Valles
Peso	Entre 50 y 70 kg	Entre 30 y 50 kg, con un máximo de 70 kg
Textura y consistencia	Menos fibrosas y duras	Más fibrosas y duras
Notas que conferirán al tequila	Afrutadas, dulces y cítricas	Terrosas

Conocer las diferencias básicas que existen entre los perfiles organolépticos de los tequilas producidos en la región de los Altos de Jalisco o en la de Valles, así como los procesos con los fueron elaborados, puede ayudar al consumidor a inferir, sin necesidad de realizar una cata, las características principales de un producto de una marca de tequila en particular de acuerdo con su región de origen. Por ejemplo, en México los tequilas de la empresa Tequila Ocho son productos que han sido elaborados en función del terruño. Todos sus tequilas se manufacturan en lotes pequeños, por añadas y con agaves procedentes de un solo campo. De esta forma, los agaves que crecieron bajo las condiciones específicas de un terreno, como el tipo de suelo, el nivel de inclinación, la cercanía a una fuente de agua, la colindancia con alguna plantación de árboles frutales o de otro tipo, así como los métodos de producción, serán decisivos para conferirle un perfil distintivo a cada lote de tequila. Este caso en particular se enfoca en terruños ubicados dentro de la zona tequilera de los Altos de Jalisco, es comercializado principalmente como un producto de exportación en el cual cada lote tiene el nombre del campo o rancho de donde proceden los agaves y sus añadas de cosecha.

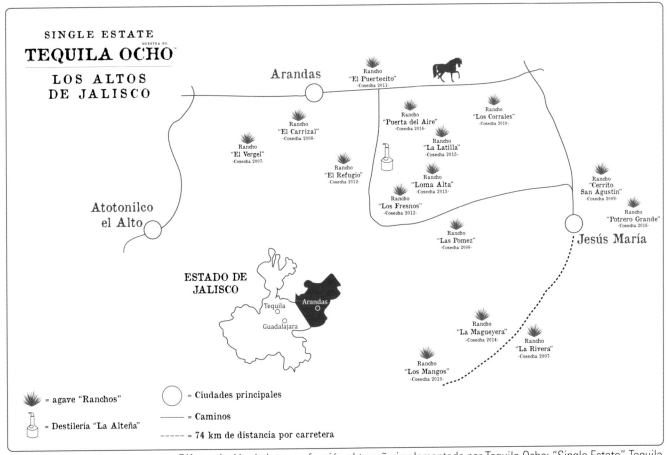

Diferenciación de lotes en función al terruño implementada por Tequila Ocho; "Single Estate" Tequila.

Cata del tequila

Cuando se desea comprar un tequila la elección no debe hacerse únicamente en función de la marca o de la presentación. Lo ideal es haber examinado previamente sus características organolépticas por medio de una cata con la finalidad de analizar todas sus propiedades y determinar si es una bebida con características deseables o no. Si en alguna parte del proceso de elaboración o de distribución de la bebida no se aplicaron los suficientes controles, es muy probable que sea vea reflejado en el perfil organoléptico del producto final. Asimismo, al catar un tequila se puede tener una idea sobre los platillos ideales con los cuales se puede maridar.

Catar una bebida significa olerla y degustarla con el fin de reconocer y apreciar todas sus características orga-

nolépticas. En el caso del tequila, los aromas y sabores se construyen gradualmente durante todo el proceso de producción. Es por ello que en el mercado se pueden encontrar una gran variedad de marcas y estilos que son muy diferentes unos de otros, aun dentro de una misma categoría o tipo. Las condiciones geográficas, la elección de distintas metodologías de elaboración y la mezcla de procesos determinan su calidad y perfil organoléptico.

Para catar cualquier tequila lo ideal es utilizar una copa que ayude a resaltar sus características. La empresa Riedel® diseñó una copa específica para este fin: tiene una boca estrecha que permite apreciar bien los aromas del destilado, con un tallo alto para evitar que el tequila se caliente y que la mano obstruya la apreciación del color. A pesar de que el vaso llamado caballito se ha posicio-

nado como el recipiente más tradicional en el cual debe servirse el tequila, sus características impiden llevar a cabo una cata adecuada. En todo caso, cualquiera que sea el utensilio para catar, éste debe estar fabricado en cristal transparente, limpio y sin rastros de otros aromas.

La mayoría de las catas de bebidas alcohólicas se dividen en tres fases de análisis, y la del tequila no es la excepción: visual, olfativa y gustativa. En toda cata, la identificación de las características de la bebida variará de un individuo a otro, ya que los estímulos sensoriales están estrechamente ligados a la memoria y experiencias personales. Sin embargo, sí hay ciertas directrices que todo catador puede identificar. La siguiente guía de cata se explicará con una copa diseñada para tequila.

La leyenda cuenta que los inicios del caballito se remontan a los tiempos en que los hacendados revisaban las plantaciones montando a caballo. Tenían la costumbre de cargar consigo un guaje para transportar el tequila que consumirían durante la jornada de trabajo; del cuello les colgaba una punta de cuerno de vaca ahuecada en donde servían el tequila para tomarlo de un solo trago. Cuando la gente curiosa les preguntaba cuál era el propósito del cuerno colgando del cuello, respondían: "es para tomarme mi tequila en mi caballito". Con el tiempo, los cuernos de vaca fueron adaptados con bases que les permitían descansar sobre la superficie de la barra de una taberna, y eventualmente, estos cuernos comenzaron a fabricarse con vidrio. Actualmente el caballito está pensado para tomar el tequila de un solo trago.

Análisis visual

El análisis visual busca determinar el color, el matiz, la intensidad del color y el cuerpo. La gama de colores en los tequilas es muy amplia; va desde transparente, pasando por tonalidades amarillas y ambarinas, de claras a oscuras, hasta ocre. La intención de este primer acercamiento es reconocer la estructura externa del tequila, es decir, las tonalidades y consistencia que nos orientarán acerca del proceso con el que fue elaborado. Así, un tequila blanco jamás tendrá un color ocre porque no pasó por un periodo de añejamiento en madera, mientras que un tequila extra añejo difícilmente será transparente, con excepción de los tequilas cristalinos.

Para comenzar el análisis, se debe asegurar que en el tequila envasado de origen no existan partículas sólidas; esta situación sólo es de rectificación porque, de acuerdo con las estipulaciones de la norma, el proceso de filtrado del tequila está controlado para asegurar que ningún sólido provenga de origen. Después, se sirve el tequila en la copa y se coloca un fondo blanco en la mesa.

Primero se analiza el cuerpo o fluidez del tequila. Para observarlo es necesario inclinar ligeramente la copa o vaso y regresarla a la posición horizontal. Esta característica se confirmará al momento de degustarlo.

En segundo lugar se detectan el color y los matices. Se toma la copa por el tallo y se observa el tequila con el fondo blanco detrás de éste; se anotan los colores detectados, tratando de diferenciar los matices también.

Por último, es necesario identificar la intensidad del color, es decir la saturación. Este paso sólo se realiza con tequilas reposados, añejos y extra añejos que no son cristalinos. Para ello, se coloca un dedo o la mano detrás de la copa; de acuerdo con la nitidez con la cual se puedan observar los detalles del dedo o mano a través del tequila, se sabrá la intensidad del color. Esta característica depende de cuatro factores: el tipo de madera de la barrica en la cual se maduró el tequila; si la barrica había sido utilizada previamente para madurar otro destilado; si se añadió algún abocante, y el tiempo de maduración. A menor nitidez de detalles que se pueden observar, mayor intensidad de color.

Las siguientes tablas muestran las características representativas del análisis visual:

Cuerpo	
Ligero	Pesado o robusto
Al inclinar ligeramente la copa y regresarla a una posición horizontal, el tequila cae de manera rápida.	Al inclinar ligeramente la copa y regresarla a una posición horizontal, el tequila cae lentamente y se forman lágrimas o piernas.

Cuerpo ligero

Cuerpo pesado o robusto

Características de colores y matices representativos en tequilas			
	Blancos	Jóvenes y reposados	Añejos y extra añejos
Colores	Generalmente indetectables a la vista; se ven cristalinos o transparentes.	Predominancia de colores amarillos en diferentes versiones, como paja, oro o ámbar, ya sea claros u oscuros.	Proximidad a tonalidades color ámbar, ocre y oro.
Matices	Transiciones que van desde los grises a los plateados, con un ligero toque verde o azul; en ocasiones destellos dorados.	Plateados brillantes y dorados; en ocasiones tonos verdosos.	Destellos dorados, cobrizos, naranjas; en ocasiones rojizos.

Intensidad del color	
Débil	Los detalles del dedo o la mano vistos a través de la copa se aprecian con claridad.
Fuerte	Los detalles del dedo o la mano vistos a través de la copa se aprecian con dificultad o no se aprecian claramente.

Análisis olfativo

El análisis olfativo consiste en percibir los aromas característicos del tequila generados durante el proceso de cocción, fermentación, destilación y añejamiento junto con las características propias del agave y la influencia del terruño en donde se desarrolló. Este examen depende de la memoria olfativa personal, ya que para identificar un aroma, el cerebro debe asociarlo con alguno conocido; por tanto, se necesita de una práctica constante para reconocer todos los olores que un tequila puede emanar. Aunado a lo anterior, es sabido que el olfato varía de acuerdo con el género, edad y lugar de origen. Algunas personas tienden a reconocer más o menos olores de acuerdo con su umbral de percepción, es decir la sensibilidad ante los estímulos olfativos.

Para percibir la mayoría de los aromas del tequila es necesario olerlo tres veces y, a diferencia del vino, es necesario no moverlo demasiado para poder detectar aromas sutiles.

La primera vez se levanta la copa y se coloca la nariz en la porción del borde de la copa que está más próxima a usted; en este primer paso se aprecian los aromas primarios. Después, se coloca la nariz justo al centro de la copa, donde se pueden percibir los aromas secundarios. Por último, se coloca la nariz en la porción del borde de la copa más lejana a usted, es decir, en la parte opuesta del borde donde olió por primera vez; aquí se pueden detectar los aromas terciarios.

Es necesario reconocer de qué parte del proceso provienen estos aromas para identificarlos más fácilmente. Los aromas primarios provienen de la materia prima; los aromas secundarios proceden de la cocción, fermentación y de la destilación, y los aromas terciarios son los generados durante el añejamiento. Los aromas primarios y secundarios están presentes en intensidades distintas en todas las categorías de tequila, desde blancos hasta madurados. Los aromas terciarios, exclusivos de los tequilas madurados, varían en función del tipo de contendor que se utilice y el tiempo de reposo.

Dos factores que influyen también en el perfil olfativo del tequila son su categoría y el abocamiento. Aunque no sea una regla, normalmente el perfil aromático de los tequilas 100% de agave es más complejo que el de un tequila (mixto), es decir presentan una mayor variedad de aromas, más intensos y con mayor definición. Respecto al abocamiento, algunas notas olfativas en cata dependerán del producto empleado en este proceso.

Los principales aromas deseados en el tequila se pueden agrupar en siete categorías:

- Frutales: cítricos, manzana, pera, cáscara de lima, plátano, piña, cereza, membrillo.
- Frutos secos: almendras, nueces tostadas, ciruelas pasas, dátiles.
- Florales: violetas, rosas, flor de naranja.
- Herbales: hierbas secas, eucalipto.
- Especiados: pimienta, canela, clavo, anís.
- Balsámicos: roble, encino, madera, vainilla, caramelo, chocolate, café, tabaco.
- Otros: aceite de oliva, mantequilla, miel, aceitunas.

La siguiente página representa una tabla con los principales aromas primarios, secundarios y terciarios.

Análisis gustativo

Para finalizar la cata se realiza un análisis para verificar mediante el gusto lo que se identificó en los dos análisis anteriores. En esta etapa se detectan los sabores, el cuerpo, la persistencia y la sensación.

Aromas en el tequila		
Aromas primarios	Aromas secundarios	Aromas terciarios
Notas herbales y frescas procedentes del agave crudo; aromas dulces a camote o calabaza cocidos con un ligero toque ahumado procedentes del agave cocido.	Notas a manzana, pera, rosas, azahar; notas cítricas; especias, como canela, pimienta y clavo.	Notas a vainilla, caramelo, café, soya, chocolate, humo, frutos secos y madera.

El sabor del tequila, que puede ser dulce, amargo, ácido o salado, está ligado directamente a los aromas. En muchas ocasiones resaltan los aromas detectados durante el análisis olfativo y se detectan nuevos.

El análisis gustativo se inicia sin tener algún sabor en la boca que pueda interferir en la cata; se recomienda tomar un trago de agua para limpiar el paladar. Hecho esto, se sorbe una ligera cantidad de tequila, manteniéndola en el paladar durante un corto tiempo para calentarla y liberar todos los aromas. Este primer sorbo confirmará muchos de los olores antes percibidos, tanto primarios, secundarios y terciarios, consolidados en el sabor. Después, se da otro sorbo exhalando un poco de aire; esto ayuda a potenciar los sabores y a descubrir nuevos por el efecto de volatilización de los aromas gracias a la temperatura de la boca. Los sabores percibidos en el segundo sorbo pueden ser similares al de la piña asada, el pepino, el camote, la calabaza, las almendras tostadas y especias. Asimismo, en algunas ocasiones se detectan otras notas frescas.

Las notas detectadas durante el análisis olfativo y la confirmación de éstas en el análisis gustativo, así como el descubrimiento de otras, permiten condensar en la siguiente tabla las principales características de aromas y sabores que se pueden presentar en los tequilas de acuerdo con su tipo.

El cuerpo del tequila es la sensación que queda en boca de ligereza o pesadez. Un tequila con cuerpo ligero deja esta misma sensación, mientras que uno pesado o robusto dejará la sensación de pesadez. La característica identificada previamente en el análisis visual, aquí se confirma o se modifica.

Características de aromas y sabores que se pueden presentar en los tequilas de acuerdo con su tipo		
Tequilas blancos y jóvenes	Tequilas reposados	Tequilas añejos y extra añejos
Herbales, como menta, eucalipto o laurel; cítricas; de especias como pimienta blanca; frutales, como manzana verde o pera; ligeramente anisadas, de agave fresco.	Suaves y sutiles procedentes de la barrica, como vainilla, cacao, chocolate o caramelo; cítricas, como toronja y lima.	Madera, caramelo, frutos secos, piloncillo, frutas maduras, cítricos deshidratados, canela, chocolate, a tostado y agave cocido.

La persistencia significa qué tanto duran los sabores en boca. Existen algunos tequilas muy ligeros cuyos sabores duran poco en boca, y otros con sabores con persistencia prolongada, en ocasiones resaltando uno de ellos o varios. La persistencia o no de un tequila es independiente de su calidad, y sólo es una característica de él.

La sensación, al igual que el sabor, el cuerpo y la persistencia, influyen en la percepción y agrado de la bebida. Estas sensaciones pueden ser tres: pungente, astringente y sedoso. A pesar de que éstas no siempre resultan agradables, no le restan calidad al tequila, sino que al igual que la persistencia, son una característica más.

Sensaciones	
Pungente	Sensación similar a la del picante sin tener necesariamente ese sabor
Astringente	Sensación de sequedad o aspereza en la lengua
Sedosa	Sensación aterciopelada y agradable

El maridaje

Degustar solo un tequila puede ser un gran deleite. Acompañarlo con algún platillo puede ser una experiencia sensorial única. El tequila es una de las bebidas más versátiles en el mundo de los destilados cuando se desea incluir la comida en una experiencia gustativa. Esto es resultado de su complejidad como bebida espirituosa y las marcadas diferencias organolépticas que hay entre las distintas categorías y tipos, atribuibles a su lugar de origen y las prácticas agrícolas y de producción empleadas en su elaboración. Este extenso abanico de estímulos sensoriales que ofrece el tequila por sí solo, puede ser combinado de muchas formas con el todavía más extenso abanico sensorial de la degustación de alimentos, tanto nacional como internacional. En esta amalgama, la creatividad es el elemento clave, pues debido a la alta graduación alcohólica del tequila,

el reto consiste en seleccionar cuidadosamente los ingredientes del platillo para que el tequila no domine en el conjunto con sus características organolépticas. En este sentido, hacer un maridaje con tequila puede resultar más difícil que hacerlo con un vino; sin embargo, los resultados pueden ser igualmente sorprendentes.

Cuando se hace un maridaje existe la posibilidad de seleccionar entre un maridaje armónico o uno de contraste. En el primero se busca que las características del tequila y del platillo compartan características de notas y aromas. Un ejemplo de este maridaje podría ser el ron añejo y una tarta de chocolate o flan; el añejamiento prolongado de la bebida, que presenta notas a madera, vainilla, cacao, caramelo y especias, es ideal para un maridaje armónico con alguno de los dos postres propuestos porque también tienen las mismas notas. El segundo tipo de maridaje consiste en una aparente confrontación de las características a equilibrar, en donde pareciera no haber un terreno en común entre la bebida y el alimento, pero que al momento de unirlos, se convierten en una pareja ideal. Un ejemplo podría ser la clásica combinación de queso y uvas, en donde las características lácteas, butíricas, saladas y cremosas del queso parecen no tener nada que ver con lo frutal, dulce, ácido y jugoso de las uvas; sin embargo, cuando se juntan, se genera una sinergia sorprendente. En ocasiones se encuentran propuestas de maridaje que, por los ingredientes y preparación seleccionados, cuentan con ambos tipos de maridaje en un mismo platillo. Al final el maridaje se trata de crear el balance adecuado entre ambas partes para evitar que una domine a la otra.

A continuación se ofrecen algunas propuestas de maridaje armónico por tipo de tequila:

Maridaje	
Tequilas blancos y jóvenes	Comida fresca del mar como ceviches, aguachiles o pescados en preparaciones sencillas. Platos frescos como ensaladas o vegetales cocidos.
Tequilas reposados	Gran versatilidad de opciones: aves, carnes rojas, pastas, pescados y postres.
Tequilas añejos	Platillos o postres en preparaciones elaboradas que impliquen procesos de reducción, concentración o caramelización.

Muchas veces el maridaje significa romper convencionalismos, por tanto no se debe tener miedo a probar cosas nuevas, sobre todo si se cuenta con lo fundamental para hacer una buena selección de productos y lograr una buena experiencia. Tener el entendimiento básico sobre los ingredientes y las características, tanto del platillo terminado como del tequila, son los factores principales que determinarán el maridaje. No sobra decir que la experiencia y la práctica son necesarias para lograr maridajes cada vez más complejos.

La sangrita

La costumbre de tomar tequila con sangrita está muy arraigada en México. La preparación actual de la sangrita varía en función de quien la prepare, y muchos cantineros tienen su propia interpretación. La sangrita es un *chaser*, es decir, una bebida que sirve como acompañante del tequila, se bebe a sorbos entre cada trago de tequila para reducir la potencia alcohólica del mismo. Los ingredientes básicos son jugo de jitomate, naranja, limón, sal y chile; aunque hay quien le añade granadina, refresco de toronja, salsas picantes y pepino, entre otros ingredientes. La sangrita toma su nombre de su aspecto denso y del color rojo que recuerda a la sangre. La historia cuenta que la sangrita se originó en Chapala, cerca de Guadalajara, donde un restaurantero que servía un tequila que él mismo producía y que era bastante áspero lo acompañaba con rodajas de naranja, espolvoreadas con chile y sal. Para agilizar la preparación decidió servir el jugo de naranja con chile y sal en forma de bebida.

Otro relato narra que en una ocasión el restaurantero y sus amigos, tras haber bebido tequila todo el día, llegaron sumamente alcoholizados al establecimiento donde fueron recibidos por su esposa a la que importunaron insolentemente. Como represalia, la mujer les preparó una versión del brebaje con jitomate y una cantidad considerable de chile y condimentos esperando castigarlos. Para su sorpresa resultó que la nueva versión del brebaje fue muy bien recibida.

Su fruto, un elixir que fundió: energía solar,
don de la fertilidad y el líquido vital.

Alfredo Mendoza Cornejo, **Agave azul**

Cifras en torno al tequila

Producción de tequila por categoría 1995-2015*

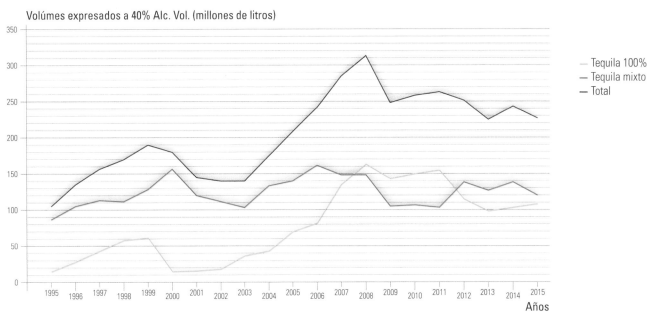

Volúmes expresados a 40% Alc. Vol. (millones de litros)

- Tequila 100% agave
- Tequila mixto
- Total

Años

Producción de tequila

Tras la crisis que sufrió la industria tequilera a mediados de los años noventa, la producción de tequila retomó una época de bonanza, en parte, gracias al reconocimiento en 1997 por parte de la Unión Europea de la Denominación de Origen Tequila. Desde entonces hasta 2015, la producción ha visto un aumento constante. Mientras que en 1995 fue de 104.3 millones de litros, para el 2015 ese número aumentó 120%, con una leve disminución durante el periodo del 2000 al 2003 debido a un desabasto de agave. En 2008 la producción de tequila alcanzó un récord histórico de 312 millones de litros. Asimismo, la producción de tequila 100% agave se ha incrementado considerablemente; pasó de casi 100 millones de litros en 2005 hasta 163.6 millones en 2008 y se ha mantenido hasta 2015 en una media de 130 millones. Tras el boom de 2008, la producción de tequila decayó 20%, manteniéndose constante hasta 2015.

Producción de tequila por categoría 2015*

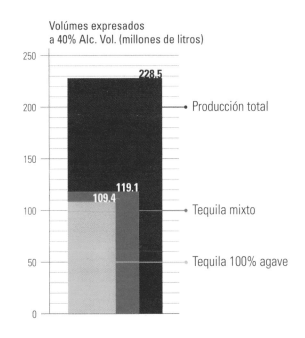

Volúmes expresados
a 40% Alc. Vol. (millones de litros)

228.5 — Producción total

119.1 — Tequila mixto

109.4 — Tequila 100% agave

Exportación de tequila por categoría y forma de comercialización 1995-2015*

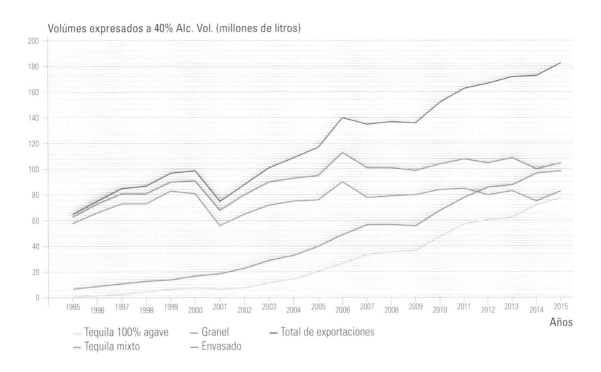

Volúmes expresados a 40% Alc. Vol. (millones de litros)

— Tequila 100% agave   — Granel   — Total de exportaciones
— Tequila mixto   — Envasado

Años

Exportación de tequila

El volumen de exportación total de tequila aumentó 180% de 1995 a 2015, con una ligera caída en 2001. De los dos tipos de tequila incluidos en este aumento, las exportaciones de tequila mixto se incrementaron 65%, con un promedio de 93 millones de litros de tequila exportados. Por otro lado, las exportaciones de tequila 100% agave aumentaron de 1.2 millones de litros a 77.9 millones, es decir, más del 6 000%. A pesar de que este aumento es atribuible en gran medida al tequila 100% agave, el cual sólo se puede vender embotellado, éste no ha conseguido superar las exportaciones que se hacen de tequila mixto desde 2012 por lo siguiente: ya que el tipo de exportaciones que ha aumentado desde 2012 es la de tequila envasado y no a granel, pero de ellas, son las de tequila mixto las que siguen superando a las de tequila 100% agave, se interpreta que existe un esfuerzo por parte de las empresas que producen tequilas mixtos por reducir sus ventas a granel y otorgar a sus productos un valor adicional por medio del embotellado.

Exportación de tequila por categoría y forma de comercialización 2015*

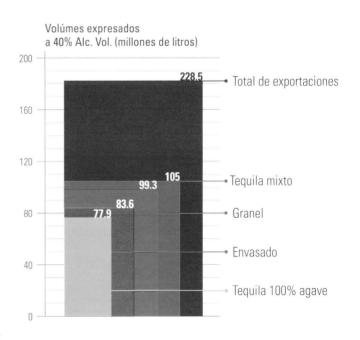

Volúmes expresados a 40% Alc. Vol. (millones de litros)

228.5 ● Total de exportaciones

105 ● Tequila mixto

99.3 ● Granel

83.6 ● Envasado

77.9 ● Tequila 100% agave

* Cifras según el Consejo Regulador del Tequila

Producción de tequila remanente en México 1995-2015*

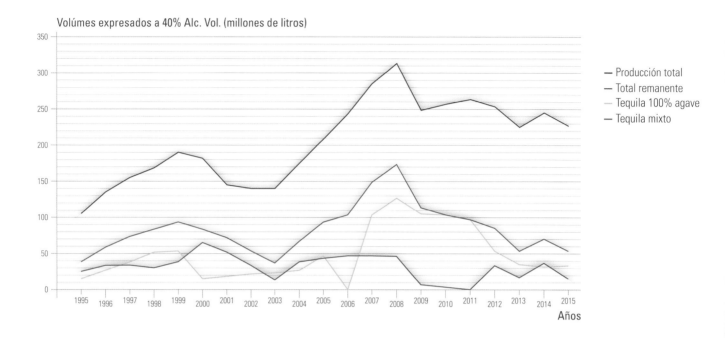

Volúmes expresados a 40% Alc. Vol. (millones de litros)

— Producción total
— Total remanente
— Tequila 100% agave
— Tequila mixto

Años

Tequila remanente en México

El tequila producido que no ha sido exportado se destina al comercio nacional o se almacena. La curva del tequila remanente en México sigue la misma tendencia que la curva de producción, es decir, hay un aumento general desde 1995 hasta 2015 con un declive en 2000-2003 y un punto máximo en 2008. Es importante recalcar que, en comparación con las exportaciones, la cantidad de tequila que se queda en el país es poca; para 2015, poco más de 80% de la producción total se exportó, lo cual muestra que es gracias a las exportaciones que la producción de tequila se mantiene estable. Asimismo, se puede notar que desde el aumento de la producción de tequila 100% agave, en específico desde 2009, la mayoría del producto que se queda en México corresponde a esta categoría, en detrimento del tequila mixto, el cual alcanzó un mínimo en 2015. Esto podría interpretarse como una tendencia nacional por consumir tequilas *premium*.

Producción de tequila remanente en México 1995-2015*

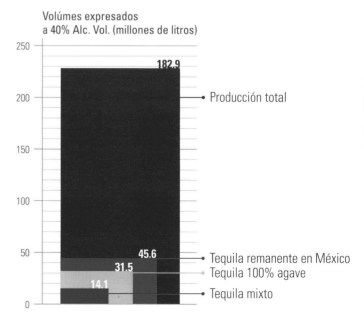

Volúmes expresados
a 40% Alc. Vol. (millones de litros)

Producción total

Tequila remanente en México
Tequila 100% agave
Tequila mixto

* Cifras según el Consejo Regulador del Tequila

Países
Bajos

Letonia

Alemania
1.2%

Bélgica

Reino Unido

Canadá

Francia
1.5%

Italia

Turquía
Grecia

Estados Unidos
82%

Puerto
Rico

España
2%

Israel

Colombia

Guatemala

Panamá

Ecuador

Brasil

Perú

Sudáfrica

Chile

● Principales importadores de tequila
● Otros países importadores

Rusia

China

Japón
0.8%

Corea del Sur

Filipinas

Emiratos
Árabes
Unidos

Singapur

Australia

Principales países importadores de tequila 2015

En el siglo XXI el tequila ha tenido una expansión considerable a mercados extranjeros. Actualmente la bebida considerada por muchos ícono nacional se exporta a más de 100 países y está presente en todos los continentes. El principal importador de tequila es Estados Unidos de América, quien recibe poco más del 80% de las exportaciones totales; le siguen en importancia España con 2%, Francia con 1.5%, Alemania con 1.2% y Japón con 0.8%.

Para el primer semestre de 2016 se habían exportado más de 80 millones de litros de tequila (40% Vol. Alc.) al principal país importador: Estados Unidos de América. Las categorías tequila mixto, en su versión joven, y tequila 100% agave, en su versión blanco, fueron las que más se exportaron a ese país.

Cifras según el Consejo Regulador del Tequila

Empresas de la Industria tequilera

Empresas
de la Industria tequilera

En este apartado, la magia del tequila se hace presente al plasmarse con gran nitidez los aromas y sabores de esta bebida que lleva escrita con orgullo el nombre de México. A través de un recorrido por algunas de las casas tequileras emblemáticas de nuestro país, es posible conocer la historia detrás de cada una de ellas, la tradición que ostentan con gran pasión y las aportaciones que han heredado al universo tequilero a través del tiempo. Su legado se saborea en cada una de las etiquetas presentadas en este capítulo, lo que permite comprender la riqueza y diversidad de estilos que surgen del corazón del agave azul, y que han hecho del tequila una bebida única, apreciada en México y el mundo. Cada casa tequilera cuenta con una breve semblanza a la que le sigue una selección de sus etiquetas, cada una acompañada de una ficha descriptiva en la que se incluyen su perfil organoléptico y clasificación, e incluso, sugerencias de consumo y maridaje, que resultan de gran utilidad al momento de elegir una etiqueta para cada ocasión y gusto. Sin duda, este apartado refleja la versatilidad del espirituoso que se ha convertido en un icono de la mexicanidad.

La información de cada tequila se presenta en forma de fichas descriptivas que contienen íconos, los cuales se explican en la siguiente página:

Porcentaje de alcohol en el tequila con relación a 100 unidades de éste.

Nombre del tequila

Tipo de tequila de acuerdo con sus características de elaboración: Blanco, Joven, Reposado, Reposado Cristalino, Añejo, Añejo cristalino o Extra añejo.

Clasificación del tequila de acuerdo con una de las dos establecidas en la Norma Oficial Mexicana Tequila: 100% *Agave tequilana* Weber variedad azul o Mixto.

Reserva 1800 Cristalino

Tequila añejo sometido a un proceso de filtración denominado "diamante" que permite retirar de manera selectiva el color del producto y mantener las características sensoriales del añejamiento. La transparencia y brillantez se hacen presentes al término de este proceso de filtración.

 Añejo cristalino   40%   100% *Agave tequilana* Weber variedad azul

👁 Color blanco, cristalino brillante, con matices plata y gris de un extraordinario cuerpo.

👃 Se perciben notas de madera tostada, caramelo y vainilla. Es posible percibir también mantequilla y agave cocido. Resaltan notas frutales ligeramente cítricas, así como plátano y frutas secas.

👅 Muy dulce en su sabor, se percibe caramelo, miel, vainilla y notas de agave cocido y madera típicas del oporto.

⏱ Reposo de 4 meses en barricas de Oporto importadas de Portugal que previamente fueron utilizadas para el añejamiento de este vino generoso.

🥃 Puede disfrutarse solo, en las rocas o mezclado en su coctel favorito.

Información de ayuda para obtener mayores características de la personalidad del tequila. Cuando corresponde a un solo tequila se encuentra junto al nombre del mismo, pero cuando es información compartida por dos o más tequilas, se ubica en otro lugar.

👁 Perfil visual característico del tequila

👃 Perfil olfativo característico del tequila

👅 Perfil gustativo característico del tequila

⏱ Tiempo de maduración del tequila

🥃 Opciones sugeridas de consumo y maridaje

Alacrán

"Auténtico Tequila Alacrán es una marca dinámica y simple, sin vueltas complicadas. Somos lo que se ve: un líquido transparente, neutro, en una botella negra única".

Auténtico Tequila Alacrán (ATA) es una marca de tequila creada por un grupo de amigos que decidió hacer las cosas de forma distinta sin preocuparse por convencionalismos con la finalidad de establecer en el mercado una marca de tequila blanco única. Los fundadores de ATA se concentraron en preparar un producto que les complaciera, enfocándose en la calidad y el origen auténtico; decidieron crear un tequila que se pudiera beber derecho, con una consistencia suave y un sabor delicado, pero que pudiera mezclarse por gusto y no para esconder su aguardentoso sabor.

ATA se estableció en el año 2010 en la Ciudad de México, con la creación de un destilado blanco, el más puro de los tequilas, y con la intención de establecer lazos de amistad con sus consumidores. Tequila Alacrán se elabora en en Los Altos, Jalisco, a través de un proceso de destilación natural selectiva en columna, que permite eliminar y escoger diferentes tipos de alcohol.

Con la finalidad de cuidar a sus amigos, ATA difunde información para prevenir sobre el uso y abuso en el consumo de bebidas alcohólicas y sus consecuencias para la salud a través de los mismos medios con los que comercializa su tequila. Asimismo, es consciente de que durante la producción y distribución del tequila se afecta al medio ambiente, problema por el que está en la búsqueda de alternativas y soluciones.

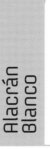

Alacrán Blanco

Medalla de plata en 2010 otorgada por *SIP awards* y medalla Triple Oro otorgada por *Micro Liquor Spirit awards* 2014.

 Blanco

Ⓐ 40%

100% *Agave tequilana* Weber variedad azul

👁 Brillante y luminoso, de color plata con matices grises.

👃 Aroma herbal, a agave fresco y flores; ligeras notas a agave cocido, fruta y caramelo.

👅 Dulce y ligero con un final a menta fresca.

Alacrán Reposado

Doble Medalla de Oro en el *Wine and Spirits Wholesalers of America* 2016 en Las Vegas, Nevada.

 Reposado   **A** 35%   100% *Agave tequilana* Weber variedad azul

Brillante y luminoso, de color dorado con matices amarillo paja y plata.

Aroma a agave fresco y cocido, caramelo, roble blanco y vainilla.

Dulce con un suave final a *bourbon*.

4 meses de reposo en barricas de roble blanco americano.

Alacrán Cristal

 Añejo cristalino   **A** 40%   100% *Agave tequilana* Weber variedad azul

Brillante y luminoso, con reflejos dorados claros.

Aroma a vainilla, caramelo, agave cocido y frutos secos.

Dulce y ligero con un final a madera seca.

14 meses en barricas de roble blanco americano.

Alacrán Extra Añejo

 Extra añejo   **A** 40%   100% *Agave tequilana* Weber variedad azul

Color ámbar con matices cobre.

Intenso aroma a roble blanco, frutos secos y un toque ahumado a *bourbon*.

Dulce, suave y ligero con un elegante final a coñac.

40 meses de reposo en barricas de roble blanco americano.

Alacrán Rosa

El 50% de las ganancias de este tequila son donadas a programas de prevención contra el cáncer de mama.

 Blanco   **A** 35%   100% *Agave tequilana* Weber variedad azul

Brillante y luminoso, de color plata con matices grises.

Aroma herbal, a agave fresco y flores; ligeras notas a agave cocido, fruta y caramelo.

Dulce y ligero con un final a menta fresca.

Altos

Altos es una marca de tequila perteneciente a la empresa francesa Pernod Ricard. La marca fue creada en el 2009 por el maestro tequilero Jesús Hernández en colaboración con dos de los mejores *bar tenders* a nivel global: el ya fallecido Henry Besant y Dre Masso. El tequila fue ideado por y para *bar tenders* con el objetivo de obtener un producto de calidad a un precio razonable y versátil, es decir, que pudiera consumirse solo o en cocteles.

Para Pernod Ricard es importante asegurar la calidad de sus productos en todas las etapas de producción. Altos es un tequila 100% agave elaborado en la región de los Altos de Jalisco a 2 100 metros sobre el nivel del mar, donde la tierra en la que crecen los agaves es roja y llena de minerales como el óxido de hierro. Cuenta con su propio equipo de jimadores, quienes se aseguran de cosechar las piñas en el momento adecuado. Su método de elaboración es único, pues combina procesos antiguos con modernos.

Las piñas son cocidas en hornos de mampostería durante tres días para asegurar las notas de agave cocido en el producto final; posteriormente, una parte de las piñas se muele en molinos eléctricos y otra parte en tahona. Los tequilas de Altos son de los pocos tequilas elaborados con este último método, que permite que el mosto se macere con las fibras durante el proceso de molienda, las cuales se incluyen en los procesos de fermentación y destilación. Finalmente, el mosto es destilado 2 veces en alambiques de cobre.

Pernod Ricard es una empresa comprometida con el medio ambiente. Por ello, los subproductos que se generan en los procesos de elaboración del tequila, como la fibra del agave y el agua residual llamada vinaza, se compostean para elaborar abono orgánico, el cual se añade a los campos de agave, reduciendo así en un 30% la utilización de fertilizantes químicos y mejorando los nutrientes en el suelo y la retención de la humedad en el mismo.

Olmeca Altos Plata

- Blanco
- **A** 40%
- 100% *Agave tequilana* Weber variedad azul

- 👁 Resaltan notas herbales a agave cocido y un ligero aroma cítrico con tonos dulces.

- 👃 Sabor dulce con tonos cítricos como lima, limón y agave. El regusto es amable y duradero.

- ⏱ Es versátil, por lo que puede degustarse solo o en cocteles sin perder sus notas de agave cocido.

"Altos es un tequila hecho por *bar tenders* para *bar tenders*, el cual es fenomenal para degustarse solo o en cocteles. Celebra el México actual, combinando procesos antiguos de elaboración con procesos modernos, siempre manteniendo una suprema calidad. Es elaborado a partir de la mezcla del proceso de la tahona y de molinos automáticos."

Olmeca Altos Reposado

- Reposado
- **A** 40%
- 100% *Agave tequilana* Weber variedad azul

- 👁 Destacan notas a agave cocido y cítricas como naranja y toronja. Toques de vainilla y madera que se complementan.

- 👃 Sabor robusto pero placentero, con un poco de taninos y notas cítricas. Regusto largo y bien balanceado.

- 👅 Añejado en barricas pequeñas de roble, utilizadas anteriormente para *bourbon*, con capacidad de 200 litros.

- 🥃 Puede degustarse solo o en cocteles.

Arette

Tequila Arette de Jalisco produce su tequila en la destilería El Llano. Ésta se encuentra en el corazón del pueblo mágico Tequila, a las orillas del volcán. La fábrica fue fundada en 1900 por los señores Eduardo y Jaime Orendain, pertenecientes a una de las familias más reconocidas en esta industria. Entre 1976 y 1978 fue reconstruida. Fue hasta 1986 que se creó la línea de productos Arette, la cual ha tenido una gran aceptación debido a la calidad del producto que elabora.

El nombre Arette proviene de un famoso caballo de nombre Arete que fue montado por el General Humberto Mariles, competidor y campeón de salto de obstáculos en las Olimpiadas de Londres en el año de 1948. Juntos fueron los únicos ganadores de doble medalla de oro en la disciplina. Con la misma pasión y fortaleza que el caballo Arete, se elabora el Tequila Arette, utilizando la extraordinaria agua proveniente de los manantiales del volcán del cerro de Tequila.

"Para la línea clásica de Tequila Arette el maestro tequilero realizó diseños audaces en su paleta aromática. Creó una línea de tequilas elegantes que hacen énfasis en las mejores características de los agaves y de su proceso de elaboración."

Arette Blanco

 Blanco **A** 38% 100% *Agave tequilana* Weber variedad azul

 Cristalino, brillante, con destellos plateados y de gran cuerpo.

Presenta una gama de aromas herbales frescos y secos: menta, hierbabuena, tomillo, romero y laurel; especias como la pimienta negra con matices de toronja, lima y agave dulce.

Confirma sus aromas con un sabor intenso al ataque en boca; dominan los matices de especias secas con un final de toronja.

Arette Reposado

 Reposado **A** 38% 100% *Agave tequilana* Weber variedad azul

Limpio, de color amarillo paja claro, con matices plateados y pajas dorados.

Intensamente herbal, destaca el aroma de romero, eucalipto, una mezcla de agave cocido y crudo, delicados destellos de aceituna, suaves vapores de vainilla y caramelo.

De ataque poderoso, destaca su personalidad herbal; deja un final ligeramente amargo.

Reposo de 6 meses en barricas de roble blanco americano.

Arette Añejo

 Añejo **A** 38% 100% *Agave tequilana* Weber variedad azul

De color ámbar con matices dorados; de gran cuerpo.

Destacan intensos tonos de agave cocido, cítricos, herbales, frutos en conserva, destellos de mantequilla y aromas que provienen de barrica como el caramelo quemado, la vainilla y el maple.

Sabor suave que deja a su paso sedosidad y un final de vainilla, caramelo y maple.

Reposo de 14 meses en barricas de roble blanco americano.

"El objetivo de la línea Unique consiste en destacar las diferencias de la parcela los Atrabezaños, la cual por sus características de suelo y microclima, permite expresar abiertamente la personalidad de los agaves que se desarrollan en la zona del valle de Tequila. El proceso es estrictamente cuidado para obtener lo mejor del corazón de la destilación y poder llevarlo a un reposo y añejamiento, en el caso de los tequilas reposado y añejo, en barricas de roble americano."

Unique Arette Blanco

 Blanco · 40% · 100% *Agave tequilana* Weber variedad azul

Luminoso, limpio, de color blanco pajizo con matices plateados y grises; de gran cuerpo.

Destaca el aroma del agave cocido; de hierbas como el romero, el tomillo, la menta; frutales como la manzana y toronja, con un final de pétalos de rosa.

Presencia del agave cocido, el romero y el tomillo, con un final de pétalos de rosa.

Unique Arette Reposado

 Reposado · 40% · 100% *Agave tequilana* Weber variedad azul

De color amarillo paja con matices dorados; de poderoso cuerpo.

Resaltan aromas de agave cocido, menta, durazno y cereza. Especias como anís con suaves notas de caramelo.

Su sabor es dulce, con un delicado final amargo; confirma el agave cocido con sus tonos especiados y los delicados frutales.

Reposo de 10 meses en barricas de roble blanco americano.

Unique Arette Añejo

 Añejo · 40% · 100% *Agave tequilana* Weber variedad azul

De color amarillo dorado, con matices oro y plata; de gran cuerpo.

Destaca el aroma del agave cocido, la manzana y agradables tonos de vainilla y caramelo aportados por su añejamiento.

Se perciben tonos florales y herbales, vainilla, caramelo y roble.

Reposo de 6 años en barricas de roble blanco americano.

"El objetivo del maestro tequilero en la línea de tequilas Arette Artesanal, es mostrar el carácter de los agaves de la zona de Tequila, además de la cuidadosa selección de los agaves y de un proceso que identifica sin lugar a dudas la región de su nacimiento."

Arette Artesanal Suave Blanco

Tequila especial, luminoso, de hermosa transparencia, cuerpo, aroma intensos y una gran suavidad que lo caracteriza.

 Blanco   38%   100% *Agave tequilana* Weber variedad azul

Brillante y luminoso, con matices ligeramente pajas y plateados, de gran cuerpo.

Notas de agave cocido, mantequilla, menta, tonos de anís y pimienta blanca.

Confirma plenamente todos sus aromas y deja en boca notas de especias.

Arette Artesanal Suave Reposado

Tequila especial que se ha reposado para adquirir su color, aroma, suavidad y gran sabor que lo distingue como un producto de alta calidad.

 Reposado   38%   100% *Agave tequilana* Weber variedad azul

Color amarillo paja con matices dorados.

Aromas como el romero, la hierbabuena y la menta. Ligeros tonos de aceituna, vainilla, caramelo y nueces.

De sabor intenso con finos aromas de barrica y tonos herbales y especiados.

Reposo de 11 meses en barricas de roble blanco americano.

Arette Artesanal Suave Añejo

Tequila especial, luminosamente dorado, cuyo añejamiento permite obtener un destilado de la más alta calidad, con cuerpo, suavidad y un *bouquet* distintivo.

 Añejo   38%   100% *Agave tequilana* Weber variedad azul

Color amarillo dorado, muy brillante, con matices plateados y dorados; de generoso cuerpo.

Remite a tonos cítricos y herbales con delicados aromas a café, vainilla, caramelo y nueces.

Predominan tonos herbales y especiados que dejan la impresión de sedosidad e intensidad.

Reposo de 18 meses en barricas de roble blanco americano.

Arette Gran Clase Extra Añejo

Producto artesanal *premium* de alta calidad. Este tequila es de producción limitada con exclusividad en su registro por su folio colocado manualmente en cada una de las botellas.

 Extra añejo   38%   100% *Agave tequilana* Weber variedad azul

Color ámbar intenso y destellos cobres.

Presenta aromas de agave cocido y mantequilla; delicados tonos herbales, de frutos secos como nueces y avellanas; café, chocolate y tabaco.

De gran sedosidad con sabor a nueces, avellanas y vainilla. Gran permanencia y final.

Reposo de 36 meses en barricas de roble blanco americano.

Arette
Agave de Oro

Un estilo diferente, con clase, que permite disfrutarlo solo, con refresco de cola o en coctelería.

 Reposado   **A** 35%   100% *Agave tequilana* Weber variedad azul

👁 Color dorado con matices plata y oro; de cuerpo medio.

👃 Intenso aroma a agave cocido y crudo, delicados aromas de aceituna y mantequilla y destellos herbales provenientes de su reposo en barrica; ligeras notas a caramelo y vainilla.

👅 Sensación suave en boca; confirma los aromas al dejar a su paso agradables sabores de agave, destellos herbales y un final de caramelo.

⏱ Reposo de 6 meses en barricas de roble americano.

Arette
El Gran Viejo

El trabajo de destilación y la selección de barrica da como resultado un tequila de cualidades únicas que le confieren su gran estilo.

 Extra añejo   **A** 38%   100% *Agave tequilana* Weber variedad azul

👁 Color amarillo ámbar dorado con matices cobre; de cuerpo medio.

👃 El primer aroma es el de la barrica, seguido por notas de vainilla, caramelo y maple; el agave cocido es intenso y sus tonos herbales y cítricos son armoniosos; con un ligero final floral.

👅 En boca es suave y de gran permanencia; deja sentir sus aromas dulces, florales y herbales.

⏱ Reposo de 6 años en barricas de roble blanco americano.

"La línea de tequilas Express fue creada para disfrutarse
derecho o en coctelería."

Arette Express Blanco

 Blanco   38%   100% *Agave tequilana*
Weber variedad azul

👁 Color blanco brillante, con matices plateados y cuerpo medio.

👃 Aromas delicados de agave cocido, aceituna y destellos herbales.

👅 Confirma su intensa personalidad de aromas; con final delicadamente amargo, ideal para mezclar con bases cítricas.

Arette Express Reposado

Reposado   A 38%   100% *Agave tequilana*
Weber variedad azul

👁 Color amarillo paja verdoso con matices dorados; de cuerpo medio.

👃 Delicados aromas de agave cocido y destellos herbales. Un final con matices de caramelo y maple provenientes de su reposo en barrica.

👅 Confirma su personalidad de aromas; con un final delicadamente amargo.

Campo Azul

Campo Azul es una marca de tequila perteneciente a la empresa Productos Finos de Agave. El hogar de ésta es el municipio de Jesús María, localizado aproximadamente a dos horas de Guadalajara en la cima de los Altos de Jalisco. Es allí donde se cultivó por primera vez agave en la zona de los Altos. En esta región se inaugura en 1996 la destilería de esta casa tequilera, iniciativa de los señores Ricardo López y Jorge Hernández, quienes decidieron incursionar en la industria del tequila gracias a la tradición y experiencia que sus familias habían acumulado en la producción de agave azul por más de 40 años. Así, enfocados en lograr un tequila de máxima calidad y excelente sabor que pusiera en alto el nombre de su pueblo y se convirtiera en un referente del tequila, nace tequila Campo Azul, el cual se convirtió en poco tiempo en el estandarte de la compañía.

Hoy en día, por calidad y sabor, el tequila de esta casa ha sido reconocido con más de 35 premios internacionales, incluyendo varias medallas de oro y doble oro en los concursos de Bruselas, San Francisco, México, Chicago y Londres, además de ser considerados por dos años consecutivos como el mejor tequila blanco de México con el premio Diosa Mayahuel, otorgado por la Academia Mexicana de Catadores de Tequila.

Campo Azul Selecto Blanco

México Diosa Mayahuel 2014, 2013, 2010. San Francisco 2010. Medallas de oro en *Beverage Testing Institute, Chicago*, 2011 y en *San Francisco World Spirits Competition*, 2010.

 Blanco 35-40% 100% *Agave tequilana* Weber variedad azul

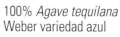 Tonos cristalinos y brillantes.

Aroma de carácter afrutado.

Sabor afrutado con notas a pimienta y cítricas.

Campo Azul Selecto Reposado

Medalla en el *San Francisco World Spirits Competition* 2012 y *Spirits Selection Bruselas* 2015.

 Reposado 40% 100% *Agave tequilana* Weber variedad azul

Color dorado brillante y cuerpo generoso.

Destacan una variedad de notas afrutadas, pimienta y tuna.

En boca confirma los aromas y presenta notas a frutos secos caramelizados y notas ligeramente herbales.

Reposo de 8 meses en barricas de roble blanco.

Campo Azul Selecto Blanco

Medalla en *The Spirits business*, Londres 2014 y en *Beverage Testing Institute, Chicago*, 2008 y 2011.

 Añejo 38 - 40% 100% *Agave tequilana* Weber variedad azul

Tono ocre brillante.

Resaltan aromas a madera.

Sabor afrutado con notas a miel de abeja, pimienta y ligeramente ahumado.

Reposo de más de 14 meses en barricas de roble blanco.

Casa
Centinela

Centinela es una empresa tequilera que nació en el año 1890 cuando el rancho El Centinela comenzó a destilar su propia bebida. La riqueza de su tierra y el cuidado del proceso resultaron en un tequila que fascinó en la región de los Altos, Jalisco.

Su gran éxito sirvió de empuje para fundar la primera fábrica de tequila en Arandas en el año de 1904. Años después, José Hernández, un joven y visionario emprendedor, compró la fábrica y dedicó su tiempo a continuar con la tradición de Centinela. Tomó el riesgo de llevar el tequila fuera de Arandas y regalar las primeras cajas, con la certeza de que pronto pedirían más… y así fue.

Tanto éxito ha consolidado el tequila de esta casa que ahora se vende en todo México y el extranjero. Tequila Centinela se convirtió en una de las fábricas más importantes de los Altos de Jalisco al producir más de un millón de cajas de tequila al año.

Centinela ha respetado el proceso de tradición antiguo de destilación del agave, que involucra tanto al campo de la región de los Altos de Jalisco, hasta sus hornos de mampostería, donde la cocción se hace de manera lenta. Este proceso tiene en la familia más de un siglo, el cual le confiere al tequila un sabor único.

En esta familia tequilera se han obtenido premios y reconocimientos a través de los años, y se han mantenido los valores y el empeño que Don Pepe transmitió, porque de eso están hechos los tequilas de esta casa: gran espíritu, fortaleza y tradición que los vuelca en una gran familia: la Familia Centinela.

Añejo 3 años

Centinela Añejo 3 años es un tequila para quienes aman este destilado de agave. Obtuvo el reconocimiento *Best of the Best* 2012 por parte de Tequila.net, en la categoría *Best Extra Añejo Tequila Judge Favorite*.

 Extra añejo

 38%

100% *Agave tequilana* Weber variedad azul

👁 Color intenso con notas doradas, cristalino y brillante.

👃 Resaltan las notas a manzana, pera, vainilla, agave cocido, plátano, madera de roble, nuez, miel, canela y clavo.

👅 Destacan las notas a madera de roble, vainilla, clavo, canela, agave cocido y anís; ligeramente dulce y amargo.

⏱ Reposo de 5 años en barricas de roble blanco americano.

🥃 Ideal para tomarse derecho. También se puede consumir al acompañar platillos de cocina mexicana e internacional, así como carnes rojas.

Centinela Blanco

Desde hace muchos años Casa Centinela mantiene una tradición: la de hacer un tequila orgulloso de sus raíces e historia. El tequila blanco es el que se distingue por su proceso corto en barricas que puede durar desde unas horas hasta unos días solamente; todo depende del sabor final que se busque en la bebida.

 Blanco   38%   100% *Agave tequilana* Weber variedad azul

Color cristalino con notas plata brillantes.

Destacan aromas afrutados, de agave cocido con notas de pera, piña, melón, dulce, plátano, uva y herbales.

Confirma en la boca las notas de agave cocido, ligeramente dulce y amargo, notas de piña, anís y canela.

Ideal para acompañar platillos preparados con carnes blancas y comida mexicana.

Centinela Reposado

 Reposado   38%   100% *Agave tequilana* Weber variedad azul

Cristalino brillante con notas doradas.

Resalta un toque afrutado y de madera de roble con notas a ciruela pasa, anís, canela, vainilla, almendras e higo.

Suave al paladar, con notas a madera de roble, canela, anís, ciruela, nuez, almendra y agave cocido.

Reposo de 18 meses en barricas de roble.

Se puede preparar en cócteles y acompañar con alimentos ligeros como aves, mariscos, y por supuesto, con comida mexicana.

Centinela Añejo

 Añejo   38%   100% *Agave tequilana* Weber variedad azul

Cristalino y brillante, color con notas de paja y doradas.

Persisten aromas afrutados como, piña; anís, herbal, paja húmeda, madera de roble, vainilla, canela, menta y pimienta blanca.

Suave al paladar. Confirma en boca las notas a madera de roble, canela, anís, vainilla y pimienta; con un ligero amargor.

Reposo de 2 años en barricas de roble.

Se recomienda tomar derecho. Es perfecto para acompañar postres y café.

Casa Cuervo

Casa Cuervo es la más antigua y prestigiada casa de tequila a nivel mundial. Francisco de Cuervo y Valdés y Suárez (1651-1714) fue el fundador de la familia que dio origen a Casa Cuervo. Procedente del Concejo de Cándamo, del Principado de Asturias, llegó a Nueva España en 1678 con el grado de Capitán de Infantería. Fue su hijo José Antonio de Cuervo y Valdés y García de las Rivas (1708-1764), quien se desempeñó como mayordomo de la Cofradía de las Ánimas de Tequila y propietario del Solar de las Ánimas, así como de otro predio, por quien comenzó el cultivo del mezcal y la producción y venta de vino mezcal.

José Prudencio de Cuervo y Montaño y José María Guadalupe de Cuervo y Montaño, sus hijos, sentaron las bases de un sólido negocio familiar. A finales de 1770, José Prudencio comenzó a adquirir tierras en el área de Tequila mediante pequeñas compras, así como de operaciones de destilación y envasado en barriles. En opinión de muchos investigadores, José Prudencio de Cuervo y Montaño "despuntó como el verdadero artífice de la fortuna de los Cuervo" y fue "el eje central de la empresa y de los fundadores de la industria tequilera". Su hermano José María Guadalupe pidió al rey de España autorización para distribuir la bebida, obteniendo la

Cédula Real en 1795, la cual fue aceptada. Al momento de su muerte, su hija María Magdalena heredó los bienes y propiedades de ambos, como San Juan de Dios del Limón, que junto a otras tierras se convirtió en La Rojeña, empresa que llegó a producir hasta 400 barriles semanales.

A partir de la fiebre del oro de la Alta California (1849), los productos de La Rojeña fueron comercializados hacia San Francisco. José Vicente Albino Rojas y Jiménez, esposo de María, se convirtió en el administrador de los bienes familiares. Después Jesús Flores lo sustituiría, comprando los derechos de la fábrica, para quedar como único dueño; esto le permitió cambiarle el nombre a La Constancia. Comenzó a envasar el vino mezcal en botellas porque hasta ese momento sólo se vendía en barricas.

La llegada del ferrocarril motivó la expansión hasta el este de los Estados Unidos. En 1891, el presidente Díaz otorgó a La Constancia un reconocimiento y medalla de oro por la calidad de su producto. Jesús Flores se casó con Ana González-Rubio quién enviudó y heredó todo. Su segundo esposo, José Cuervo, retomó el nombre original: La Rojeña, denominación que conserva hasta nuestros días. Asimismo registró como marca comercial su nombre, José Cuervo, y logró una amplia expansión tanto en el mercado interno, como en el de exportación obteniendo premios en Madrid, 1907 y París, 1909. A partir de la paz porfiriana se constituyó como Casa Cuervo, nombre que perdura hasta la actualidad.

Al fallecer Ana González todos los bienes pasaron a su sobrina Guadalupe, quien puso bajo la administración a su cuñado Guillermo Freytag Schreir. Éste dirigió el emporio Tequila José Cuervo S.A. y La Rojeña hasta 1957. Después, el destino de Casa Cuervo fue guiado por su hijo Guillermo Freytag y Gallardo hasta 1964. La compañía pasó, por herencia directa de Guadalupe Gallardo, a su sobrino Juan Beckmann y Gallardo, quien incrementó la producción y venta del tequila, al popularizarse la famosa margarita dentro de los filmes de Hollywood.

Hoy día, Casa Cuervo, gracias a la dirección de Juan Beckmann Vidal, es la empresa de tequila número uno a nivel mundial, con capital 100% mexicano. Sus campos de agave son tomados como modelo y referencia por otros productores del ramo. Además, está comprometida con la sociedad al promover el desarrollo social de la ciudad de Tequila mediante el Modelo Integral de Desarrollo Local que ha creado e implementado la Fundación José Cuervo, con el fin de incrementar el nivel de vida de sus habitantes y el desarrollo turístico del lugar.

José Cuervo Especial

"El tequila de calidad *premium* número 1 en el mundo, representante de México en más de 90 países. Hecho en México desde 1795."

Reposado ⒶA 35% 100% *Agave tequilana* Weber variedad azul

Color dorado.

Aroma a madera, nueces y avellanas.

Sabor dulce y suave.

Reposado en barricas de roble.

TEQUILA
1800

Creado en el año 2000 para celebrar el cambio del nuevo milenio, este exclusivo tequila es resultado de más de 250 años de tradición familiar y el trabajo de once generaciones de expertos tequileros de Casa Cuervo. Desde su elegante botella piramidal hasta su extraordinario líquido, 1800 Milenio excede cualquier expectativa. "Para compartirse solo con quien sabe disfrutar de un buen tequila."

 Extra añejo

 40%

 100% *Agave tequilana* Weber variedad azul

Notas a miel de abeja e higos.

 Una suave combinación entre el dulzor del agave y notas de madera y piel. Destacan sabores como vainilla, frutas rojas y canela, con un final aterciopelado.

 Añejamiento mínimo de 3 años en barricas de roble americano y una doble maduración durante 4 meses en barricas de roble francés.

Reserva 1800 Blanco

 Blanco

 38%

100% *Agave tequilana* Weber variedad azul

Producto de una cuidadosa selección de tequilas blancos con un periodo corto de maduración en madera de roble blanco, da como resultado un tequila fresco y ligero que mantiene las características del agave y una mezcla increíble de aromas florales y frutales.

Color blanco transparente con matices plata y gris muy brillantes; con un gran cuerpo.

Presenta aroma suave herbal de menta o anís y agave cocido; notas florales como el jazmín y frutales con notas predominantes de fresa, manzana, plátano y vainilla.

 Su sabor es dulce con gran carácter de agave. Produce una sensación calidad con notas frescas herbales y frutales.

Reposo no mayor a 7 semanas en pipones de roble blanco americano.

Puede disfrutarse solo, en las rocas o mezclado en su coctel favorito.

Reserva 1800 Añejo

Casa Cuervo inició la tradición de añejar tequilas en 1800. Reserva 1800 se elabora a base de maridajes de tequilas con diferentes añadas, provenientes de barricas cuidadosamente seleccionadas. Considerando el estado de madurez del agave y su edad de 7 años, tiene un minucioso proceso de blendeo o mezcla vigilado por el maestro tequilero.

 Añejo 38% 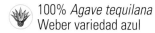 100% *Agave tequilana* Weber variedad azul

Color ámbar intenso con matices oro y cobrizos brillantes, de excelente cuerpo.

Combinación de aromas florales y frutales; sobresalen violeta y rosas con apreciables tonos de manzanas y plátanos. Se perciben también tonos a madera ahumada, caramelo, chocolate, vainilla, canela, tabaco y notas muy refrescantes.

Se confirman los aromas y destacan tonos dulces y suaves con una frescura y fin de boca prolongado y limpio. Excelente balance de alcohol que da una sensación de frescura.

Añejamiento promedio de 16 meses en barricas nuevas de roble blanco americano y francés.

Reserva 1800 Cristalino

Tequila añejo sometido a un proceso de filtración denominado "diamante" que permite retirar de manera selectiva el color del producto y mantener las características sensoriales del añejamiento. La transparencia y brillantez se hacen presentes al término de este proceso de filtración.

 Añejo cristalino 40% 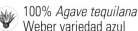 100% *Agave tequilana* Weber variedad azul

Color blanco, cristalino brillante, con matices plata y gris de un extraordinario cuerpo.

Se perciben notas de madera tostada, caramelo y vainilla. Es posible percibir también mantequilla y agave cocido. Resaltan notas frutales ligeramente cítricas, así como plátano y frutas secas.

Muy dulce en su sabor, se percibe caramelo, miel, vainilla y notas de agave cocido y madera típicas del oporto.

Reposo de 4 meses en barricas de Oporto importadas de Portugal que previamente fueron utilizadas para el añejamiento de este vino generoso.

Puede disfrutarse solo, en las rocas o mezclado en su coctel favorito.

Reserva 1800 Reposado

Blendeo o mezcla de diferentes lotes de barricas para lograr un perfil único, especialmente elaborado para conocedores. Tiene un terminado previo al envasado de filtración en frío a 0 °C.

Reposado 38% 100% *Agave tequilana* Weber variedad azul

Color dorado ligeramente verdoso, con matices dorados brillantes; de gran cuerpo.

Destacan aromas de agave verde, tonos florales de violeta, y algunos muy frescos como eucalipto y frutales como piña madura y fruta seca. También aromas provenientes de la madera como vainilla, chocolate, ahumado tipo whiskey, hojarasca de bosque y canela.

Destacan sabores de dulce, ahumado, herbal, caramelo, calabaza cocida, camote dulce, pimienta y chocolate amargo, con persistencia de sensaciones frutales y herbales.

Reposo promedio de 6 meses en barricas nuevas de roble blanco americano y francés.

Se puede disfrutar tanto derecho como en preparación de cocteles. Combina bien con todos los mezcladores para los cocteles clásicos a base de tequila.

Centenario Blanco

Tequila blanco 100% de agave azul que tiene un breve reposo en madera de roble francés por 28 días. Entre las medallas que ostenta se encuentran la Double Gold (2008) y la Gold (2006) en el *San Francisco Spirits Challenge*.

 Blanco 35% 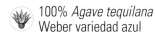 100% *Agave tequilana* Weber variedad azul

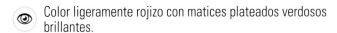 Color ligeramente rojizo con matices plateados verdosos brillantes.

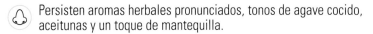 Persisten aromas herbales pronunciados, tonos de agave cocido, aceitunas y un toque de mantequilla.

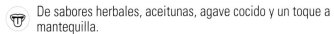 De sabores herbales, aceitunas, agave cocido y un toque a mantequilla.

Breve reposo de 28 días en barricas nuevas de roble francés.

Derecho o combinado en cocteles como martinis.

Centenario Reposado

Su suavidad, aroma y color son el resultado de los cuidados que el maestro tequilero pone en cada lote de producción. Es un tequila que reposa en barricas de roble francés y posteriormente se somete a un maridaje o mezcla con otros tequilas añejos. Los últimos reconocimientos que obtuvo fueron las medallas Double Gold (2006) y Silver (2005, 2007 y 2008) en el *San Francisco Spirits Challenge*.

 Reposado 35%  100% *Agave tequilana* Weber variedad azul

Color ámbar de intensidad media con matices dorados brillantes.

Aroma ligeramente frutal con tonos dulces de agaves cocidos, tonos ligeros a madera, almendras tostadas, vainilla y clavo.

Sutilmente dulce con notas de agave cocido, madera, almendras tostadas, vainilla y clavo.

Reposo de 3 meses en barricas nuevas de roble francés y después del maridaje se reposa durante 7 meses más.

Puede degustarse derecho o mezclado.

Centenario Añejo

El orgullo de la línea, Centenario Añejo establece un estándar diferente en el paladar tequilero más exigente por su extraordinario equilibrio de aromas y sabores, similar a un fino cognac o whisky. Ha sido acreedor a un gran número de premios, por su calidad y suavidad incomparable. Entre las medallas que ha ganado están la Double Gold (2006) y Gold (2003, 2005 y 2007) en el S*an Francisco Spirits Challenge*.

 Añejo 38% 100% *Agave tequilana* Weber variedad azul

Color ámbar con matices cobrizos y dorados brillantes.

Persisten notas ligeramente frutales; destacan los tonos de roble blanco, agave cocido, almendras, vainilla y clavo.

Sabor ligeramente dulce que confirma los sabores de agave cocido, almendras tostadas, vainilla y clavo.

Reposo durante 3 años en barricas nuevas de roble blanco americano.

Se recomienda degustarlo como digestivo, en las rocas o mezclado con agua mineral.

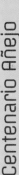

Centenario Leyenda

Proveniente de agaves cuidadosamente seleccionados, después de su noble añejamiento se marida o mezcla con las reservas más antiguas personalmente seleccionadas para enriquecer su complejidad. Cada paso de este proceso es meticulosamente supervisado por el experto tequilero, por lo que sólo se produce un número limitado de botellas al año.

 Extra añejo   38%   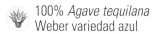 100% *Agave tequilana* Weber variedad azul

👁 Color ámbar intenso con destellos cobrizos brillantes.

👃 Resaltan aromas de roble, miel de maple, almendras tostadas y clavo.

👅 Destacan maderas suaves y dulces acentuadas por las notas aromáticas de almendras y clavo. Posee un final intenso y cálido con tonos de canela.

⏱ Reposo promedio de 4 años en barricas nuevas de roble francés y después del maridaje se reposa durante 7 meses en barricas de roble francés.

Reserva de la Familia

El primer tequila extra añejo del mundo.

 Extra añejo   40%   100% *Agave tequilana* Weber variedad azul

👁 Color ámbar intenso con matices cobrizos brillantes; de cuerpo excepcional.

👃 Armónica combinación de madera de roble, almendra, manzana, caramelo, frutas secas, ciruela pasa, plátano, vainilla, canela y nuez.

👅 Sabor que confirma los aromas; suave combinación de agave cocido y madera, balanceado. Dulzura sutil con toques de roble, ahumado gentil, frutas secas y un final persistente.

⏱ Envejecido 3 años en barricas de roble francés y americano.

Reserva de la Familia Platino

 Blanco   40%   100% *Agave tequilana* Weber variedad azul

👁 Color blanco cristalino brillante con matices plateados y grises; de gran untuosidad.

👃 Destaca su aroma suave herbal con notas acarameladas de agave cocido, frutas y ligeras reminiscencias de especias y sutil ahumado.

👅 Sensación aterciopelada al paladar, sabor limpio, suave, a agave dulce y frutal.

Cuervo®
TRADICIONAL

José Cuervo Tradicional

Sometido a un proceso especial para conservar su sabor en congelación.

 Reposado   38%   100% *Agave tequilana* Weber variedad azul

👁 Tono paja con matices dorados, grises y verdes brillantes; con gran cuerpo.

👃 Balance perfecto entre agave cocido, toques frutales, amaderados y herbales con notas de aceituna.

👅 Agave cocido ligeramente especiado, con final ahumado, herbal y sutilmente cítrico con notas a madera.

⏱ Reposado 6 meses en barricas de roble.

José Cuervo Tradicional Plata

Sometido a un proceso especial para conservar su sabor en congelación.

 Blanco   38%   100% *Agave tequilana* Weber variedad azul

👁 Color blanco cristalino, matices grises y plateados brillantes; de gran cuerpo.

👃 Perfil rico en aromas con predominio de agave cocido. Notas armónicas de caramelo, café, vainilla, guayaba y membrillo; con notas florales y herbales muy frescas y un ligero toque de canela.

👅 La nota principal es agave cocido, con un balance agradable de sabores dulces y amargos, y notas de caramelo y vainilla.

Maestro Tequilero Atelier

Producto artesanal que consiste en un maridaje de varias reservas.

 Extra añejo   40%    100% *Agave tequilana* Weber variedad azul

👁 Color ámbar oscuro con matices dorados y color cobre brillante; gran cuerpo.

👃 Mezcla de aromas dulces provenientes de la madera y agave con notas de caramelo, vainilla, chocolate, nuez, ciruela pasa, frutos secos, mantequilla, piña, manzana, canela, almendra y ligeras notas de madera tostada.

👅 Confirma los aromas con una mezcla de sensaciones cálidas con predominio de madera, caramelo, nuez y vainilla; con ligeras notas de agave cocido y frutas; una suavidad indescriptible y final prolongado.

⏱ Reposo de 40 meses en barricas de roble americano y europeo.

Casa de los González

Casa de los González es una destilería localizada en Atotonilco el Alto, Jalisco. Su construcción se inspiró en diseños de las antiguas haciendas mexicanas, con la finalidad de fusionar lo mejor de la tradición con la innovación y crear tequilas con el sabor más refinado y puro. Cada paso en el proceso de producción ha sido planeado y cuidado meticulosamente por la familia González para obtener las mejores condiciones de higiene y garantizar la calidad del producto.

Sus fundadores Francisco y Eduardo González cimentaron un lugar extraordinario, donde se conjunta la experiencia en la producción de tequila con la maestría de los artesanos que han colaborado con su arte para crear este lugar único en el mundo.

Entre sus productos está el tequila Reserva de los González, el cual es más que un tequila; es el presente, pasado y futuro de una familia que por generaciones ha echado raíces en la elaboración de tequilas *premium* para México y el mundo. Después de 100 años de tradición y culto por la excelencia en el sabor, Casa de los González se muestra ante el mundo con el orgullo del apellido González, sinónimo de excelencia en tequila.

En las inmediaciones de la destilería se ubica Club Tequila Colección Privada, el primer club de marcas privadas no comerciales de tequila 100% agave producidas y embotelladas exclusivamente para los cien miembros del club.

"El Tequila Reserva de los González se produce en Los Altos, Jalisco. Más que un tequila, Reserva de los González representa el pasado, el presente y el futuro de la familia González que tiene más de 60 años produciendo este destilado."

Reserva de los González Blanco

 Blanco   38%   100% *Agave tequilana* Weber variedad azul

👁 Color transparente y brillante; untuoso.

👃 Aroma suave con notas herbales y cítricas enlazadas con la frescura de la menta y un ligero tono dulce de agave caramelizado.

👅 Tiene una entrada suave con una mezcla agradable de sabores como caramelo, limón amarillo, anís y piña.

Reserva de los González Reposado

Reposado   38%   100% *Agave tequilana* Weber variedad azul

👁 Color ámbar brillante, cristalino e iridiscente a la luz del sol; con un cuerpo denso.

👃 Ofrece notas dulces que recuerdan al caramelo y la madera, resultado de su reposo en barricas de roble.

👅 Se percibe una mezcla de notas dulces provenientes del agave cocido en horno tradicional; de sabores profundos de cacao y vainilla con un tono cítrico muy suave.

⏱ Reposo de 11 meses en barricas de roble blanco.

Reserva de los González Añejo

Añejo   38%   100% *Agave tequilana* Weber variedad azul

👁 De un color ambarino profundo con una apariencia cristalina y brillante, ofrece texturas que expresan el paso del tiempo y la madera.

👃 Gama de aromas tostados y dulces resultado de su añejamiento. Su complejidad expresa notas lejanas de frutas rojas, hierbabuena y anís.

👅 Aromas tostados y amaderados que recuerdan a la vainilla, el cacao y la almendra; notas herbales frescas.

⏱ Reposo de 24 meses en barricas de roble blanco americano.

Casa
Dragones

En 2009, con gran atención a cada detalle, Casa Dragones debutó Tequila Casa Dragones Joven, un tequila de edición limitada y elaborado en pequeños lotes, hecho de un maridaje delicado de tequila blanco con tequila extra añejo, madurado en barricas de roble americano durante 5 años. En 2014, Casa Dragones expandió su colección con Tequila Casa Dragones Blanco, su primer tequila blanco, perfecto para disfrutarlo en las rocas o en cocteles de alta gama. La meticulosa atención al detalle que se necesita para crear cada lote de Casa Dragones se logra produciéndolo a mano; por tanto, se fabrica una cantidad muy limitada de cada uno de sus tipos de tequila. *"Para nosotros, esto significa producir botella por botella y no queremos que sea de otra manera"*, dice la Cofundadora y CEO Bertha González Nieves, la primera mujer en recibir la certificación de maestra tequilera por la Academia Mexicana de Catadores de Tequila, institución reconocida por el Consejo Regulador del Tequila (CRT).

El innovador y moderno proceso de la elaboración de la firma ha colocado a Casa Dragones en otro nivel. Sus tequilas están elaborados con las más finas plantas de agave azul, cosechadas a mano por el maestro tequilero de la casa en el Valle de Tequila. Los tequilas de Casa Dragones son destilados varias veces mediante un proceso por columna que se enfoca en la pureza. El agua usada para Tequila Casa Dragones es excepcionalmente pura de manantial, emanada de las proximidades del volcán de Tequila, con el balance perfecto de minerales para crear un distintivo sabor.

Blanco   **A** 37%   100% *Agave tequilana*
Weber variedad azul.

De tonos cristalinos brillantes con cuerpo suave y abundante.

Fresco y herbáceo con notas cítricas de toronja y manzana verde.

Resaltan notas semidulces de agave con tonos de pimienta y clavo de olor que finalizan con tonos dulces de almendras. El final en boca es ligero y limpio, con sutiles notas almendradas y un regusto vivaz.

Ideal en un vaso *old fashioned* en las rocas con un *twist* de limón verde, toronja o limón amarillo, o en cocteles de alta gama.

Casa Dragones blanco y joven son producciones de edición limitada, elaborados mediante un proceso innovador que se enfoca en la pureza del agave, con una meticulosa atención al detalle. Cada botella se elabora con cristal de perfumería y es firmada, numerada y fechada a mano.

Joven   **A** 35%   100% *Agave tequilana*
Weber variedad azul

De tonos platinos brillantes; cuerpo abundante y sedoso, de piernas largas y pronunciadas.

Fresco y apetitoso; sutil aroma floral y cítrico con ligeras notas dulces de agave cocido.

Sensación en boca ligera y cálida con notas de vainilla y un toque de especias con delicados matices de pera. Con un final en boca limpio, cálido y con notas sutiles de avellana; abierto y agradable.

Degustarlo derecho en copa tequilera Riedel® o flauta a una temperatura entre 14 y 18 °C.

Casa
Orendain

Casa Orendain es una empresa tequilera fundada en 1926. Don Eduardo Orendain funda su primera empresa tequilera al adquirir una rudimentaria destilería a la que llamó La Mexicana. Eduardo heredó sus conocimientos y pasión por el tequila de sus tíos con quienes trabajó desde joven en su fábrica tequilera La Chiripa, la cual fue establecida en 1840.

La marca Orendain ha recibido varios reconocimientos nacionales e internacionales a la calidad de sus productos; esto se debe a una rigurosa supervisión de todos los procesos de producción por parte de los cuatro hijos de don Eduardo Orendain.

Casa Orendain es una empresa 100% mexicana que cuenta con más de 2,000 hectáreas de campos propios. El amor por el tequila y las tradiciones han hecho que esta familia tenga un enfoque particular en la calidad de sus productos.

Para la producción de sus tequilas se seleccionan los mejores agaves en su punto óptimo de madurez; se recurre a métodos de producción tradicionales; se utilizan levaduras de cepas especiales para la fermentación de los mostos, y sus tequilas se destilan tres veces para asegurar su calidad.

 Blanco 35% 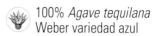 100% *Agave tequilana* Weber variedad azul

Ollitas Blanco

👁 Cristalino brillante, luminoso, color plateado con matices y destellos de gran cuerpo.

👃 Aromas de agave cocido, menta, hierbabuena y toronja; delicados tonos frutales y florales; balanceado.

👅 Sedoso y con cuerpo; confirma notas de agave cocido, toronja y menta; de final prolongado.

🥃 Un tequila versátil que por sus características puede disfrutarse solo, en las rocas o mezclado en cócteles y margaritas.

 Reposado 35% 100% *Agave tequilana* Weber variedad azul

Ollitas Reposado

👁 Luminoso, color dorado claro con destellos brillantes y gran cuerpo.

👃 Aromas de agave cocido, matices herbales y destellos de notas a toronja y cítricos; finaliza con vapores de maple, vainilla y caramelo desarrollados en barrica.

👅 Confirma plenamente su definida personalidad al dejar agradables notas de agave, maple y toronja.

⏱ Reposo mínimo de 6 meses en barrica de roble blanco americano.

🥃 Un tequila versátil que por sus características puede disfrutarse solo, en las rocas o mezclado en cócteles y margaritas.

Cantinero

Tequila ideado para consumidores jóvenes que buscan calidad a un precio adecuado, con un excelente sabor y el balance justo de suavidad que le confieren excelentes características para tomarlo derecho o mezclado.

 Reposado 35% 100% *Agave tequilana* Weber variedad azul

👁 Luminoso con color dorado claro.

👅 Notas de madera, nuez, vainilla y canela que le brindan su sabor único, suave pero con una bravura especial que cautiva paladares.

⏱ Reposo de 26 meses en barricas de roble blanco americano.

🥃 Ideal para tomarlo derecho o en cócteles.

Gran Orendain Blanco

Doble medalla de oro en *Spirits Selection by Concours Mondial de Bruxelles 2015* y en *San Francisco World Spirits Competition* en 2016.

 Blanco 38%  100% *Agave tequilana* Weber variedad azul

- Brillante y luminoso, con matices plateados; de gran cuerpo.
- Aromas balanceados de agave cocido, menta, romero, pimienta negra y toronja; notas a mantequilla y tonos frutales y florales.
- Sedoso sabor de agave cocido, toronja y menta; de final prolongado.
- Tomarse a 14 °C, de preferencia solo, o mezclado en cocteles elaborados con toronja, pimienta y/o menta.

Gran Orendain Reposado

Galardonado con medalla de oro en *Spirits Selection by Concours Mondial de Bruxelles 2015.*

 Reposado 38% 100% *Agave tequilana* Weber variedad azul

- Luminoso color ámbar con destellos naranjas; gran cuerpo.
- Aromas de agave cocido con matices herbales; tonos de cerezas caramelizadas; destellos de té limón y toronja. Finaliza con vapores de pétalos de rosas, maple, vainilla, caramelo y nuez moscada.
- Agradables tonos de agave, maple y toronja.
- Reposo de 11 meses en barrica de roble blanco americano.
- Para disfrutar su poderosa personalidad se debe degustar a 18 °C, de preferencia solo, al final de una cena o comida.

Gran Orendain Añejo

Galardonado con medalla de oro en *Spirits Selection by Concours Mondial de Bruxelles 2015.*

 Añejo 38% 100% *Agave tequilana* Weber variedad azul

- Luminoso, de color ámbar intenso y matices cobre; resbala lentamente de las paredes de la copa mostrando su generoso cuerpo.
- Notas a tierra mojada y agave cocido con matices herbales, a especias y frutas en conserva; aromas de chocolate, café y caramelo.
- Sedoso, intenso y poderoso; confirma destellos de agave, caramelo, café y chocolate; gran final dulce.
- Reposo de 20 meses en barrica de roble blanco americano.
- Oxigenar en la copa y beber a una temperatura de 20 °C; ideal para acompañar un gran postre o un habano.

Casa
Quiote

Casa Quiote es una empresa tequilera fundada en 1997 por empresarios de la región de los Altos de Jalisco, en Atotonilco El Alto. Cuenta con una capacidad de producción de más de 250 000 litros mensuales y elabora tequilas con una excelente relación calidad-presentación-precio. Para ello, Casa Quiote posee un laboratorio propio, equipado con tecnología de punta, lo que le permite asegurar la mejor calidad en todas las etapas del proceso productivo.

Con más de 15 años de experiencia en la industria, Casa Quiote se especializa en la exportación. Más del 80% de su producción es destinada a satisfacer la demanda de mercados internacionales, como Estados Unidos, Canadá, Europa, India, Australia, Rusia, Centroamérica y Sudamérica.

Quiote Blanco

En el 2005 obtuvo el segundo lugar en un concurso realizado por la Academia Mexicana del Tequila.

 Blanco   38-40%   100% *Agave tequilana* Weber variedad azul

Color transparente, muy claro.

Resaltan las notas herbales del agave.

Sabor armónico con notas herbales.

Quiote Reposado

 Reposado   38-40% 100% *Agave tequilana* Weber variedad azul

En el 2005 obtuvo el tercer lugar en un concurso realizado por la Academia Mexicana del Tequila.

Color ámbar cristalino; de gran cuerpo.

Persisten notas de agave crudo y cocido, así como matices afrutados.

Sabor suave y equilibrado.

Reposo en barricas de roble blanco.

Quiote Añejo

 Añejo   38-40%   100% *Agave tequilana* Weber variedad azul

Color dorado con matices oscuros.

Aromas herbales.

Sensación suave en boca con un profundo sabor a madera.

Reposado en barricas de roble blanco.

Cava Don Anastacio Blanco

Premiado en 2006 y 2007 con medalla de plata en *The 2006 International Review of Spirits* y *San Francisco World Spirits Competition*, respectivamente. En 2011 recibió medalla de plata en el *International Spirits Championship* y en 2012 fue galardonado con medalla de oro en el concurso mundial de Bruselas. En 2012 recibió la condecoración como *Best of the Best* por Tequila.net y en 2013 obtuvo plata en *The Fifty Best*.

 Blanco   **A** 38-40%   100% *Agave tequilana* Weber variedad azul

👁 Intenso brillo y transparencia.

👃 Resalta su fragancia a agave.

👅 Deja en el paladar un suave sabor a agave con un final persistente.

Cava Don Anastacio Reposado

Premiado en 2006 con medalla de oro en *The 2006 International Review of Spirits* y en 2007 con medalla de bronce en *San Francisco World Spirits Competition*. En 2012 recibió la condecoración como *Best of the Best* por Tequila.net y en 2013 obtuvo el oro en *The Fifty Best*.

 Reposado   **A** 38-40%   100% *Agave tequilana* Weber variedad azul

👁 Transparente y brillante, teñido de luces doradas.

👃 Notas afrutadas en armonía perfecta, abrigado con el sabor de las barricas de roble blanco.

👅 Sabor suave y equilibrado, con un final persistente con aroma a fruta.

⏱ Reposado en barricas de roble blanco.

Cava Don Anastacio Añejo

Premiado en 2006 con medalla de oro en *The 2006 International Review of Spirits*; y en 2007 con medalla de bronce en *San Francisco World Spirits Competition*. En 2012 fue galardonado con medalla de oro en el concurso mundial de Bruselas y plata en el *Internationaler Spirituosen Wettbewerb*. En el 2013 ganó doble oro en *WSWA Tasting Competition*.

 Añejo   **A** 38-40%   100% *Agave tequilana* Weber variedad azul

👁 Color intenso ámbar, cristalino y luminoso.

👃 Aromas frutales con elegantes notas de anís, ciruela pasa y chabacano con un profundo pero amigable sabor a madera de las barricas.

👅 Sabor en equilibrio perfecto entre el agave y las notas frutales; final persistente con aroma a madera y fruta.

⏱ Reposado en barricas de roble blanco.

Caballito Fantástico Blanco

 Blanco   38-40%    100% *Agave tequilana* Weber variedad azul

"Caballito Fantástico se envasa en una botella con un diseño que resalta su logo, otorgándole un atributo distintivo de otras marcas. Previo al envasado pasa por un proceso de filtración en frío que garantiza su pureza y transparencia".

👁 Color transparente, brillante, matizado con destellos plateados; de magnífico cuerpo denso medio.

👅 Sabor suave y equilibrado.

Caballito Fantástico Reposado

 Reposado   38-40%   100% *Agave tequilana* Weber variedad azul

👁 Color amarillo intenso con destellos dorados.

👃 Resaltan notas a madera, frutas tropicales, manzanilla y canela.

👅 Destacan sabores de agave cocido, frutas tropicales, manzanilla y canela con un final en boca donde persisten las fragancias de agave cocido y madera.

⏱ Reposado en barricas de roble blanco.

"La línea El Toril fue especialmente diseñada para coctelería. Se recomienda utilizarlos en su combinación preferida".

El Toril Blanco

Producto de gran personalidad y bien equilibrado. Ganador de medalla de oro en 2011 en el *International Spirits Championship* en Canadá.

 Blanco   38%   Mixto

 Brillante y transparente.

Notas de agave crudo.

El Toril Joven

Ganador de medalla de plata en 2011 en el *International Spirits Championship* en Canadá.

 Joven   38%   Mixto

Luminosa claridad con tonos dorados; de gran cuerpo.

  Notas a tierra húmeda, agave ahumado y matices de frutas tropicales dulces.

El Toril Reposado

 Reposado   38%   Mixto

Intenso color ámbar matizado con reflejos naranjas; de gran cuerpo y carácter.

Aromas a agave crudo y cocido, manzana y un toque de vainilla que exaltan los sentidos, los cuales confirman su definido estilo y armonía.

Deja en el paladar un sabor perfectamente definido con toques suaves a madera.

Reposado en barricas de roble blanco.

Casa Sauza

Casa Sauza es una de las empresas tequileras de más arraigo y tradición en la historia de la bebida. Se fundó en 1873 por Don Cenobio Sauza, quien en el mismo año envió la primera exportación de tequila a Estados Unidos. El éxito actual de la marca no hubiera sido posible sin el esfuerzo de las tres generaciones que han pasado por ella; crearon no sólo uno de los tequilas más reconocidos hoy día, sino una historia de tradición, perseverancia y valor que creó una industria para siempre.

En 1976 Francisco Javier Sauza, hijo de Don Cenobio, vendió parte de sus acciones a Casa Pedro Domecq, quienes a su vez vendieron la marca al corporativo americano Fortune Brands, que incluyó a Sauza como una de sus marcas insignia dentro del Beam Global Group, consorcio ya reconocido entonces por su portafolio de bebidas espirituosas. En 2014, la empresa Suntory Holdings Limited adquiere Beam Inc., para formar Beam Suntory, la cual se convierte en la tercera empresa de bebidas espirituosas de nivel *premium* más importante a nivel mundial.

Actualmente, Casa Sauza es la segunda marca de tequilas más importante a nivel mundial, con una producción anual que alcanza los 3.4 millones de cajas. Adicional a esto, Casa Sauza es la empresa con más certificaciones en la industria de bebidas alcohólicas como: ISO 9001, ISO 14001, OSHAS 18001 e ISO 22000, además de tener el distintivo ESR (Empresa Socialmente Responsable) por su contribución a la sociedad y ser una industria limpia.

En el 2009, Casa Sauza se hizo acreedora al Premio Nacional a la Calidad, que es la máxima distinción a la innovación, competitividad y sustentabilidad que se otorga a las organizaciones que son referentes nacionales. Durante los últimos 4 años, Casa Sauza ha participado en el distintivo Great Place To Work (GPTW), que selecciona a las 100 mejores empresas para trabajar a nivel nacional.

La misión de Casa Sauza es única y enfocada completamente a la sociedad. Trabaja con más de 5 500 organizaciones en 45 países del mundo, que en conjunto, suman más de 10 millones de colaboradores. En 2016, Casa Sauza obtuvo el lugar 28, del ranking de Las Mejores Empresas para Trabajar® en México, de un total de 350 empresas participantes.

Sauza Hornitos Reposado

Don Francisco Javier Sauza lanzó al mercado Hornitos en 1950 para conmemorar la Independencia de México.

 Reposado 38%   100% *Agave tequilana* Weber variedad azul

 Color dorado tenue y brillante.

Persisten aromas y sabores herbales provenientes del agave, así como suaves notas a madera.

Confirma los aromas herbales y las notas de madera. Suave en boca, con cuerpo y con un final templado.

 Reposo de 6 meses en barricas de roble blanco.

 Ideal para preparar un cóctel con concentrado de jamaica, jugo de limón y jarabe.

Sauza Hornitos Black Barrel

 Añejo 40%   100% *Agave tequilana* Weber variedad azul

 Color ámbar con un ligero tono verde aceitunado.

 Su aroma remite al de un whisky escocés, pero con todo el sabor y carácter del mejor tequila de auténtico agave.

 Se percibe maple, vainilla, chocolate, avellana, coco y humo ligero. Deja una sensación cálida, agradable y sedosa.

 Doble añejado: primero 18 meses y después 6 meses en barricas de roble americano estilo escocés.

 Recomendado con soda y hielo en vaso alto o simplemente en las rocas.

Sauza Extra Reposado

Tequila de exportación de Casa Sauza y uno de los de mayor venta en el mundo. De sabor vivaz y fresco.

 Reposado 35% Mixto

👁 Pálido color dorado.

👃 Dulces aromas a vainilla y agave fresco recién cocido con notas de flor de naranjo y almendra.

🥃 En un cóctel estilo margarita con pulpa de durazno y triple Sec.

"Originales y modernos, Sauza Hacienda Azul y Sauza Hacienda Black representan el espíritu de lo atrevido, de los jóvenes que viven al límite de lo permitido".

Sauza Hacienda Azul

 Reposado 35% Mixto

👁 Color amarillo brillante con sombras verdes y tonos dorados.

👃 Destaca un aroma floral con toques de naranja, que permite percibir la mezcla de agave cocido y agave fresco mezclado con toques de fruta y caramelo.

👅 Sabor suave y dulce con notas de agave, frutas y cítricos, que concluyen con un toque ligeramente amargo de madera.

⏱ Reposo de 4 meses en barricas de roble americano.

🥃 Ideal para preparar un *Tequila sunrise*.

Sauza Hacienda Black

 Reposado 35%  100% *Agave tequilana* Weber variedad azul

👁 Color amarillo brillante con tonos dorados.

👃 Aroma floral con toques de naranja, mezclado con notas de fruta y caramelo.

👅 Sabor suave y dulce con notas de agave, frutas y cítricos, que concluyen con un toque ligeramente amargo de madera.

⏱ Resposo de 4 meses en barricas de roble americano.

🥃 En un caballito combinado con refresco de toronja.

"Sauza 100 Años son tequilas de alta calidad, de suave y exquisito sabor. Celebra la autenticidad y calidad del tequila. ¡Son los tequilas para disfrutar en todo momento y a donde vayas!"

Sauza 100 Años Blanco

 Blanco   35%   100% *Agave tequilana* Weber variedad azul

👁 Transparente.

👃 Agave fresco con notas frutales y florales.

👅 Agave cocido con un cálido final en boca.

🥃 Ideal en un cóctel con limón, sal y refresco de toronja.

Sauza 100 Años Reposado

Reposado 35% 100% *Agave tequilana* Weber variedad azul

👁 Color dorado.

👃 Aroma a roble ligeramente tostado, con notas ligeras a vainilla.

👅 Sabor a agave cocido.

⏱ Reposo entre 2 y 6 meses en barricas de roble blanco americano.

🥃 Acompañado de refresco de cola y jugo de limón.

Sauza 100 Años Añejo

Añejo 35% 100% *Agave tequilana* Weber variedad azul

👁 Color dorado oscuro.

👃 Ligero aroma a vainilla con tonos de agave cocido.

👅 Suaves notas de nuez moscada, cítricos y un ligero toque a roble tostado.

⏱ Reposo de 12 meses en barricas de roble blanco americano.

🥃 Degustar derecho.

"Sauza XA es elaborado a partir de los mejores agaves seleccionados, con atención a cada parte del proceso y usando una selección especial de barriles nuevos y usados para su añejamiento. Este extenso añejamiento le otorga un extraordinario y suave sabor, compitiendo incluso con los coñacs y whiskys más finos. Ganó medallas en los *Premios Charman's trophy* (2013) y en el *Ultimate Spirits Challenge*.

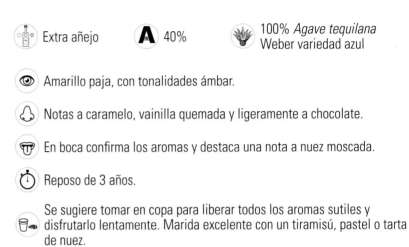

Sauza XA

Extra añejo

A 40%

100% *Agave tequilana* Weber variedad azul

Amarillo paja, con tonalidades ámbar.

Notas a caramelo, vainilla quemada y ligeramente a chocolate.

En boca confirma los aromas y destaca una nota a nuez moscada.

Reposo de 3 años.

Se sugiere tomar en copa para liberar todos los aromas sutiles y disfrutarlo lentamente. Marida excelente con un tiramisú, pastel o tarta de nuez.

"En 1973, para celebrar los 100 años de la fundación de la destilería "La Perseverancia", Sauza creó un tequila de añejamiento especial que presentó como edición limitada llamado Tres Generaciones. Este producto hace honor a quienes por tres generaciones han producido el Tequila Sauza: Don Cenobio (también conocido como el Padre del tequila), Don Eladio y Francisco Javier. Su proceso de triple destilación asegura un color transparente, cristalino y brillante".

Tres Generaciones Plata

 Blanco   38%   100% *Agave tequilana* Weber variedad azul

- Color transparente, cristalino y brillante.
- Destacan notas finas típicas del agave fresco y cítrico, con toques florales.
- Es de sabor suave y complejo, con un cosquilleo limpio pero ligero al paladar, que al final deja un toque de pimienta blanca.

Tres Generaciones Reposado

 Reposado   38%   100% *Agave tequilana* Weber variedad azul

- Color dorado intenso, cristalino y brillante.
- Aromas que remiten a la pimienta, especias y hierbas.
- Sabor condimentado con toques de roble tostado, notas de agave y acabado cálido y seco; deja en el paladar un ligero sabor a pimienta blanca.
- Reposo de 4 meses en barricas de roble blanco.

Tres Generaciones Añejo

 Añejo   38%   100% *Agave tequilana* Weber variedad azul

- Tono ámbar, cristalino y brillante.
- Notas de agave, esencia de roble tostado y ligeros toques de caramelo y vainilla.
- Predomina un sabor a azúcar morena y termina con roble suave y agave cocido.
- Reposo de 14 meses en barricas de roble blanco.

Casa
Siete Leguas

Casa Siete Leguas es una empresa tequilera que fue fundada en Atotonilco, Jalisco, en 1952. Comenzó con la promesa de crear un tequila artesanal que respetara el proceso tradicional de la bebida. A través de los años su mayor herencia ha sido el cariño por la tierra roja, el agave, la gente y las raíces.

Desde el origen de la empresa, su filosofía ha sido ser fieles a sus valores y principios. Su nombre hace honor a la yegua de Pancho Villa, Siete Leguas, la cual recorrió junto al caudillo todo el país sin rendirse, con una perseverancia que reflejó su espíritu y misión: ser fiel a su palabra.

El sello de Casa Siete Leguas es el uso de métodos tradicionales para la elaboración de sus tequilas, desde la cocción de las piñas en hornos de mampostería; la molienda en tahona conocida también como molino de piedra; la fermentación de los jugos del agave con sus fibras, y la destilación en alambiques de cobre.

Un porcentaje de su producción se exporta a Estados Unidos, Reino Unido, Francia, Suecia, Alemania y Japón, aunque la mayoría se destina al consumo nacional. Cuenta con las certificaciones HACCP y Buenas Prácticas de Manufactura, las cuales acreditan a la tequilera como una empresa que garantiza la inocuidad de sus productos.

Siete Leguas Blanco

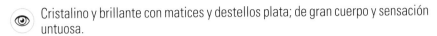 Blanco   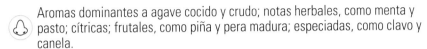 40%   100% *Agave tequilana* Weber variedad azul

👁 Cristalino y brillante con matices y destellos plata; de gran cuerpo y sensación untuosa.

👃 Aromas dominantes a agave cocido y crudo; notas herbales, como menta y pasto; cítricas; frutales, como piña y pera madura; especiadas, como clavo y canela.

👅 Sabores dulces, a agave cocido, herbales y cítricos; sensación en boca cálida, agradable, sedosa e intensa con una ligera frescura; permanencia prolongada.

Siete Leguas Reposado

 Reposado   38%   100% *Agave tequilana* Weber variedad azul

👁 Color amarillo paja tenue, brillante, con matices y destellos amarillos dorados y verdes; de gran cuerpo y sensación untuosa.

👃 Se perciben en primer plano notas a agave fresco y cocido con toques herbales y cítricos y con frescura de frutas en proceso de maduración. En segundo plano, se identifican aromas muy suaves a vainilla y muy ligeros a frutos secos, como pasas y ciruelas pasas; también, florales y a madera.

👅 Sabores de agave cocido; herbáceos a menta y manzanilla; cítricos, y algunos sabores dulces muy ligeros como caramelo, vainilla, pasas y ciruelas pasas; sensación en boca cálida, agradable, sedosa y cremosa; permanencia prolongada.

⏱ Reposo de 8 meses en barricas.

Siete Leguas Añejo

 Añejo   38%   100% *Agave tequilana* Weber variedad azul

👁 Color amarillo ámbar brillante con matices y destellos amarillos dorados; de gran cuerpo y sensación untuosa.

👃 Aromas dulces de frutos rojos y de madera y agave cocido. Se perciben aromas suaves a vainilla; frutos secos, como pasas, membrillo, durazno y frutos rojos; dulces y florales que se entrelazan en armonía con las frutas y el agave cocido; ligeros aromas a chocolate, café, miel de maple y madera.

👅 Sabores dulces como jarabe de maple, café, chocolate, vainilla y algunos frutos secos; sabor de agave cocido que persiste en armonía con muy ligeras notas a especias, como canela y clavo, y herbales como hierbabuena, menta y manzanilla; sensación en boca cálida, agradable, sedosa y cremosa; permanencia prolongada.

⏱ Reposo de 24 meses en barricas.

D'Antaño extra añejo

 Extra añejo   **A** 38%    100% *Agave tequilana* Weber variedad azul

👁 Color amarillo ámbar fuerte, con matices y destellos amarillos dorados intensos; de gran cuerpo y sensación untuosa.

👃 Aromas frutales a manzana, membrillo, cereza, durazno y ciruela pasa; a frutos secos como nuez, almendra y nuez de macadamia; notas a vainilla, jarabe de maple, café, chocolate y cacao que se entrelazan armoniosamente con perfumes dulces florales y aromas de madera de roble provenientes del tostado de las barricas.

👅 Sabores dulces a jarabe de maple, café, chocolate, vainilla, pasas, ciruelas pasas, durazno, membrillo, cerezas y arándanos provenientes de las barricas; el sabor del agave cocido persiste con la armonía de notas a especias como canela y clavo de olor, y hierbas frescas como menta y manzanilla; sensación en boca cálida, agradable, sedosa y cremosa; permanencia prolongada.

⏱ Reposo de 5 años en barricas.

Siete Leguas Extra Añejo Single Barrel

"Cada Botella de Siete Leguas Extra Añejo Single Barrel es única en aromas y sabores de acuerdo al tiempo de añejamiento de cada barrica".

 Extra añejo

 38%

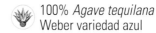 100% *Agave tequilana* Weber variedad azul

Color amarillo ámbar fuerte, con matices y destellos amarillos dorados intensos; de gran cuerpo y sensación untuosa.

Aromas frutales a manzana, membrillo, cereza, durazno, arándano, pasa y ciruela pasa; a frutos secos como nuez, almendra y nuez de macadamia; notas a vainilla, jarabe de maple, café, chocolate y cacao que se entrelazan armoniosamente con perfumes dulces florales y aromas de madera de roble provenientes del tostado de las barricas.

Sabores dulces a jarabe de maple, café, chocolate, vainilla, pasas, ciruelas pasas, durazno, membrillo, cerezas y arándanos provenientes de las barricas; el sabor del agave cocido persiste con la armonía de notas a especias como canela y clavo de olor, y hierbas frescas como menta y manzanilla; sensación en boca cálida, agradable, sedosa y cremosa; permanencia prolongada.

Reposo de 5 a 10 años en barricas.

Casa Viva México

Casa Viva México es una casa tequilera perteneciente a la empresa Feliciano Vivanco y Asociados S.A. de C.V. Ésta última refleja la vocación por el trabajo, la calidad y las tradiciones forjadas por la familia Vivanco a través de los años; es por ello que sus productos se cimientan en el trabajo con tesón, la pureza y el tiempo dedicado para hacer realidad un sueño y un objetivo, que ahora se ha convertido en orgullo familiar, y bien se puede resumir en una frase: "Lo mejor de nuestra tierra, nuestros tequilas".

En el año de 1994, Don Feliciano Vivanco Fonseca y sus hijos decidieron fundar la empresa tequilera Feliciano Vivanco y Asociados con la filosofía de hacer uno de los mejores tequilas del mundo. La empresa ahora cuenta con la experiencia de cuatro generaciones de productores e introductores de agave en fábricas de tequila.

Con una pequeña pero funcional destilería ubicada en el municipio de Arandas, en el corazón de la región de los Altos de Jalisco, inician las pruebas de producción. Lanzan al mercado, en enero de 1996, la marca Viva México con una producción anual aproximada de 80 000 litros de tequila 100% de *Agave tequilana Weber* variedad azul.

Con gran ahínco y con el objetivo muy claro de producir sólo tequila de excelente calidad, la familia Vivanco Lozano continúa con la producción y añejamiento de tequila 100% de agave azul, en barricas de roble blanco con controlados procesos de fabricación artesanal. De 1998 a la fecha la compañía se ha consolidado, logrando un papel reconocido en la participación del mercado local, regional e internacional de tequilas, así como el reconocimiento internacional de la NOM 1414 por las diferentes marcas que le encomiendan la producción y elaboración de sus productos.

Actualmente la Casa tequilera Viva México tiene una capacidad de producción de 10 000 litros diarios y la exportación de sus productos a más de 10 países a nivel mundial; los productos que se fabrican en la casa tequilera Viva México se pueden encontrar en los países nórdicos, Rusia, España y Estados Unidos. Los miembros de la familia Vivanco forman parte de una nueva generación de tequileros orgullosos de la bebida nacional por excelencia. Han logrado por su experiencia y años de trabajo ser referencia en entrevistas y opiniones respecto a la cultura del tequila y su cadena productiva.

"Tequilas realizados con agaves entre 6 y 8 años, una cocción lenta y una fermentación durante mínimo 200 horas en tanques de acero, con el relajante sonido de Beethoven. Cuentan con una doble destilación en alambique de cobre".

 Reposado 38-40 % 100% *Agave tequilana* Weber variedad azul

 Color amarillo paja que invita a apreciar el grueso de su cuerpo.

Muestra notas aromáticas variadas desde frutales hasta secas, como cacao y vainilla.

Suave con una ligera pungencia de pimienta, diferentes dulzuras y un final largo. Persisten notas de jazmín que se enriquecen con las notas propias de la barrica como chocolate y vainilla.

Reposo promedio de 4 meses en barrica de roble americano.

Viva México Reposado

 Reposado 40% 100% *Agave tequilana* Weber variedad azul

Tonalidades dorado pálido con brillo y cuerpo cremoso.

Aroma afrutado con cítricos (firma de la casa), ligeramente dulce y perfumado con notas florales.

Destacan sabores dulces; flores como violetas y un acabado largo picante con chocolate y madera de cedro.

Reposo de 9 meses en barricas de roble americano.

Es ideal como digestivo en copa globo o Riedel®. Solo o combinado se saborea perfectamente desde 16 °C hasta temperatura ambiente.

Buscadores Reposado

 Reposado 40% 100% *Agave tequilana* Weber variedad azul

Color dorado pálido.

Aroma dulce con sabor a fruta.

Ofrece al paladar un inicio dulce, muy prometedor, que se extiende en el resto del paladar con sabores avainillados; notas de flores y cítricos que lo hacen encantador en un inicio, y termina con especias picosas, cedro y chocolates, dando un final muy largo y delicioso.

Reposo de 6 meses en barricas de roble americano, maridado con añejos para aumentar sus características organolépticas.

Puede consumirse como digestivo en copa globo o de tequila Riedel®, unos pocos grados por debajo de la temperatura ambiente, o puede combinarse sin perder sus aromas.

A Amistad Reposado

Cazadores

Cazadores es una marca de tequilas cuya historia comienza en el poblado de Arandas en la región de los Altos de Jalisco en el año de 1973. Sin embargo, los orígenes de su receta de tequila datan de 1922, cuando fue creada por José María Bañuelos.

Cazadores posee el orgullo de sus orígenes y se ha mantenido fiel a su herencia utilizando la misma receta. La familia Bañuelos desarrolló y llevó al éxito esta marca que en el 2002 fue adquirida por la compañía Bacardí.

Tequila Cazadores cuenta con tres etiquetas de tequila: blanco, reposado y añejo. Durante el proceso de producción de los tequilas, los mostos se fermentan acompañados de música de Mozart para relajar a la levadura y producir un sabor con armonía. Posteriormente, pasan por un proceso de doble destilación que logra un tequila armonioso y balanceado. Finalmente, los tequilas reposados y añejos son madurados en barricas nuevas de roble blanco americano para obtener suavidad y complejidad de aroma, así como un cuerpo distintivo.

Blanco **A** 38%  100% *Agave tequilana* Weber variedad azul

Cazadores Blanco

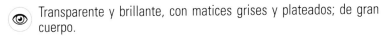

👁 Transparente y brillante, con matices grises y plateados; de gran cuerpo.

👃 Notas delicadas a agave cocido; dulce con tonos a mantequilla; notas a pera, manzana y cítricos y toques de pimienta y laurel.

👅 Sabor suave que confirma los matices frutales y herbales.

🥃 Ideal para consumir solo o combinado con jugos y refrescos. Por su gran versatilidad es recomendado para crear cócteles.

Cazadores Reposado

 Reposado **A** 38% 100% *Agave tequilana* Weber variedad azul

👁 Color amarillo paja claro, con matices verdes; de gran cuerpo.

👃 *Bouquet* agradable, con aroma a roble; destellos de pera y cereza; tonos de agave crudo y cocido que aportan aromas a pimienta y hierbabuena.

👅 Sabor definido con notas de agave, vainilla, madera y pera.

⏱ Reposo de 2 meses en barricas de roble blanco americano.

🥃 Consumir solo o con sangrita y limón.

Cazadores Añejo

 Añejo **A** 38% 100% *Agave tequilana* Weber variedad azul

👁 Color dorado ámbar con matices naranjas y cobres; de gran cuerpo.

👃 *Bouquet* agradable, con aroma a roble, moca y vainilla. Intensos aromas a agave crudo y suaves notas a agave cocido; destacan los aromas a cereza y canela.

👅 Un tequila suave al paladar con notas a vainilla, canela y cereza.

⏱ Añejamiento de 1 año en barricas de roble blanco.

🥃 Beber solo, como aperitivo.

Chinaco

Chinaco es una marca de tequila perteneciente a la Tequilera La Gonzaleña. La historia de su nombre se origina en los chinacos, terratenientes ricos que entre los siglos XVIII y XIX accidentalmente se convirtieron en legendarios luchadores. Los guerreros chinaco defendieron a México durante la Guerra de Reforma y la Intervención Francesa; su líder fue Manuel González. En el año de 1856, el general González compró un terreno en Tamaulipas donde ahora se encuentra la Tequilera La Gonzaleña, casa del tequila Chinaco.

Casi un siglo más tarde, en 1966, un huracán devastó las plantaciones de Tamaulipas, que en aquella época consistían en cereales y vegetales; esto llevó a los agricultores a plantar cultivos alternativos. Uno de ellos fue el *Agave tequilana* Weber variedad azul, un cultivo en creciente demanda que se adaptaba bien a las condiciones de clima y suelo de la región. Guillermo González, bisnieto del general Manuel González, era en aquel momento

secretario de agricultura y acordó la venta de las plantas cultivadas en Tamaulipas con un importante productor de tequila en Jalisco, entonces el único estado mexicano donde el tequila se podía producir legalmente.

Cuando las plantas de agave maduraron ocho años después, el productor se negó a pagarlas. Guillermo González, quien no quería vender la producción a un precio bajo, presionó al gobierno mexicano para que permitiría la producción de tequila fuera de Jalisco. Después de cuatro años de peticiones, Tamaulipas recibió la Denominación de Origen, y en 1977 nació la Tequilera La Gonzaleña, la primera destilería de tequila en Tamaulipas.

Los bisnietos del general Manuel González llevan con orgullo las tradiciones de producción de tequila de la familia. Bajo su dirección, tequila Chinaco sigue ganando admiradores y un lugar entre la élite de tequila.

Chinaco Blanco

 Blanco 40% 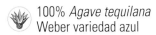 100% *Agave tequilana* Weber variedad azul

Chinaco Blanco es embotellado dentro de los primeros 5 días después de la destilación, lo cual le otorga un sabor muy fresco y limpio.

👁 Transparencia prístina.

👃 Aromas a pera, membrillo, eneldo y limón; destellos de aloe.

👅 Provoca una sensación limpia, suave, fresca y luminosa en el paladar; sabores intensos y equilibrados; acabado suave y persistente.

🥃 Perfecto para beberlo derecho, en margaritas o coctelería.

Chinaco Reposado

 Reposado 40% 100% *Agave tequilana* Weber variedad azul

Chinaco Reposado es un tequila único ya que es envejecido en barricas europeas, algunas utilizadas previamente en el envejecimiento de whisky, con más de 35 años de edad; éstas le confieren un carácter de madera suave.

👁 Color ámbar dorado claro.

👃 Aromas intensos a cáscara de cítricos, melocotón y manzana; notas a eneldo y membrillo.

👅 Sabores limpios y frescos, profundos y en equilibrio; final afrutado, picante y medio persistente.

⏱ Reposo de 11 meses en barricas de roble blanco francesas e inglesas.

🥃 Ideal para beber solo, aunque también se mezcla bien con otras bebidas.

Chinaco Añejo

 Añejo 40%  100% *Agave tequilana* Weber variedad azul

El resultado del añejamiento de esta bebida es un tequila complejo y notablemente suave.

👁 Color ámbar dorado intenso.

👃 Sutiles aromas de pera, flores silvestres, vainilla, humo y manzana horneada, con algunas notas a papaya y mango.

👅 Sabores ricos y complejos, con gran amplitud, equilibrio y estilo; final picante y ahumado.

⏱ Reposo de 30 meses en barricas de roble blanco francesas, inglesas y de *bourbon* americanas.

🥃 Ideal para ser saboreado solo, igual que un buen coñac.

Círculo

Círculo es una marca de tequila perteneciente a Esencia y Sabor de México SAPI de C.V., una empresa mexicana constituida en el año 2010 con el fin de satisfacer los mejores paladares con productos mexicanos. Durante los primeros cuatro años trabajaron en el desarrollo de un producto diferenciado en cuanto a sabor e imagen, cuidando minuciosamente cada uno de los detalles; es así como lanzaron al mercado el tequila Círculo.

La marca y diseño de la botella están inspirados en el sitio arqueológico de Guachimontones, zona distinguida por tener montículos edificados por los antiguos pobladores de la región del volcán de Tequila, en lo que ahora es el municipio de Teuchitlán, Jalisco, y en donde se realizaban ofrendas y rituales con *mexcalli*.

Círculo Silver

En el 2015 ganó medalla de plata en el concurso mundial de Bruselas y San Francisco, y medalla de oro en el concurso mundial de Canadá y en el *Tequila Masters* de Londres.

 Blanco 40% 100% *Agave tequilana* Weber variedad azul

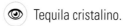 Tequila cristalino.

 En un inicio se aprecian notas a mantequilla, manzana, toronja y limón; después, aparecen notas herbales a menta y romero con un dulce aroma final a agave.

 Cuerpo aterciopelado, fresco y suave.

Círculo Reposado

En el 2015 ganó medalla de plata en el concurso mundial de San Francisco, y medalla de oro en el concurso *Tequila Masters* de Londres.

 Reposado 40% 100% *Agave tequilana* Weber variedad azul

Tequila cristalino.

 Primeros aromas a miel y conserva de frutas con notas de cítricos y hierbas con un final fuerte a agave cocido, vainilla y caramelo.

Dulce y suave.

Destilería
Santa Lucía

La historia de esta destilería es una lucha de entrega y amor hacia la bebida tradicional mexicana por excelencia. Sus orígenes se remontan al año 1940, cuando don Enrique Guillermo Newton Alexanderson, joven emprendedor con grandes ideales y con el apoyo total de su esposa, Olivia Ruiz Rosales, comienzan a comercializar tequila bajo el nombre de Supremo y Único Tequila Especial, el cual era envasado manualmente con ayuda de un empleado. Gracias al esfuerzo y dedicación de varios años lograron abrir tres fábricas más: La Tejonera en 1948; La Última Lucha en 1953, y La Cariñosa en 1965.

En el año de 1943 nace Federico Ernesto Newton Ruiz, hijo de don Enrique, que desde muy joven se integró al trabajo arduo que se requería para mantener la empresa familiar. Se convirtió en el pilar y cabeza de la compañía con el Supremo y Único Tequila Especial como estandarte durante el peor momento de la historia tequilera. Con gran empeño logró retomar el rumbo y hacer crecer la empresa que inició su padre. Durante el inicio de la década de los 80, la empresa ya contaba con prestigio dentro del mundo del tequila. Su crecimiento era inminente y tangible, cambiando varias veces de domicilio debido a la necesidad constante de expansión.

En el año 1989 se consolida oficialmente la razón social Tequilera Newton e Hijos S.A. de C.V. En 1991, se continúa con la producción de tequila en la fábrica llamada La Laja, que serviría como plataforma para una reestructuración de la compañía. Federico y Carlos Newton, hijos de don Federico, ya participaban activamente, completando el ciclo de tres generaciones de tradición y experiencia dentro de la industria.

Para el año de 1994 se inaugura la Destilería Santa Lucía en el municipio de Tesistán, Jalisco, marcando una etapa clave en la historia de la compañía, ya que es la fábrica en donde actualmente se hace toda la producción de esta importante destilería familiar. Hoy día es una moderna y eficiente empresa que cuenta con la certificación del Consejo Regulador de Tequila (CRT) así como la Norma Oficial Mexicana (NOM), en donde se producen tequilas de excepcional calidad pero con el auténtico sabor tradicional. Se emplean modernos métodos y herramientas de producción, así como estrictos controles de calidad en el producto, pero siempre con un profundo respeto por el método tradicional y la receta original de su fundador don Enrique Guillermo Newton Ruiz.

TEQUILA
EL DESTILADOR®

Tierra Azteca

Tequila *premium* con versiones blanco, reposado y añejo. Tierra Azteca añejo fue galardonado con medalla de bronce por *Spirits of Mexico*, San Diego, California, en 2012.

 Añejo 40% 100% *Agave tequilana* Weber variedad azul

👁 Color brillante con destellos intensos.

👃 Su aroma es suave, dulce, muy amaderado y con notas a especias.

👅 Su sabor es intenso con notas de agave cocido; ligeras notas a café tostado y gran permanencia en copa.

El Destilador Clásico Reposado

Tequila *premium* de excepcional calidad; El Destilador Clásico Reposado fue galardonado con medalla Doble Oro en el *San Franscisco World Spirits Competition 2013*. La presentación en blanco obtuvo medalla Bronce en esa misma competencia.

 Reposado 35-40% 100% *Agave tequilana* Weber variedad azul

👁 Color amarillo intenso con tonos de paja; de gran cuerpo.

👃 Aroma limpio de tonos agaváceos y madera fina.

👅 Su sabor es agradable con notas de madera y agave crudo; permanencia en boca destacable.

⏱ Añejado en barricas de roble blanco.

🥃 Ideal para tomarse derecho, aunque se lleva muy bien combinado con bebidas de toronja.

El Destilador Limited Edition

Tequilas *premium* de excepcional calidad. En presentaciones reposado, añejo, extra añejo, extra añejo barrica francesa, añejo cristalino y añejo doble barrica. Ganadores de varias medallas por la *San Franscisco World Spirits Competition*.

 40% 100% *Agave tequilana* Weber variedad azul

👅 La versión extra añejo presenta aromas a madera, chocolate amargo, café y especias. La versión extra añejo barrica francesa tiene fuerte aroma a madera, pimienta, caramelo y cereza.

⏱ Añejados en barricas de roble blanco, excepto el blanco. La versión extra añejo tiene un reposo de 4 años; la versión añejo cristalino diamante de 18 meses, y la versión extra añejo barrica francesa es añejada por más de 5 años en barricas de roble francés.

Don
Valente

Don Valente es una marca de tequila perteneciente a Tequilera La Candelaria, la cual inició sus operaciones en enero de 1998. Pertenece a la Cámara Nacional de la Industria Tequilera y a los socios del Consejo Regulador del Tequila. Elabora su tequila Don Valente con agave azul siguiendo el proceso artesanal y tradicional que ha sido transmitido de generación en generación por más de 300 años.

El proceso de producción de tequila Don Valente comienza con la selección de los mejores agaves producidos en la región que cuenta con DO; posteriormente, estos agaves se cuecen lentamente en hornos de mampostería. Después, estos jugos se fermentan de manera natural,

pasan por un proceso de doble destilación, y finalmente, se añejan en barricas de roble blanco.

Un proceso de producción cuidado, el personal capacitado y el cumplimiento responsable de las normas ambientales aplicables al proceso de operación del negocio permiten brindarle al cliente el placer de paladear un tequila artesanal de excelencia incomparable, 100% natural, con un sabor único y de la más alta calidad.

Actualmente, tequila Don Valente se exporta a Estados Unidos, Canadá, Perú y a la región que hasta hace un par de años se llamó Antillas Holandesas.

Excelencia Incomparable Añejo

Envasado en una botella de diseño creativo en la cual se reflejan los distintos pasos del proceso tradicional de elaboración del tequila. El tapón es también una botella con tequila.

 Añejo

 35-40%

 100% *Agave tequilana* Weber variedad azul

Brillante y luminoso con matices dorados intensos.

Delicadas notas a agave azul cocido, vainilla y fina madera de roble. El aroma permanece en la copa por mucho tiempo.

Suave y agradable al paladar, intenso a fina madera de roble combinado con el dulce sabor del agave cocido, almendras, nueces y vainilla.

Reposo por más de 1 año en barricas de roble blanco americano.

Bonita Reposado

Envasado en una botella artesanal con figura de mujer inspirada en Mayahuel, diosa del agave. El tapón es de cerámica y las etiquetas de aluminio repujado. Disponible también en blanco y añejo.

 Reposado

 35-40%

 100% *Agave tequilana* Weber variedad azul

Brillante y luminoso con matices dorados y plateados.

Agradables notas a agave azul cocido y fina madera de roble. Se perciben ligeras notas de frutas frescas, almendras y vainilla.

Suave, ligeramente dulce a agave cocido, fina madera y frutas secas.

Reposo de 6 meses en barricas de roble blanco americano.

Artesanal Blanco

Este tequila está envasado en la tradicional botella tequilera alargada; las etiquetas son cortadas y pintadas a mano en aluminio repujado; de producción limitada.

 Blanco

 38-40%

 100% *Agave tequilana* Weber variedad azul

Transparente con destellos plateados.

Aroma a agave cocido.

Confirma en boca todos los aromas.

El
Mexicano

"Nuestro producto es un tequila 100% de agave que resalta el orgullo de ser mexicano, un tequila que es resultado de más de 40 años de tradición y herencia familiar de tres generaciones de la familia Bañuelos que produce solo tequila de la más alta calidad."

El Mexicano es una marca de tequila cuya historia inicia en 1973 en Arandas, Jalisco, con un grupo de empresarios de Arandas que se asociaron para crear una pequeña fábrica de tequila con el objetivo de aprovechar toda su producción de agave. Este grupo estaba conformado por León Bañuelos, el padre de éste, Félix Bañuelos Jiménez, quien tenía una fábrica de caramelos, y su suegro Salvador Hernández Contreras. La compañía comenzó sus operaciones con una pequeña producción de 300 litros diarios que logró operar sólo unos cuantos meses al año.

Gracias a la tenacidad y visión para los negocios, la fábrica logro sobrevivir en un mercado dominado por otras bebidas. En 1979 Félix vendió su fábrica de caramelos y decidió enfocar sus esfuerzos en la empresa de tequila de su hijo. El plan original era producir tequila para otras marcas y vender producto a granel. Al tener un excedente en la producción Félix y León decidieron crear una marca de tequila.

En 1983 con la ayuda de Leopoldo Solís, un renombrado experto en la elaboración de tequila de la mejor calidad, toman las riendas de la producción de la fábrica dando al producto gran calidad y consistencia. El señor Solís se convirtió en el maestro tequilero y guía de León, siendo esta mancuerna pieza clave en la creación de un tequila galardonado por la preferencia de los consumidores. León dice que no hay secreto para hacer un tequila de gran calidad y que solo es necesario utilizar lo mejor, hacerlo de la mejor manera y tener paciencia para darle el tiempo que requiere. La fábrica siempre permaneció abierta al público en general, incluso para empresas competidoras.

De 1981 a 1989 la empresa mantuvo un crecimiento gradual y sostenido en el mercado regional hasta alcanzar una gran reputación como tequila. En 1994 la marca logró comercializarse en las principales cadenas de autoservicio nacional, y debido a la demanda, hubo necesidad de construir una nueva fábrica con capacidad de producción de 10 000 litros diarios. Iniciaron exportaciones a Estados Unidos y se abrieron oficinas en la Ciudad de México, Chihuahua y Tijuana para apoyar a la distribución nacional. En 1997 se inició una nueva expansión de la fábrica para incrementar su capacidad. Para 1998 la marca era la número uno en tequila 100% de agave. Finalmente, en el año 2002 la empresa fue adquirida por Bacardí y Cía., pero la visión de negocio y pasión por el tequila hicieron que León Bañuelos y su Familia regresaran a la fabricación de un nuevo tequila: El Mexicano, después de haber cumplido con un contrato de no competencia.

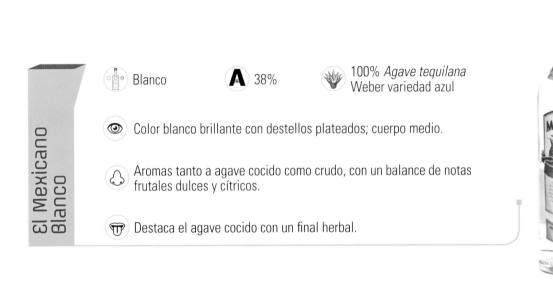

El Mexicano Blanco

Blanco   **A** 38%   100% *Agave tequilana* Weber variedad azul

👁 Color blanco brillante con destellos plateados; cuerpo medio.

👃 Aromas tanto a agave cocido como crudo, con un balance de notas frutales dulces y cítricos.

👅 Destaca el agave cocido con un final herbal.

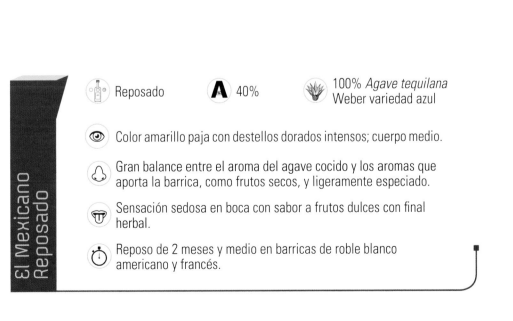

El Mexicano Reposado

Reposado   **A** 40%   100% *Agave tequilana* Weber variedad azul

👁 Color amarillo paja con destellos dorados intensos; cuerpo medio.

👃 Gran balance entre el aroma del agave cocido y los aromas que aporta la barrica, como frutos secos, y ligeramente especiado.

👅 Sensación sedosa en boca con sabor a frutos dulces con final herbal.

⏱ Reposo de 2 meses y medio en barricas de roble blanco americano y francés.

El
Tequileño

El Tequileño es una marca de tequila con una historia que inicia con don Jorge Salles Cuervo, personaje proveniente de familias con profundas raíces tequileras. Comenzó su propia destilería en 1941 al elaborar tequila para Casa Cuervo. Fue en 1959 cuando decidió comenzar a elaborar su propia marca hasta lograr consolidarse como uno de los fabricantes más reconocidos en la elaboración de los mejores tequilas.

El 1 de enero de 1959 don Jorge Salles Cuervo, hombre de gran conocimiento y heredero de una gran tradición tequilera, comenzó a producir su propio producto en las fábricas La Guarreña y La Regional. Con el paso del tiempo tequila El Tequileño se convirtió en una de las marcas más reconocidas en México, gracias a su gran calidad y excelente sabor.

El Tequileño

Elaborado desde 1959 con los mejores agaves, se caracteriza por su gran calidad, logrando ser uno de los tequilas de mayor venta en Jalisco. Ganó medalla de bronce en el *San Francisco World Spirits Competition* 2006.

 Blanco 38% - 40%  100% *Agave tequilana* Weber variedad azul

Color blanco, luminoso y brillante con delicados tonos paja y matices plateados y grises; de gran cuerpo.

Muestra tonos cítricos como la toronja; herbales como la menta; matices de especias como la pimienta blanca y la nuez moscada con un toque de mantequilla.

Predominan la toronja, el agave, la menta y las especias; de final dulce y gran permanencia.

Es ideal en una margarita en las rocas, solo o en copa tequilera. Se sugiere maridar con birria suave, nieve de garrafa de limón o coctel de camarón seco con elote asado.

El Tequileño Gran Reserva

Este tequila surge de la gran experiencia de don Jorge Salles Cuervo. Elaborado con la mejor selección de agave azul, que le otorga el sabor y aroma que lo caracterizan. Ganó la medalla de plata (2008) en el *Concours Mondial de Bruxelles* y la medalla de oro (2006) en el *San Francisco World Spirits Competition*.

 Reposado 38% - 40% 100% *Agave tequilana* Weber variedad azul

Color luminoso, amarillo dorado, con matices oro; de gran cuerpo.

Aromas a frutas, como plátano y pera caramelizada, y herbales como la menta; presencia de agave dulce intenso; notas especiadas como la nuez moscada, el clavo y la pimienta, así como notas de caramelo, vainilla y nueces.

Confirma su riqueza frutal; sedoso y de gran permanencia en boca, con un final dulce.

Se sugiere en las rocas, con jugo de granada o de pitaya y *twist* de limón. Si se toma solo es recomendable una copa tequilera Riedel®, alternando cada sorbo con agua mineral. Maridar con tacos dorados con col y salsa roja, cajeta de Sayula, pulpo adobado o cortes de carne gruesos como: bife de chorizo, *New York* y vacío.

El Tequileño Especial 50 aniversario

Tequila creado para festejar el 50 aniversario de El Tequileño. Elaborado en apego a las más estrictas normas de calidad y tradición que solo la experiencia da. Ganador de La Medalla de Oro en el *Concours Mondial de Bruxelles* 2009.

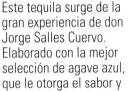 Añejo 38% - 40% 100% *Agave tequilana* Weber variedad azul

Color amarillo ámbar medio con matices naranjas; de gran cuerpo.

Destacan los aromas de guarda en barrica como nueces, almendras tostadas, vainilla y caramelo quemado. Deja vapores de flor de tila, especias como la nuez moscada y la canela, así como tonos de dátil; el olor a agave cocido es intenso.

Sedoso; confirma agradablemente toda su personalidad con un final de vainilla y maple.

Añejado durante más de un año en barricas de roble blanco.

Es ideal consumirlo solo en copa tequilera Riedel® o copa tequilera globo; en las rocas o acompañado, mas no mezclado, de agua mineral fina. Se recomienda maridar con mole, pato confitado en cebolla tatemada, atún sellado con sal negra, puros y habanos o chocolate amargo.

Embajador

Embajador es una marca de tequilas de prestigio que ha recibido diversos galardones. Fue creado por una familia emprendedora que buscaba representar en el extranjero la pasión, dedicación y excelencia de México. Atotonilco el Alto da testimonio de la calidad y exclusividad de este refinado y espirituoso tequila; su conveniente ubicación en los Altos de Jalisco hace que tequila Embajador obtenga nutrientes y agua de manantial de excelente calidad para hacer de esta bebida un deleite para el más exigente de los paladares. Su elaboración se funda en la conexión entre el pasado, presente y futuro. Su proceso semiartesanal retoma tradiciones como el uso del horno de mampostería y fusiona algunas técnicas vanguardistas para brindar un tequila con carácter y cuerpo único. El diseño de las botellas es realizado por artesanos mexicanos que toman como inspiración a la diosa mexica Mayahuel.

Embajador Platinum

Tequila blanco que pasa por un periodo de estabilización en contenedores de acero inoxidable con el fin de concentrar sus sabores exponencialmente. Obtuvo la medalla Silver (2014) en los *Sip Awards*; de oro (2013) en *The Best Fifty* en la categoría Best Blanco Tequila y el reconocimiento *Best of the Best* (2012) por parte de Tequila.net.

 Blanco 40% 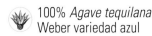 100% *Agave tequilana* Weber variedad azul

Color brillante, luminoso, con matices plateados y poderoso cuerpo.

Destaca un intenso matiz de agave; destellos de toronja, lima, limón y pimienta negra, así como mantequilla; ligeros tonos de anís y aromas herbales como laurel y menta.

Sabor fresco con tendencia cítrica e intenso agave cocido.

Ideal para disfrutar solo a una temperatura de 15 °C o mezclado en cocteles.

Embajador Premium

Este tequila obtuvo la medalla Platinum (2014) en los *Sip Awards*; oro (2013) en *The Best Fifty* en la categoría Best Reposado Tequila y el reconocimiento *Best of the Best* (2012) por parte de Tequila.net.

 Reposado 40% 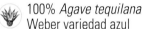 100% *Agave tequilana* Weber variedad azul

Tonos amarillo dorado, matices oro y gran luminosidad.

Aroma de agave cocido intenso con delicados tonos herbales y frutales como la cereza, el plátano, la toronja y la lima; aromas de vainilla, caramelo, miel de maple y café.

Sabor terso y delicado que deja un agradable paso en boca.

Reposo de 8 meses en barrica de roble blanco americano.

Degustar solo a una temperatura de 18 °C o mezclado en cocteles.

Embajador Supreme

Elocuente y convincente, este tequila se madura con gracia en barricas de roble, que le dan una distinción majestuosa y generosa. Este tequila obtuvo la medalla bronce (2014) en los *Sip Awards*.

 Añejo 40% 100% *Agave tequilana* Weber variedad azul

Color amarillo ámbar con matices anaranjados; gran cuerpo.

Desarrolla notas dulces como el caramelo, la vainilla y el café; aromas frutales y de especias integran bien su estilo.

Destacan tonos como el agave, la vainilla y un final a especias.

Reposo de 18 meses en barricas de roble americano y francés.

Degustar solo a una temperatura de 20 °C.

Espolón

El Espolón es una marca de tequila perteneciente al grupo italiano Campari. La planta productora está ubicada al este del Estado de Jalisco, específicamente en el municipio de San Ignacio Cerro Gordo en la región de los Altos de Jalisco. Está rodeada de hermosos campos sembrados de *Agave tequilana* Weber que hacen perfecto contraste con el intenso color rojo del suelo donde se hallan plantados.

Su historia se remonta a 1996 cuando inicia la construcción de la planta Destiladora San Nicolás, S.A. de C.V., que sería oficialmente inaugurada el 20 de julio de 1998, fecha en la que nace en el mercado nacional la marca Tequila El Espolón en sus variedades de blanco, reposado y añejo. Esta fábrica fue fundada en memoria de Don Celso Plascencia, abuelo de Raúl Plascencia Álvarez, quien junto con dinámicos empresarios de Arandas, Guadalajara y Monterrey, unió esfuerzos humanos, económicos y materiales para la fundación de la compañía.

Posteriormente, en el año de 2008 la empresa fue comprada por el grupo Italiano Campari quien a la fecha ha triplicado la producción y ha posicionado a la marca en diversos países del mundo, entre los cuales resaltan además de México, Estados Unidos, Italia, Rusia, Australia, Canadá y Brasil.

Espolón Tequila blanco

Este tequila ha ganado diferentes reconocimientos como: medalla de oro en 2011 y plata en 2012 en *San Francisco World Spirits Competition*; mejor tequila en su clase en 2011 y Sobresaliente en 2013 en *International Wine & Spirit Competition*; y premios en el *Ultimate Spirit Challenge* 2011 y *Beverage Testing Institute* con 95 puntos.

 Blanco

 38%

 100% *Agave tequilana* Weber variedad azul

👁 Color claro con destellos platino.

👃 Presenta aromas de agave delicado y dulce, con notas florales, de frutas tropicales, cáscara de lima y un toque de pimienta.

👅 Resaltan notas de pimienta, semilla de vainilla y piña asada que concluyen con un toque a especias.

Espolón El Marañón

El Marañón es el ganador del máximo galardón en el concurso mundial de Bruselas 2010, donde fue nombrado como el mejor destilado del mundo. Obtuvo medalla de plata en *San Francisco World Spirits Competition* 2012; premio de calidad en *International Wine & Spirit Competition* y medalla de bronce en *International Spirit Challenge*.

 Reposado 38%   100% *Agave tequilana* Weber variedad azul

Color dorado.

Destacan aromas de especias, caramelo y un toque de chocolate.

Integra notas de agave tostado, fruta tropical dulce, intensa vainilla y especias oscuras; el final es largo con una pungencia amaderada, propio de las bebidas añejas.

Reposo en barricas de roble blanco.

Espolón El Colorado

El Colorado ganó medalla de plata en 2010 y 2012 y oro en 2011 en el *San Francisco World Spirits Competition* y ha sido catalogado como muy recomendado con 90-95 puntos en *Wine Enthusiasta Magazine*.

 Reposado 40%   100% *Agave tequilana* Weber variedad azul

Color oro rojizo brillante.

Se perciben notas de caramelo, vainilla, café y perfecto balance entre el agave cocido y la madera; dirigido a exigentes paladares innovadores.

Reposo en barricas de roble blanco y terminado en barricas de *bourbon*.

Espolón Tequila Añejo

Ganador de medalla de bronce en el *International Spirits Challenge* 2010 y de medalla de plata en *International Wine & Spirit Competition* 2011.

 Añejo 38%   100% *Agave tequilana* Weber variedad azul

Coloración de oro viejo, brillante y hermoso.

Destaca un aroma amaderado, con tintes claros de vainilla, así como de caramelo, chocolate y mantequilla escocesa.

Añejado en barricas de roble blanco.

HACIENDA
CAPELLANÍA
S.A. de C.V.

Hacienda
Capellanía

Hacienda Capellanía es una destilería que se define por adjetivos como tradición, calidad, pasión y respeto. Está ubicada en el centro geográfico del llamado Triángulo de Oro del Agave, en la zona alteña de Jalisco. Sus orígenes son antiguos, y hoy vive la cuarta generación de agaveros y la que ha emprendido el reto de industrializar esta admirable planta, desarrollando así un extraordinario tequila enfocado principalmente a calmar los sedientos mercados internacionales.

San José de Gracia, Municipio de Tepatitlán de Morelos, es una población de hombres honestos, con fuertes raíces de amor por la tierra. Es este el lugar donde Hacienda Capellanía nace como su primer fabrica de tequila. Doña María Luisa Oseguera Oseguera y Don David Contreras Valle, patriarcas de la familia, perfeccionaron el método de cultivo, que bien pudiera considerarse un arte, al cuidar que las plantaciones de agave respetarán una orientación determinada bajo un estricto calendario lunar, conocimiento ancestral transmitido de generación en generación. Este método ayuda a que la savia cargada de azúcares se concentre más en el corazón del agave, y además, representa la piedra angular para lograr una ambiciosa meta: la certificación orgánica del tequila.

Una característica distintiva y especial de esta empresa es que desarrollan escalonadamente sus plantaciones de agave. Elaboran su propio tequila enfocado principalmente en la categoría 100% puro de agave y lo comercializan con éxito en el mercado nacional e internacional en países como Estados Unidos, España, Rusia y Japón.

Su filosofía se resume en la imagen de la empresa: el Águila Real mexicana, reina del cielo, emprendedora, de fuerza y belleza descomunal, aguerrida y triunfadora. Son muchos los logros obtenidos y los retos por dominar. El horizonte se muestra reacio pero a la vez lleno de promesas y satisfacciones; es por esto que esta águila poderosa levanta el vuelo al infinito.

Fuentes Guerra Blanco

 Blanco **A** 38%

100% *Agave tequilana* Weber variedad azul

Tequila intenso y poderoso con notas a agave cocido, herbales y cítricas, con un toque final especiado.

Jorongo Blanco

 Blanco **A** 38%

 100% *Agave tequilana* Weber variedad azul

Suave sabor y distintiva frescura hacen de este tequila ideal para mezclar en cocteles.

Fuentes Guerra Reposado

 Reposado **A** 38%

100% *Agave tequilana* Weber variedad azul

Confirma su personalidad bien lograda durante su reposo de 8 meses en barricas de roble blanco francés. Al gusto recuerda a frutos en conserva, como pera, toronja y piña verde; con notas de mantequilla y caramelo.

Jorongo Reposado

 Reposado **A** 38%

 100% *Agave tequilana* Weber variedad azul

Sabor y perfil especial a cítricos. Reposado 6 meses en barricas de roble blanco americano.

Fuentes Guerra Añejo

 Añejo **A** 38%

 100% *Agave tequilana* Weber variedad azul

Tequila muy balanceado color ámbar, con notas de mantequilla, caramelo, nueces chocolate y toques de madera; reposo de 18 meses en barricas de roble blanco francés.

Jorongo Añejo

 Añejo **A** 38%

 100% *Agave tequilana* Weber variedad azul

Es la joya de la casa con delicadas notas de manzana y durazno y una exquisita presencia de madera dulce; madurado por un tiempo menor a 18 meses en barricas de roble blanco americano.

Hacienda
La Capilla

Hacienda La Capilla es una casa productora de tequila con antecedentes en 1895, año en que fuera edificada la antigua Hacienda la Capilla por descendientes de Don Antonio Faustino de Aceves y Casillas, fundador de la población de Capilla de Guadalupe en el año de 1820. Este poblado obtiene su nombre de la Capilla que don Antonio, mejor conocido como el "Amo" Aceves, construyera en honor a la Santísima Virgen de Guadalupe.

La hacienda ha tenido siempre como actividad principal el cultivo del agave, el cual se ha visto favorecido por las condiciones privilegiadas de Capilla de Guadalupe, población que se encuentra recostada a la sombra del imponente Cerro Gordo en el corazón de los Altos de Jalisco y que goza de una altitud de 2,020 metros sobre el nivel del mar, clima templado y suelo volcánico arcilloso.

Con el objetivo de aprovechar el cultivo local de agave, los descendientes de don Antonio de Aceves, hombre emprendedor, tenaz y apasionado promotor de la calidad, inician formalmente en el año de1993 la compañía Hacienda La Capilla, S.A. de C.V.

En el año de 1995 Hacienda La Capilla, en respuesta a la calidad de sus productos, cruza fronteras e inicia la exportación hacia varios países, principalmente Estados Unidos. Posteriormente, en el año 2003 la Academia Mexicana del Tequila reconoce la calidad de los tequilas El Amo en su presentación reposado, y La Capilla en sus presentaciones blanco y reposado.

El Amo Blanco

Tequila de gran cuerpo e intensidad, para el deleite del paladar más exigente.

 Blanco   38%  100% *Agave tequilana* Weber variedad azul

Color cristalino.

Presenta aromas de agave, cítricos, frambuesas y una ligera nota mentolada.

Sabor dominante a agave y cítricos con notas florales, además de dulzor. Gran persistencia en boca, con final especiado.

El Amo Premium Blanco

Tequila que goza de una clásica, elegante y equilibrada mezcla de refinados sabores que se abren paso al paladar de manera suave y delicada.

 Blanco   38%   100% *Agave tequilana* Weber variedad azul

Color cristalino.

Destacan aromas de pimiento verde, vainilla y agave.

Se confirma el aroma a pimiento; además de especias, aceitunas y piña; al final se desvanece con una mezcla de sabores a hierbas y agave.

Ley 925 Diamante Extra Añejo

Este tequila se presenta en una hermosa botella de vidrio con adornos de *pewter* que la engalanan y distinguen. Ésta es una réplica de "La Ley del Diamante", galardonada con el Record Guinness a la botella más cara del mundo debido a que en su manufactura se emplearon 2 375 kilos de platino y 4 mil 100 diamantes.

 Extra añejo   40% 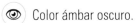 100% *Agave tequilana* Weber variedad azul

Color ámbar oscuro.

Resaltan aromas a vainilla, clavo y melocotón.

Su sabor recuerda a madera, nuez, vainilla y toques cítricos.

Reposo de 3 años en barricas de roble americano.

Se recomienda consumir derecho o con hielo.

Hacienda
Los Huajes

Hacienda Los Huajes es una destiladora de agaves 100% mexicana con presencia en México y Estados Unidos. Fue creada por don David Olide en el municipio de Zapotlán del Rey, Jalisco, el día 18 de octubre de 2005. Su fundador se comprometió a crear un tequila sobresaliente con un control de cada aspecto del proceso, desde el cultivo del agave hasta el envasado del producto. Inició originalmente como un tequila para compartirlo con los amigos y la familia. Su popularidad aumentó al irse corriendo la voz, por lo que hoy en día este exquisito tequila también satisface a los paladares más exigentes.

Sus productos se caracterizan por su doble destilación y añejamiento en barricas de roble blanco, las cuales le dan una coloración ámbar para reposado, oro o dorado para añejo y oro viejo para extra añejo. Su nombre y calidad resaltan con los reconocimientos y medallas obtenidas dentro y fuera del país.

El tequila es un orgullo no únicamente entre los tequileños o jaliscienses; es también un orgullo de todos los mexicanos, porque es la bebida nacional con denominación de origen que hoy en día está posicionada y bien reconocida por los conocedores y catadores más exigentes en todo el mundo.

DESTILADORA DE AGAVE
HACIENDA LOS HUAJES

El Robleral Blanco

Tequila de cuerpo completo con todo el olor y sabor de una bebida cuidadosamente elaborada.

 Blanco **A** 38% 100% *Agave tequilana* Weber variedad azul

👁 Cristalino brillante, con toques plateados y de gran cuerpo.

👃 Destacan los aromas de agave dulce cocido y toques cítricos que se complementan con delicadas notas frutales, como membrillo y matices herbales.

👅 Sabor suave y equilibrado con notas frutales, ligeramente especiado con un final dulce de gran permanencia.

El Robleral Reposado

Este tequila abre la puerta a los aromas de la madera.

Reposado **A** 38% 100% *Agave tequilana* Weber variedad azul

👁 Color amarillo paja brillante con destellos dorados y de buen cuerpo.

👃 Presencia de destellos frutales como la pera; aromas a vainilla y caramelo en perfecta armonía con el agave cocido.

👅 Sabor dulce al paladar que deja agradables destellos de vainilla y caramelo con ligeros toques cítricos de gran permanencia.

⏱ Reposo de 8 meses en barricas de roble blanco.

El Robleral Añejo

El tequila añejo se convierte en un terciopelo a la garganta, un abanico generoso en el círculo aromático del tequila.

Añejo **A** 38% 100% *Agave tequilana* Weber variedad azul

👁 Color amarillo ámbar con matices dorados; de gran cuerpo.

👃 Destacan notas provenientes de la barrica como la madera, la vainilla y la mantequilla; presencia de agave cocido con matices herbales de agave y especias.

👅 Sabor intenso de caracter dulce y herbal con buena permanencia en boca.

⏱ Reposo de 14 meses en barricas de roble blanco.

El Robleral Extra Añejo

Nuestra joya, el Roberal Extra Añejo, libera la magia contenida durante sus tres años en barrica, con un sabor de exquisita concentración, difícil de igualar. Ésta es una cosecha única de producción limitada; cada botella está numerada.

Extra añejo **A** 38% 100% *Agave tequilana* Weber variedad azul

👁 Color amarillo ámbar intenso y de gran cuerpo.

👃 Ofrece una armonía entre el agave cocido y las notas de la barrica como la vainilla, el maple, la almendra tostada, el café y el chocolate.

👅 Sabor untuoso en boca que deja delicadas notas dulces de gran permanencia.

⏱ Reposo de 40 meses en barricas de roble blanco.

El Reliz Blanco

 Blanco **A** 38% 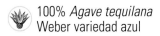 100% *Agave tequilana* Weber variedad azul

Color brillante, pajizo, con matices grises y de gran cuerpo.

Predomina el agave cocido con delicadas notas herbales y frutales.

Destaca el agave cocido que confirma notas herbales y frutales; sedosidad al pasar en boca.

El Reliz Reposado

 Reposado **A** 38% 100% *Agave tequilana* Weber variedad azul

Color amarillo paja brillante.

Delicadas notas de agave con presencia de caramelo y vainilla provenientes de su tiempo en barrica; suaves matices frutales como pera.

Sabor sedoso, dulce y equilibrado; notas de agave cocido y frutas; buena permanencia en boca.

Reposo de 6 meses en barricas de roble blanco.

El Reliz Añejo

 Añejo **A** 38% 100% *Agave tequilana* Weber variedad azul

Color amarillo ámbar de media intensidad con gran cuerpo.

Su tiempo en barrica le otorga un perfecto equilibrio entre la vainilla y el caramelo; ligeras notas herbales y de canela.

De gran personalidad, sedoso en su paso por boca; se confirman notas dulces así como un ligero toque de almendra tostada.

Reposo de 12 meses en barricas de roble blanco.

El Reliz Extra Añejo

 Extra añejo **A** 38% 100% *Agave tequilana* Weber variedad azul

Color ámbar con ligeros destellos ocres.

Se distingue el aroma de agave cocido con notas de caramelo y almendras tostadas; ligeros matices de fruta y un suave toque a chocolate.

Reafirma notas de agave cocido, miel y frutas; suave y aterciopelado con una agradable y prolongada permanencia en boca.

Reposo de 36 meses en barricas de roble blanco.

Toro Negro Blanco

 Blanco 35% 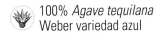 100% *Agave tequilana* Weber variedad azul

👁 Crsitalino y brillante con delicados tonos plateados; de cuerpo medio.

👃 Destacan las notas cítricas como la toronja; matices de agave cocido y un ligero toque herbal.

👅 Presencia de agave cocido y notas cítricas; sedoso al paladar y de permanencia media en boca.

Toro Negro Reposado

 Reposado 35% 100% *Agave tequilana* Weber variedad azul

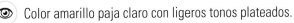

👁 Color amarillo paja claro con ligeros tonos plateados.

👃 Presencia de notas de agave cocido con matices dulces como la vainilla, el caramelo y un delicado toque a mantequilla.

👅 Sabor suave al paladar con notas dulces a vainilla y caramelo, que permiten percibir el agave cocido con un final seco.

⏱ Reposo de 4 meses en barrica de roble blanco.

Herradura

Herradura es una marca de tequila producida en la Hacienda San José del Refugio, fábrica fundada en 1870 por Félix López. El nombre de la marca Herradura nació a principios del siglo XX, cuando la empresa pasó a manos de la familia Romo de la Peña. A lo largo de ese siglo, la empresa prosperó y alcanzó una enorme fama; hoy sus productos se venden en más de 130 países. En 2007, la distribuidora estadounidense de bebidas alcohólicas Brown-Forman compró esta firma.

Una parte de la hacienda corresponde a la taberna original de 1870, la cual se mantuvo en operación hasta 1963; hoy, se conserva como museo y es una muestra fiel de cómo se llevaba a cabo el proceso de elaboración del tequila. En él, se pueden encontrar una caldera británica de la tercera década del siglo XX, una tahona, tinas de fermentación excavadas en la roca, pequeños hornos de mampostería y barricas de añejamiento. En los jardines se pueden encontrar 18 variedades distintas de árboles frutales como naranjos, limas, mangos, granadas, entre otros. Es en ellos donde se producen las levaduras naturales con las que se fermentan espontáneamente los jugos del agave. Por eso Herradura mantiene sus 62 tanques de fermentación en galones abiertos.

Herradura Directo de Alambique

El Tequila Herradura Directo de Alambique no tiene dilución, añejamiento, ni filtración; éstos lo convierte en único en su especie. Tiene un intenso sabor a agave.

 Blanco

 55%

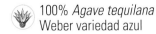 100% *Agave tequilana* Weber variedad azul

 Cristalino, limpio y con brillantes destellos en color plata. Cuerpo robusto con extraordinaria adherencia a la copa.

Resaltan notas a agave cocido, aceite de oliva y frutas como la manzana y la pera verde; además, notas a hierbas secas, cítricos y mantequilla.

Destacan notas de aceite de oliva, frutas frescas y cítricos; suave presencia de hierbas y mantequilla que en conjunto, brindan gran carácter, complejo y presencia prolongada.

Herradura Ultra

Exclusivo *blend* o mezcla de tequilas Herradura Añejo y Herradura Selección Suprema. Son filtrados para entregar un producto ultra suave que conserva todo el carácter y sabor de un tequila extra añejo.

 Añejo

 35%

 100% *Agave tequilana* Weber variedad azul

Color platinado. De cuerpo cremoso con adherencia a la copa.

Tiene presencia de notas a madera, vainilla, caramelo, cítricos, agave cocido, miel, frutas secas, almendras y nueces tostadas.

Su sabor es excepcionalmente suave, con un fácil y agradable final dulce y amargo.

Reposo de hasta 49 meses.

Se sugiere degustar con un toque de Agua de Piedra®, la cual proviene de la Sierra Madre. Es perfecto para maridar con costilla braseada o carne de cerdo y postres como *crème brûlée*, pay de limón o chocolate blanco.

Herradura Reposado

Concebido en 1974 con una maduración de 11 meses en barrica que lo dota de cuerpo, luminosidad y transparencia capaces de seducir a los paladares más exigentes.

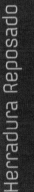

 Reposado

 40%

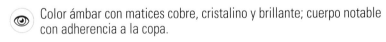 100% *Agave tequilana* Weber variedad azul

Color ámbar con matices cobre, cristalino y brillante; cuerpo notable con adherencia a la copa.

Notas a madera, vainilla, caramelo, ligero agave cocido, frutas, flor de naranja, nuez y especias.

Sabor complejo, dulce y persistente, tanto que invita a seguirlo disfrutando.

Reposo de 11 meses en barrica de roble americano.

Este tequila está diseñado para disfrutarse derecho. Se sugiere maridar con platillos a la parrilla como: pavo, pato, pollo, salmón o embutidos; risottos, chuleta de cerdo y langosta a la mantequilla.

Huizache

Huizache Excelencia Tequilera de Jalisco es una casa tequilera que tiene sus raíces en el valle de Amatitán, Jalisco. Esta región, que flanquea el volcán de Tequila, es famosa por la gran calidad de los agaves azules que ahí se cultivan para la producción de algunos de los mejores tequilas del mundo. En la actualidad continúa con una tradición tequilera que data desde 1870 y que a lo largo de seis generaciones ha producido algunas de las marcas de mayor prestigio.

Esta casa tequilera fue fundada por las hermanas Luz Gabriela y María Elisa Romo de la Peña, antiguas dueñas de Tequila Herradura, S.A. de C.V. Su madre, Doña Gabriela de la Peña Rosales, es considerada como uno de los pilares de la industria tequilera del siglo XX. Junto con José Guillermo Romo Celis, su esposo, promovió la Denominación de Origen Tequila (DOT). También fue quien introdujo el primer tequila reposado al mercado.

Fiel a su legado, en Huizache se producen sólo tequilas *premium*, 100% de agave cultivado en las mismas tierras que nuestros antepasados, con control de cada uno de los procesos para garantizar la calidad del producto final. Los tequilas Huizache tienen en cada botella 150 años de experiencia y tradición, por lo cual han sido galardonados con numerosos premios internacionales.

Huizache Blanco

Producido exclusivamente con agaves seleccionados y cosechados en el punto óptimo de su madurez. Ha sido galardonado con varios premios por el *San Francisco World Spirits Competition*, Tequila.net y *Spirits of Mexico*.

 Blanco 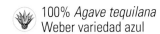 **A** 40%   100% *Agave tequilana* Weber variedad azul

👁 Color cristalino, luminoso, de matices plateados y grises; de gran cuerpo.

👃 Resaltan aromas de agave cocido y caramelo; delicados tonos frutales como la manzana, la toronja y el limón; notas herbales como la menta fresca y especias como la pimienta negra.

👅 Sabor intenso que deja una gama de notas entre las que destaca el agave cocido, la toronja, la aceituna y la pimienta; agradable final amargo.

🥃 Se recomienda solo aunque también se puede mezclar. Servir a 16 °C y dejarlo reposar durante 20 minutos antes de degustarlo.

Huizache Reposado

Tiene sus orígenes en las fértiles tierras de Amatitán, Jalisco, situadas en las faldas del volcán de Tequila.
Producido exclusivamente con agaves cosechados en el punto óptimo de su madurez. Ha sido galardonado con varios premios por el *San Francisco World Spirits Competition*, Tequila.net y *Spirits of Mexico*.

 Reposado **A** 40%   100% *Agave tequilana* Weber variedad azul

👁 Color amarillo dorado, cristalino, luminoso, con matices plateados; de gran cuerpo.

👃 Persisten aromas de frutos en conserva como el durazno y las cerezas, el agave dulce, la vainilla, el caramelo, el chocolate blanco y las nueces, así como notas de anís y canela.

👅 Intenso, deja a su paso sabores de toronja, agave cocido, caramelo y vainilla; de gran permanencia y delicado final amargo.

⏱ Reposo en barricas de roble blanco.

🥃 Se recomienda solo aunque también se puede mezclar. Servir a 18 °C y dejarlo reposar durante 20 minutos antes de degustarlo.

Huizache Origen

La familia Romo de la Peña ha utilizado toda su experiencia para crear un tequila reposado *premium* de sabor único, el cual es perfecto para disfrutarse solo, sin mezclarlo, gracias a su gran calidad.

 Reposado **A** 35%   100% *Agave tequilana* Weber variedad azul

👁 Color amarillo dorado con matices plateados, brillante y luminoso; de gran cuerpo.

👃 Destacan notas herbales como menta, pasto recién cortado, hojas de naranjo; también se perciben toronja, pimienta negra y un delicado tono de agave cocido, chocolate blanco, coco, vainilla, y caramelo; frutos secos como nuez.

👅 Confirma los aromas herbales, cítricos y el agave cocido; un final a vainilla y coco.

🥃 Se recomienda solo aunque también se puede mezclar. Servir a 18 °C y dejarlo reposar durante 20 minutos antes de degustarlo.

La
Alteña

La Alteña es una empresa fundada por don Felipe Cama-rena Hernández el 7 de julio de 1937 en Arandas, Jalisco. Perteneciente a una familia que destilaba tequila desde inicios del siglo XIX; la destilería familiar fue destruida durante la Revolución, por lo que don Felipe comenzó su carrera cultivando y vendiendo agave a otras destilerías. En 1940 inició la venta de tequila 100% agave azul con la marca Tapatío, comprometiéndose desde el inicio con la calidad del producto. La Alteña es reconocida por cuidar, desde hace casi 80 años, cada uno de los procesos de pro-ducción, utilizando únicamente agaves propios y métodos tradicionales como la cocción en hornos de mampostería, la fermentación natural y el uso de tahona. En 1990 nace la marca El Tesoro de Don Felipe con tequilas diseñados especialmente para los mercados internacionales.

La marca más reciente en La Alteña es el Tequila Ocho, una colaboración entre Carlos Camarena, hijo de don Felipe, y Tomas Estes. Tequila Ocho es el primer tequila que designa en su etiqueta el año en que se produjo y el campo preciso del que provinieron los agaves; cada campo o rancho produce una cantidad limitada de aga-ves, los cuales confieren al producto final un perfil orga-noléptico distintivo.

"Tapatío es el producto con el que inició La Alteña la producción de tequila 100% de agave en 1937. En La Alteña se combinan la molienda en tahona y en molinos automáticos. Los mostos se fermentan con levadura nativa presente en el ambiente, la cual que ha quedado impregnada en las tinas de madera para la fermentación desde los inicios de la empresa".

Tapatío Blanco

 Blanco 40% 100% *Agave tequilana* Weber variedad azul

Cristalino brillante con tonos plateados; buen cuerpo, aceitoso.

La primera impresión es herbal con tonos de menta y anís; notas a pimienta blanca y especias como canela y clavo, así como leves notas cítricas; si se deja respirar en la copa, aparecen notas florales y de manzana.

Sabor complejo y redondeado. Sensación agradable e intensa, se percibe el intenso sabor a agave desde la primera toma; sabores de agave cocido, menta, pimienta y ligeramente herbáceos; presenta un final largo, especiado y dulzón.

Tapatío Reposado

 Reposado 38% 100% *Agave tequilana* Weber variedad azul

Color amarillo paja, luminoso, con tonos dorados y ligeramente verdosos; cuerpo medio por su menor contenido alcohólico.

Aroma frutal; notas intensas a agave cocido, manzana, pera, vainilla y caramelo; ligeramente ahumado, con pimienta blanca de forma sutil. Si se deja respirar en la copa, se vuelve cremoso con notas de mantequilla.

Sensación intensa y suave; mucho agave cocido. Predomina la dulzura del agave cocido con sabores herbales y pimienta; ligeramente ahumado; notas de caramelo, vainilla y frutos secos; final muy suave y aún especiado.

Reposo entre 4 y 6 meses en barricas de roble americano.

Tapatío Añejo

 Añejo 38%   100% *Agave tequilana* Weber variedad azul

Color amarillo paja intenso, ligeramente ambarino con destellos dorados. Cuerpo medio.

Aromas dulces a agave cocido, *créme brulée*, vainilla y caramelo, que dan paso a sutiles aromas de canela y especias.

Sabor dulce y especiado con notas a gave cocido, cocoa y vainilla combinados con pimienta, nuez y algoa de frutos rojos; también, notas vegetales y amaderadas. Final suave, sedoso, muy largo y especiado.

Reposo de 18 meses en barricas de roble americano.

Tapatío Blanco 110

Este novedoso producto se embotella recién salido del alambique y su contenido alcohólico es de 55%, el máximo permitido por la NOM. Creado para *bar tenders* que busquen un tequila con sabor intenso.

 Blanco **A** 55% 100% *Agave tequilana* Weber variedad azul

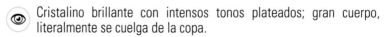 Cristalino brillante con intensos tonos plateados; gran cuerpo, literalmente se cuelga de la copa.

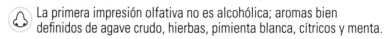 La primera impresión olfativa no es alcohólica; aromas bien definidos de agave crudo, hierbas, pimienta blanca, cítricos y menta.

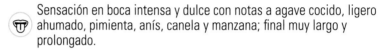 Sensación en boca intensa y dulce con notas a agave cocido, ligero ahumado, pimienta, anís, canela y manzana; final muy largo y prolongado.

Tapatío Excelencia Gran Reserva

 Extra añejo **A** 40% 100% *Agave tequilana* Weber variedad azul

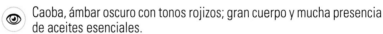 Caoba, ámbar oscuro con tonos rojizos; gran cuerpo y mucha presencia de aceites esenciales.

Gran concentración de aromas de vainilla, maple, dulce de leche y manzana, que complementan de manera perfecta los aromas de intenso agave cocido, canela y especias; al dejarlo respirar en la copa libera aromas de pan horneado y delicadas notas florales.

Intenso sabor de agave cocido, bizcocho, especias, azúcar morena, chocolate, vainilla, caramelo, frutos secos y ligeras especias, todo ello ensamblado en un tono suntuoso con el cremoso sabor del encino envolviéndolo; final cálido, absolutamente intrincado e increíblemente largo.

Reposo de 4 años en barricas de roble americano tostadas y de primer uso.

"El Tesoro de Don Felipe fue el primer producto que La Alteña exportó a Estados Unidos de América".

El Tesoro de Don Felipe Blanco

 Blanco 40% 100% *Agave tequilana* Weber variedad azul

👁 Cristalino brillante con tonos plateados; buen cuerpo, aceitoso.

👃 Aromas a agave cocido y dulces; notas acarameladas.

👅 Sabor complejo y redondeado, agradable e intenso; se percibe el sabor a agave desde la primera toma; notas a agave cocido, dulce y ligeramente herbáceo, con un final largo, especiado y dulzón a la vez.

El Tesoro de Don Felipe Reposado

 Reposado 38% 100% *Agave tequilana* Weber variedad azul

👁 Color amarillo intenso, luminoso y con tonos dorados; gran cuerpo.

👃 Aroma frutal y muy dulce, a intenso caramelo y vainilla; notas a frutos secos; notorio agave cocido con el dulce aroma de madera, vainilla, caramelo y azúcar morena.

👅 Mucho sabor a agave cocido, intenso pero muy dulce; predomina la dulzura del agave cocido con notas de caramelo, vainilla y frutos secos; final muy largo y dulzón.

⏱ Reposo de 11 meses en barricas de roble americano y francés.

El Tesoro de Don Felipe Añejo

 Añejo 38% 100% *Agave tequilana* Weber variedad azul

👁 Color ámbar, luminoso, con tonos dorados y rojizos; gran cuerpo, muy aceitoso.

👃 Aroma frutal y muy dulce, a intenso caramelo y vainilla; notas a frutos secos; predomina el agave cocido con el dulce y muy intenso aroma de madera; se aprecian notas de duraznos en almíbar, chocolate, café.

👅 Mucho sabor a agave cocido, intenso pero muy dulce; tonos de café y dulce cremoso; predomina el chocolate, el café y mucho caramelo y vainilla; final muy largo.

⏱ Reposo de 2 años y 11 meses en barricas de roble americano y francés.

"Tequila Ocho es una colaboración entre Carlos Cama-
rena, maestro destilador de La Alteña, con Tomás Estes,
embajador del Tequila en Europa. Éste concepto nace
en 2007 y un año después es lanzado al mercado. Tequila Ocho es la primera marca en introducir el concepto
de 'Ranchos Únicos' al mercado, demostrando la profundidad y amplitud del sabor y aroma que el agave le
da al tequila dependiendo de su procedencia. Tequila
Ocho comprueba que el terruño existe en el agave y en
el tequila. Lo que hace diferente a Tequila Ocho de los
demás tequilas en el mercado, es el hecho de que cada
lote es totalmente distinto y hace del producto algo especial y único, ya que probablemente, si se tiene suerte,
puede que hasta dentro de 10 años haya otro lote del
mismo rancho".

Ocho Blanco "Los Fresnos" 2013

 Blanco   40% 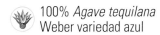 100% *Agave tequilana* Weber variedad azul

👁 Cristalino con matices azules y plata; gran cuerpo.

👃 Aromas frutales de cereza y mango, agave cocido y especias; notas herbales y agave cocido dulce.

👅 Sabor ahumado con notas dulces de caramelo; final largo e intenso a agave.

🥃 Ideal para acompañar platillos con escamoles.

Ocho Reposado "Los Corrales" 2010

 Reposado   38% 100% *Agave tequilana* Weber variedad azul

👁 Tonos paja muy ligeros; cuerpo medio.

👃 Aromas dulces; frutales como manzana y durazno; mucho agave cocido.

👅 Sabores minerales, ahumados, levemente especiados y a pimienta negra; final suave, y delicado, muy evidente el agave cocido.

⏱ Reposo de 2 meses en barricas de roble americano.

🥃 Ideal para acompañar platillos con carnes rojas.

Ocho Añejo "Cerrito de San Agustín" 2011

 Añejo   38%   100% *Agave tequilana* Weber variedad azul

👁 Amarillo paja con tonos verdosos; gran cuerpo.

👃 Aromas de agave recién jimado, frutal, cereza, piña y plátano macho.

👅 Sabor herbáceo, muy especiado con jengibre, cítricos y sabores de la barrica; final suave y delicado.

⏱ Reposo de 1 año en barricas de roble americano.

🥃 Ideal para maridar con postres de chocolate.

La Madrileña

La Madrileña es una empresa familiar fundada por Pedro Velasco, oriundo de Torredondo, cerca de Segovia. El señor Velasco estuvo trabajando por un periodo en Madrid, para después trasladarse a México por recomendación de su amigo León San José. Una de las principales actividades que desarrolló Pedro Velasco en el país fue la de seleccionar y adquirir en Jalisco los mejores tequilas para enviarlos a la Ciudad de México en barricas de madera y distribuirlos en el naciente comercio dedicado a la venta de vinos y licores. Un día se preguntó "¿por qué no hacer de nuestra empresa una dedicada a vinos y licores?". Así, junto con su amigo, empezó la fábrica León San José y Velasco en 1911.

El 16 de enero de 1924, los señores Velasco y Haces se unieron durante un año con dos socios: Conrado Aponte y Alejandro Martínez. Entre los cuatro constituyeron una sociedad anónima con la denominación "La Madrileña, Sociedad Anónima, con el propósito de obtener mayores elementos de trabajo e ingresos. La empresa nacería bajo el amparo de la ley del 31 de diciembre de 1924 para fabricantes de aguardientes de uva o de otras frutas. Con el tiempo irían cambiando los socios, pero no el nombre.

Para 1940 la comercialización de productos continuaba por medio de comisionistas, es decir, lugareños contratados que viajaban a los pueblos y caseríos vendiendo las marcas. En 1974 empieza a operar la fábrica de tequila, construida por Luis Velasco Lara al pie de la región de los Altos de Jalisco, en el pueblo de Tototlán. La primera producción de tequila de La Madrileña salió al mercado en 1975 bajo la marca Don Pancho, con agave comprado directamente a agricultores vecinos. El tequila se convirtió en su producto estrella y llevó a la empresa a convertirse, en poco tiempo, en el tercer exportador de tequila a granel, con exportaciones que superaban los 5 millones de litros anuales. Actualmente, La Madrileña es considerada una de las empresas más importantes dentro de la industria formal de vinos y licores, con una diversa gama de productos.

Jarana 100

Tequila de perfil suave debido a su proceso de reposo en barricas.

 Reposado   35% 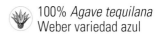 100% *Agave tequilana* Weber variedad azul

👁 Color paja claro con destellos dorados.

👃 Destaca el olor herbal; también a agave cocido, café, vainilla, chocolate y roble.

👅 Amigable al paladar; destacan el agave cocido y los frutos secos; buen final en boca.

⏱ Reposo de 6 meses en barricas de roble blanco americano.

🥃 Recomendado para tomarse solo o en el coctel de su preferencia.

Jarana Auténtico Reposado

Tequila de perfil suave debido a su proceso de reposo en barricas.

 Reposado   35% 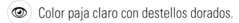 100% *Agave tequilana* Weber variedad azul

👁 Color paja claro con destellos dorados.

👃 Notas a agave cocido; suave aroma a roble y café.

👅 Suaves notas de madera; destaca principalmente el agave cocido.

⏱ Reposo de 3 meses en barricas de roble blanco americano.

🥃 Recomendado para tomarse solo o en el coctel de su preferencia.

Jarana Blanco

Jarana Blanco representa la fuerte personalidad de un auténtico tequila; bien balanceado.

 Blanco   38% 100% *Agave tequilana* Weber variedad azul

👁 Transparente, brillante y de cuerpo ligero.

👃 Exquisito balance de aromas herbales, cítricos y a eucalipto.

👅 Intenso sabor a agave; exquisita suavidad con agradable final en boca; suaves notas de agave y un regusto ligeramente ahumado.

🥃 Recomendado para tomarse solo o en el coctel de su preferencia.

Xicote es un tequila elaborado bajo un cuidadoso proceso artesanal que cumple con los estándares de calidad para ser de calidad *premium*. Está elaborado con una triple destilación en alambiques de cuello de cobre.

Xicote

 Blanco   40%   100% *Agave tequilana* Weber variedad azul

👁 Cristalino, limpio y brillante; con ribete color plata y de gran cuerpo.

👃 Finas notas de agave cocido, regaliz, caramelo y jazmín.

👅 Exquisita sensación de agave cocido, manzana verde y especias; final en boca largo y un regusto ligeramente ahumado.

🥃 Ideal para tomarse solo.

Xicote reposado

 Reposado   40%   100% *Agave tequilana* Weber variedad azul

👁 Color amarillo claro con destellos dorados.

👃 Aromas a agave cocido, especias, frutos secos, roble , vainilla y chocolate.

👅 Sofisticado sabor, con larga permanencia, untuoso, suave y un regusto ligeramente ahumado.

⏱ Reposo de 6 meses en barricas de roble blanco americano.

🥃 Ideal para tomarse solo.

Mayorazgo

Tequila muy bien balanceado; suave y agradable al paladar debido a su proceso de reposo en barricas.

 Blanco   35%   100% *Agave tequilana* Weber variedad azul

👁 Color paja con destellos dorados.

👃 Aromas a agave cocido y cítricos; ligeras notas de vainilla, caramelo, roble tostado y especias como canela.

👅 Agradable sabor con notas de canela, vainilla y un final en boca ligeramente ahumado y de mantequilla.

⏱ Reposo de 6 meses en barricas de roble americano.

🥃 Recomendado para tomarse solo.

Marengo

Marengo es una casa tequilera cuyos productos se elaboran en la Destilería El Limón, ubicada en El Arenal, Jalisco. Sus tequilas pertenecen a la empresa Tequila González Lara, la cual se ha consolidado desde su fundación como responsable y comprometida con la calidad, la Denominación de Origen y el sabor, mismos que se reflejan en sus productos.

Don Joaquín González González decidió establecer una fábrica en El Arenal, puerta de entrada al hermoso paisaje agavero, donde se refleja el amor a la tierra y al agave azul. La Destilería El Limón lleva tal nombre debido a que los terrenos en donde se erigió fueron parte de una ex hacienda tequilera con el mismo nombre. Gracias al esfuerzo conjunto de don Joaquín con su esposa e hijos, se constituyó una empresa familiar que resalta la elaboración de tequilas hechos con procesos antiguos y su toque de distinción.

Una de las principales preocupaciones de la Destilería El Limón consiste en brindar un servicio familiar y agradable al cliente, así como posicionarse no sólo como una marca más, sino como un recuento de tradiciones, trabajo y calidad.

Realeza Mexicana

Tequila con presentaciones plata, reposado añejo y extra añejo.

 Extra añejo **A** 40% 100% *Agave tequilana* Weber variedad azul

👁 Color ámbar intenso y brillante.

👃 Notas de cacao tostado, vainilla y tabaco.

👅 Notas de roble intensas, vainilla, frutos secos, café y chocolate dulce.

🥃 Se recomienda maridarlo con finas carnes de cacería, chocolate y habanos.

Marengo

Tequila con presentaciones blanco, reposado y añejo.

 Añejo **A** 38% 100% *Agave tequilana* Weber variedad azul

👁 Color ámbar brillante, limpio y transparente, de reflejos cobrizos y anaranjado intenso; de gran cuerpo.

👃 Destacan aromas de roble con chocolate, vainilla, avellanas, almendras tostadas y frutos secos; también de manzana y ciruela.

👅 Dominan notas de roble con vainilla, frutos secos y semillas tostadas como almendra y café.

🥃 Ideal para maridar con carnes rojas termino medio, postres, tabaco y café expreso, o para acompañar semillas sin sal, chocolate, cerezas, frutos secos y canapés.

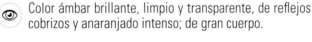

Nocaut

Nocaut es una marca de tequila surgida en 2012 con el patrocinio de la familia Romero García Castellanos. En aquel entonces, se reunió un grupo de especialistas conocedores del tequila con la idea de elaborar un producto de calidad impecable que enalteciera la cultura popular mexicana.

Como símbolo del esfuerzo y temperamento del guerrero que conquista las adversidades, la principal característica del tequila Nocaut es el cuidado en su preparación, técnicas y formas artesanales, que fusionan las bondades del agua y los agaves de la región de los Altos de Jalisco.

Las plantas de agave crecen durante siete años, y posteriormente, cada planta para producción es sometida a una rigurosa metodología de selección con base en su salud, tamaño, edad, color y jima. El corazón de los agaves selectos se cocina lentamente al vapor en un horno artesanal de mampostería construido con las técnicas coloniales del tequila. Los dulces agaves dorados son desjugados en la tahona para obtener el mosto que es depositado en las tinas de fermentación. El proceso de fermentación se realiza atentamente bajo supervisión del maestro tequilero. Por último, se pasa por el proceso de doble filtración y equilibrio, para convertirse en el tequila Nocaut.

El arte de la botella se inspira en el esfuerzo y preparación necesarios para obtener una victoria por nocaut; el resultado es una garrafa de vidrio soplado elaborada manualmente con la forma de un guante de box. Tequila Nocaut es la metáfora de quien se prepara y se esfuerza para contenderse día a día en contra de la realidad hasta cumplir sus sueños y resultar victorioso.

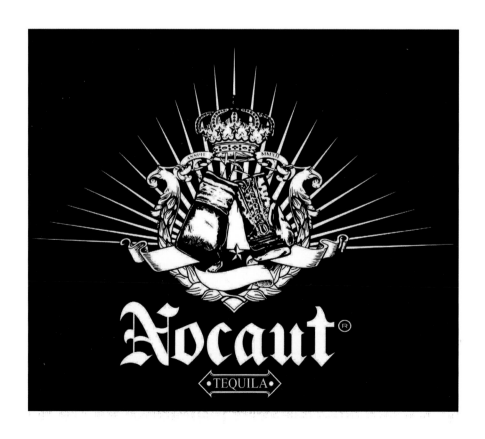

 Blanco

 40%

 100% *Agave tequilana*
Weber variedad azul

Nocaut tequila

La principal característica de este tequila son el cuidado en su preparación y las técnicas y formas artesanalmente utilizadas que se fusionan con las bondades de los agaves y el agua de la región de los Altos, Jalisco.

Color claro y brillante con matices plateados.

Destacan aromas definidos de agave en combinación con notas cítricas y herbáceas, anís y agave cocido.

Presenta un sabor suave, ligeramente dulce, con sutiles notas a cacao y anís.

Patrón

Patrón es una empresa tequilera que tiene su hogar en una hermosa hacienda en Atotonilco el Alto, en la región del altiplano de Jalisco.

Cada paso del proceso de producción del tequila se realiza con el máximo cuidado y precisión para obtener un producto ultra *premium*. Esta importante tarea comienza con la cosecha manual y selectiva de agave azul de la más alta calidad; posteriormente, se realiza un proceso de destilación tradicional. Cada botella se inspecciona, se etiqueta y se numera individualmente. El tequila Patrón se realiza a mano con gran cuidado y meticulosa precisión. Aunque la empresa ha crecido hasta convertirse en una de las marcas más reconocidas y respetadas en el mundo del tequila, Patrón se produce exclusivamente

en los Altos de Jalisco, México, en pequeñas cantidades, con un alto compromiso y un espíritu artesanal de calidad.

Patrón, como empresa comprometida con el medio ambiente, ha instalado una planta de ósmosis inversa en la propiedad de la hacienda para tratar la vinaza, un subproducto de la destilación. Por otro lado, los restos de agave se convierten en composta orgánica, la cual se aprovecha en gran parte en los jardines de la hacienda, así como en la comunidad local. La destilería de hacienda Patrón ha obtenido la certificación ISO 14001 Industria Limpia, así como la certificación de la PROFEPA (Agencia Mexicana de Protección Ambiental) que reconoce los esfuerzos para reducir los residuos, las emisiones y otros impactos ambientales.

Patrón Silver

Tequila ultra *premium* puro y cristalino.

 Blanco 40% 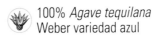 100% *Agave tequilana* Weber variedad azul

👁 Color muy trasparente.

👃 Aromas frescos a frutas y cítricos.

👅 Suave sabor dulce con final a pimienta.

🥃 En la rocas o en una maragrita; al ser un tequila versátil es perfecto para utilizarse en coctelería.

Patrón Reposado

Patrón Reposado se mezcla para combinar el sabor fresco y limpio de Patrón Silver con un toque de sabor a roble de Patrón Añejo.

 Reposado 40% 100% *Agave tequilana* Weber variedad azul

👁 Color ámbar claro.

👃 Aroma a madera de roble y agave crudo.

👅 Sabor fresco a agave crudo y roble, con notas de cítricos y miel de abeja; final con ligeras notas florales y a vainilla.

⏱ Reposo mínimo de 2 meses en barricas de roble.

🥃 Ingrediente clave para preparar una margarita o un coctel *premium*.

Patrón Añejo

Delicada mezcla de tequilas únicos añejados en pequeñas barricas de roble blanco. Similar a la elaboración del vino, cada cosecha de Patrón Añejo está mezclada para producir un tequila suave y con un sabor distintivo.

 Añejo 40% 100% *Agave tequilana* Weber variedad azul

👁 Color ámbar medio.

👃 Aroma a roble, vainilla y pasas

👅 Notas a madera de roble, vainilla, uvas pasa y miel; final ahumado a caramelo.

⏱ Reposo mínimo de 12 meses en barricas de roble.

La línea de Tequila Roca son tequilas artesanales elaborados en pequeños lotes con el antiguo proceso de tahona, el cual produce un perfil de sabores sofisticados y complejos.

Roca Patrón Silver

 Blanco   45%   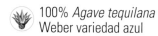 100% *Agave tequilana* Weber variedad azul

Muy transparente.

Agradables aromas a cítricos frescos.

Sabor dulce y terrenal con notas de pimienta negra, agave cocido y cítricos; final complejo.

Roca Patrón Reposado

 Reposado   42%   100% *Agave tequilana* Weber variedad azul

Color pajizo claro.

Notas de vainilla, roble americano y cítricos.

Sabor suave y dulce con notas de jengibre, caramelo y hongos; final complejo y persistente.

Reposo de 5 meses en barricas de roble de *bourbon* americano.

Roca Patrón Añejo

 Añejo   44%   100% *Agave tequilana* Weber variedad azul

Dorado intermedio.

Aromas a vainilla, frutas y especias.

Notas de cítricos, jengibre suave y pimienta negra; final suave y aterciopelado.

Reposo de 14 meses en barricas de roble de *bourbon* americano.

Gran Patrón Platinum

Triple destilado, reposado en tanques de roble. Presentado en botellas de cristal numeradas a mano.

 Blanco   40%   100% *Agave tequilana* Weber variedad azul

👁 Muy transparente.

👃 Agave fresco, cítricos y frutas.

👅 Sabor extremadamente suave con notas ligeras de cítricos y fruta; final persistente a pimienta negra.

⏱ Añejado durante un tiempo limitado.

Gran Patrón Piedra

Elaborado con el proceso de tahona. Presentado en una botella de cristal inspirada en la piedra de la tahona.

 Extra Añejo   40%   100% *Agave tequilana* Weber variedad azul

👁 Color caoba profundo.

👃 Aroma a frutas frescas y hongos con notas de roble francés tostado.

👅 Sabor dulce y complejo con notas de agave, vainilla y hongos; final suave y persistente.

⏱ Reposo de más de 3 años en barricas de roble americano y francés.

Gran Patrón Burdeos

Añejado en barriles de roble americano y francés. Destilado nuevamente después del añejamiento y almacenado en barriles de vino de Burdeos.

 Añejo   40%   100% *Agave tequilana* Weber variedad azul

👁 Color ámbar oscuro.

👃 Aroma a vino de Burdeos.

👅 Notas de madera de roble, vainilla y uvas pasa; acabado suave y aterciopelado.

⏱ Primer reposo mínimo de 12 meses en barricas usadas de roble americano; en una segunda destilación, reposa en barricas nuevas de roble francés, y finalmente, un último reposo en barricas de vino utilizado previamente para vino de Burdeos.

Tequila
Corralejo

Tequila Corralejo es una marca de tequilas producidos en Hacienda Corralejo, ubicada en el municipio de Pénjamo, Guanajuato.

Más allá de ser sólo una empresa, Hacienda Corralejo es un lugar que dibuja un mapa que abarca muchas partes del mundo, pues aquí existen grandes atractivos que no sólo incluyen al tequila, sino historia, cultura y aprendizaje. En cada uno de sus espacios se logra apreciar el gusto por lo hecho en México, con costumbres propias que van de la mano de uno de los tequilas más famosos del mundo.

Corralejo Blanco

Este producto marca la esencia de los productos de la familia Corralejo, ya que todos inician siendo blancos para posteriormente convertirse en reposados o añejos, de acuerdo con el tiempo de maduración.

 Blanco **A** 38% 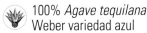 100% *Agave tequilana* Weber variedad azul

👁 Cristalino con matices plata de gran brillo.

👃 Presencia de agave crudo con intensos tonos cítricos y herbales.

👅 Se percibe la fusión entre el agave crudo y cocido, logrando un equilibrio perfecto con notas cítricas y herbales.

Corralejo Reposado

El color de nuestra botella evoca la profundidad del color azul de los campos de agave, el cielo y el mar.

 Reposado **A** 38% 100% *Agave tequilana* Weber variedad azul

👁 Color amarillo oro con destellos brillantes.

👃 Destacan notas de agave cocido con refrescantes notas cítricas de toronja y lima.

👅 Resaltan suaves notas cítricas con un persistente sabor a madera que evoca tonos a vainilla.

⏱ Reposo en barricas de roble americano.

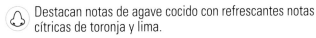

Corralejo Añejo

 Añejo **A** 38% 100% *Agave tequilana* Weber variedad azulw

👁 Color dorado con destellos ámbar.

👃 Resaltan notas dulces de café y frutos secos.

👅 Sabor sedoso de intensos tonos a madera y ahumados.

⏱ Reposo en barricas de roble americano.

Reposado Quitapenas

 Reposado   38%   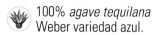 100% *agave tequilana* Weber variedad azul.

👁 Color amarillo pajizo claro.

👃 Aromas herbales con notas de agave.

👅 Sensación en boca intensamente herbal con ligeras notas dulces.

Reposado Los Arango

 Reposado   35%   100% *Agave tequilana* Weber variedad azul

👁 Color amarillo paja con tonos intensos.

👃 Aromas a agave cocido con un toque floral.

👅 Una fusión de notas a agave crudo y cocido; con gran suavidad.

Corralejo Triple Destilado

Único producto de la familia Corralejo que se obtiene de la triple destilación de los mostos fermentados. Un producto de gran pureza y excelente calidad.

 Reposado   38%   100% *Agave tequilana* Weber variedad azul

👁 Color amarillo paja con matices dorados.

👃 Evoca aromas suaves y dulces con notas equilibradas de agave cocido y tonos afrutados.

👅 Se percibe suavidad y frescura con notas frutales.

99000 horas Añejo

Tequila añejo 99 000 horas es un destilado de melancolía y de intenso amor por lo bueno que presenta una forma de vida tranquila, con sólo lo necesario y la paciencia adecuada, como las grandes cosas.

 Añejo

 38%

 100% *Agave tequilana* Weber variedad azul

👁 Color ámbar con matices ocre.

👃 Notas a chocolate, vainilla y almendras con aromas intensos a roble.

👅 Confirma los exquisitos aromas; notas intensas de madera y chocolate.

⏱ Reposo de 18 meses en barricas de roble americano.

Gran Corralejo Añejo

Un producto de gran excelencia que debe paladearse lentamente para percibir el sabor del tiempo y el esfuerzo que se encuentran en su majestuosa botella.

 Añejo

 38%

 100% *Agave tequilana* Weber variedad azul

👁 Color ocre con destellos de gran intensidad.

👃 Intensos tonos amaderados combinados con notas de chocolate, vainilla y nuez.

👅 Sedoso y de tonos dulces que finalizan con un persistente sabor a madera en el paladar.

⏱ Añejado durante 2 años en barricas de roble americano.

Larousse ▪ 271
del tequila

Tequilas
del Señor

Tequilas del Señor es una empresa tequilera que fue fundada con el nombre de Destilería Río de Plata, S.A. en el año de 1943, en las afueras de Guadalajara y al poniente de la Villa de Tlaquepaque, en una huerta de cítricos y aguacates, antes conocida como El Paradero.

Don César García Fernández, cofundador de Destilería Río de Plata en Asturias, España, tuvo siempre la visión de compartir el tequila de la destilería con el resto del mundo; así, Río de Plata inicia sus exportaciones a Estados Unidos en el año de 1957. En 1968 se incorpora Manuel García Villegas para ayudar en los esfuerzos de exportación y toma a cargo el área de producción y ventas de exportaciones para convertirse en el promotor del tequila alrededor del mundo. En un inicio comenzó haciendo viajes por Estados Unidos, pero posteriormente se dirigió a Canadá, Sudamérica y Europa. Es así como hoy la compañía exporta a más de 50 países alrededor del mundo.

En 1985 se cambia el nombre de la compañía a Tequilas del Patrón, S.A. de C.V. y posteriormente, en 1992, a Tequilas del Señor, S.A. de C.V., conservando el nombre de las instalaciones y la fábrica como Destilería Río de Plata.

La experiencia y tradición de cuatro generaciones ha llevado a la empresa a perfeccionar sus procesos de producción y sistemas de calidad, siempre con sumo cuidado hasta en el más mínimo detalle para garantizar la satisfacción y el disfrute de los consumidores. La honestidad, agradecimiento y respeto por sus clientes se refleja en la alta calidad de sus productos y servicios. Es por ello que tanto el personal de la planta y todos sus productos cumplen con los más altos estándares de calidad mundial y cuentan con certificación de inocuidad HACCP y KOSHER.

En Tequilas del Señor el respeto y cuidado de la naturaleza están presente, por lo que día a día se hacen esfuerzos para hacer más eficiente el uso de recursos no renovables. Por ejemplo, los principales residuos de compostas orgánicas son transformados para utilizarse posteriormente como mejorantes y fertilizantes de los mismos cultivos, y se realizan reforestaciones en bosques locales.

Hoy en día, Tequilas del Señor cuenta con varias decenas de premios y reconocimientos nacionales e internacionales por la calidad y presentación de sus tequilas, entre ellos, El galardón Jalisco a la Exportación 2003 y 2014, la Medalla al Mérito Industrial y el Premio Nacional de Exportaciones 2015.

Herencia de Plata Blanco

Tequila con mucho carácter y suaves notas de agave.

 Blanco 38% 100% *Agave tequilana* Weber variedad azul

👁 Brillante, con destellos plateados y gran cuerpo.

👃 Delicados aromas frutales y cítricos con un delicado aroma de mantequilla.

👅 Delicado sabor que confirma su personalidad al dejar agradables aromas cítricos; de final ligeramente amargo y gran permanencia.

Herencia de Plata Reposado

Tequila diseñado para quienes disfrutan de los tequilas compejos.

 Reposado 38% 100% *Agave tequilana* Weber variedad azul

👁 Color paja claro.

👃 Aroma dulce con notas de vainilla, caramelo y madera de cedro.

👅 Aroma frutal con pimienta, frutos secos, vainilla y especias; final a chocolate.

⏱ Reposo de 8 meses en barricas de roble blanco.

Herencia de Plata Añejo

El Tequila añejo por excelencia.

 Añejo 38% 100% *Agave tequilana* Weber variedad azul

👁 Color ámbar.

👃 Aromas frutales, a caramelo y vainilla.

👅 Sabor a especias, nueces y vainilla con gran presencia de agave cocido.

⏱ Reposo en barricas durante más de 18 meses.

Reserva del Señor

 Reposado 35%  100% *Agave tequilana* Weber variedad azul

El mejor regalo para compartir con quien más se estima.

👁 Color dorado.

👃 Aromas dulces a cajeta, pasas y miel de abeja.

👅 Sabores a crema y caramelo; suave al paladar y final caluroso con notas a caramelo.

⏱ Reposo en madera de roble blanco.

Reserva del Señor Premium Plata

 Blanco 40%  100% *Agave tequilana* Weber variedad azul

Elegantes y sutiles notas de agave y suave al paladar. Perfecto para disfrutarse derecho.

👁 Limpio y cristalino, con matices plateados y ligeramente grises; de gran cuerpo.

👃 Los aromas recuerdan al agave recién jimado, con sus tonos herbales y frescos, delicados vapores cítricos y tonos de romero.

👅 Sensación sedosa en boca con gran permanencia de su bien logrado estilo herbal y especiado.

🥃 Ideal para prepar margaritas.

Reserva del Señor Premium Reposado

 Reposado 40% 100% *Agave tequilana* Weber variedad azul

Tequila reposado que muestra los aromas y sabores de la madera. Perfecto para disfrutarse derecho.

👁 Color café y matices dorados; de gran cuerpo

👃 Aromas intensos a café muy tostado; tonos de chicloso, caramelo y café le dan su estilo; el agave es delicado, con un final ligeramente ahumado.

👅 En boca confirma los aromas; dulce y de gran permanencia.

🥃 Degustar en las rocas.

Reserva del Señor Premium Añejo

 Añejo 40% 100% *Agave tequilana* Weber variedad azul

De nuestra línea Premium con mucho carácter a madera y potente final de boca.

👁 De color ámbar con matices dorados y naranjas; de gran cuerpo.

👃 Aroma a agave cocido intenso que deja tonos de especias y frutos en conserva como la cereza; los matices de barrica son delicados, como la vainilla, el caramelo y el maple.

👅 En boca confirma su poderosa personalidad; deja una estela de aromas de barrica; de final ligeramente amargo.

Herencia Histórico 5 años

Las mejores combinaciones de tequilas extra añejos con un mínimo de 5 años en barricas han dado origen a Herencia Histórico 5 años. Un carácter potente y elegante que muestra las mejores notas de barrica que solo nos puede recordar a las cosas bien hechas. Los aficionados del whisky escocés de una sola malta se sentirán atraídos

 Extra añejo **A** 38%   100% *Agave tequilana* Weber variedad azul

👁 Color profundo amarillo-dorado.

👃 Aromas y sabores atrevidos de nuez tostada, dulce y cerezas cubiertas de chocolate con un cuerpo suave medio; afrutado pero a la vez seco; sabor en boca de refresco cola, tabaco, grano de pimienta, flan de vainilla y minerales.

⏱ Reposo mínimo de 5 años.

Herencia Histórico 5 años Cristalino

Tomando lo mejor de tiempo, y tratando de rescatar la esencia original, hemos encontrado un balance con notas únicas que merecen degustarse con una buena conpañia y con paciencia. Ricas notas de roble pero muy delicioso. Evocativo de ron blanco añejo con estilo.

 Extra añejo **A** 35%   100% *Agave tequilana* Weber variedad azul

👁 Transparente con destellos plata.

👃 Aromas y sabores de malvavisco y coco, piña seca y yogur de vainilla; afrutado pero a la vez seco; sabor a tapioca cremosa, nueces con especias y un toque de azúcar glas; cuerpo suave medio.

Herencia Histórico 15 años

Tequila símbolo de pasión por la calidad, y legado que guarda más de 15 años de paciencia y perseverancia. Un tequila con toda la compejidad que solo el timpo y la madera pueden entregar.

 Extra añejo **A** 38%   100% *Agave tequilana* Weber variedad azul

👁 Color amarillo ámbar intenso con matices cobre de gran cuerpo.

👃 Aromas frutales y florales; destacan notas de manzanilla fresca, intenso agave cocido; matices de avellana, almendra, nueces tostadas, maple, cocoa y caramelo quemado.

👅 Poderoso; confirma su estilo floral y frutal al dejar notas de caramelo y agave cocido; de final ligeramente amargo.

⏱ Reposo de 15 años en barricas jerezanas

Tequila Sombrero Silver

Tequila diseñado para paladares jóvenes. Un tequila muy versátil para disfrutarse derecho o en un sinnúmero de cocteles.

 Blanco

 A 40%

100% *Agave tequilana* Weber variedad azul

👁 Color brillante con pinceladas plateadas y algunos reflejos azules.

👃 Aromas intensos y potentes con predominio del agave; notas de mantequilla, menta, eucalipto y algunas frutas.

👅 Destaca el sabor del agave; textura sedosa y un final dulce.

Tequila Sombrero Gold

Perfecto para mezclarse.

🍾 Joven

A 40%

100% *Agave tequilana* Weber variedad azul

👁 Color dorado medio.

👃 Aroma herbal con notas a agave cocido, caramelo y un toque cítrico que lo hace fresco.

👅 Sabores herbales con un final intenso dulce y con una nota picante.

Tequila Sombrero Reposado

Tequila con suave reposo en barricas de roble blanco, responsables de los aromas y sabor característicos.

🍾 Reposado

A 40%

100% *Agave tequilana* Weber variedad azul

👁 Color paja claro.

👃 Suaves aromas a caramelo, miel de abeja, madera y cuero; notas de roble; afrutado pero a la vez seco; cuerpo medio.

👅 Sabor refrescante, cremoso y con un final a pimienta y madera.

Cabrito

Tequila Cabrito es una marca de tequila que pertenece a Casa Centinela, en Arandas, creado en 1934 y elaborado 100% con agave. Tiene dos presentaciones: blanco y reposado. El tequila reposado es el producto representativo de la marca, con un volumen de alcohol de 35%; es de color amarillo claro, con aromas florales y herbales, ligeras notas a manzanilla y un sabor dulce a caramelo y vainilla, ligeramente anisado.

Don
Julio

Don Julio es una marca de tequilas cuyos orígenes datan de 1942. Don Julio González, oriundo de Jalisco, inició su empresa con nada más que su pasión por el esfuerzo. Sin contar con recursos propios solicitó un préstamo para poder crear su propia destilería, la cual ha sido el hogar de varias generaciones que comparten su pasión por la calidad. Este énfasis por crear productos de calidad con un sabor suave y maduro del agave ha hecho que los tequilas Don Julio revolucionen la industria del tequila.

Don Julio cuenta con cinco productos de línea: Don Julio blanco, con aromas a agave fresco y notas cítricas, sabor suave y dulce, y un final limpio y seco con notas de pimienta negra y herbales. Don Julio reposado, de color amarillo claro, con aroma suave a limón, especias y frutas maduras, que provoca una sensación suave en boca con sabores a chocolate amargo, vainilla y canela con un final sedoso y cálido. Don Julio añejo, de color ámbar claro con aromas cítricos y un toque intenso a caramelo, cuya sensación en boca es robusta y compleja con sabores dulces y un final intenso con un toque de especias. Don Julio 70, tequila añejo cristalino con aroma fresco y sensación en boca suave, con toques a vainilla, miel y madera tostada, tiene un reposo en barricas de roble blanco americano de 18 meses, y Don Julio 1942, un tequila premium elaborado en pequeñas cantidades, de color brillante con aromas a caramelo y chocolate y sabor a vainilla con notas tostadas.

Don Ramón

Don Ramón es una casa tequilera productora de tequilas bajo el mismo nombre, fundada en 1996 en los Altos de Jalisco. En sus instalaciones con capacidad para elaborar 1 millón de litros de tequila al mes, se producen alrededor de 400 mil y 500 mil cajas de tequila al año. Todos ellos son 100% agave y tienen una presentación única por las botellas en los cuales se envasan, labradas con la técnica de corte diamante.

El tequila Don Ramón cuenta con las presentaciones reposado, punta diamante, reserva Don Ramón, reserva Don Ramón añejo y reserva Don Ramón extra añejo. Don Ramón reposado madura por más de 4 meses en barricas de roble blanco para obtener un color dorado claro y un sabor y aromas con presencia persistente de agave. Don Ramón punta diamante sobresale por su licorera de tapón diamante; el tequila es reposado en barricas de roble blanco entre 6 y 8 meses, lo cual le otorga un *bouquet* y sabor suaves, textura noble y notas de agave maduro. Reserva Don Ramón se presenta en una botella plateada satinada con tapón prisma; se madura entre 9 y 11 meses en barricas de roble rojo francés, y tiene un *bouquet* suave con un ligero sabor amaderado. Reserva Don Ramón añejo se envasa en una botella azul satinada con tapón prisma; el tequila se añeja durante 1 año en barricas de roble rojo francés. Reserva Don Ramón extra añejo es un tequila añejado durante 3 años en barricas de roble rojo francés y tiene un *bouquet* y sabor amaderado, robusto y aterciopelado; su presentación es una botella negra con destellos morados.

El Jimador

El Jimador es una marca de tequila creada en 1994 por Casa Herradura, en Amatitán, Jalisco. Su nombre honra a las personas que se dedican a la jima del agave. Luego de que Brown-Forman adquiriera Casa Herradura, el tequila El Jimador modificó su receta para ofrecer una bebida 100% de agave azul.

El Jimador tiene tres presentaciones principales: blanco, reposado y añejo. El blanco es un tequila joven y fresco con doble destilación, embotellado inmediatamente para conservar su carácter; posee sabores limpios y notas cítricas, por lo que es ideal para preparar cocteles. El reposado se fermenta de manera natural y tiene un reposo de dos meses en barricas de roble americano; presenta tonos dorados, sabores cálidos y suaves. El añejo reposa durante 12 meses en barricas de roble americano.

En 2014 El Jimador celebró 20 años de existencia en el mercado; entre las actividades de esta celebración se hizo un recuento de cifras destacables de los años de operación, durante los cuales se sembraron y cosecharon más de 12 millones de agaves; se fermentaron más de 72 millones de litros de mosto; se emplearon más de 1 millón de barricas, y se envasaron más de 150 millones de botellas.

Sabores
con tequila

Aquiles
Chávez

Oriundo de la Ciudad de México, Aquiles desarrolló su primera referencia del mundo de los fogones en el estado de Tabasco, región que consideró su casa y la que marcaría las raíces de su cocina.

Comenzó su carrera profesional debido a otra de sus pasiones: la música. *"Siendo adolescente tenía el sueño de adquirir una guitarra eléctrica; así, entré a trabajar en el verano de 1994 como cochambrero en un restaurante de Villahermosa. Fue ahí donde descubrí mi fascinación y posterior facilidad por la cocina"*. A partir de ese momento decidió estudiar formalmente la profesión de cocinero en el Colegio Superior de Gastronomía, en la Ciudad de México.

Trabajó en diversos restaurantes de talla internacional donde obtuvo la experiencia y los conocimientos de la cocina clásica. Posteriormente tuvo la oportunidad de participar en el concurso Joven Chef Mexicano, donde presentó un platillo tabasqueño, y se percató de que quería hacer cocina mexicana. En 2005, inauguró como chef propietario el restaurante "LO" Cocina de Autor, donde mostró la cocina de Tabasco con un toque contemporáneo.

En 2009 se integró al equipo de Utilísima como conductor del programa *El toque de Aquiles*, con seis temporadas; su experiencia en la televisión lo llevó a realizar más programas gracias a los cuales pudo recorrer gran parte de Latinoamérica, Europa y Estados Unidos. En 2012 se mudó con su familia a la ciudad de Houston para iniciar el concepto de restaurantes La Fisheria con sucursales en Houston, Playa del Carmen y Villahermosa. A la par, desarrolló el concepto "La Sirena Puerca", un modelo de negocio de *food truck* en Playa del Carmen. Gracias al cariño de sus seguidores, estrenó en televisión *Aquilísimo*, *Aquiles en Houston* y *Motochefs*. Su más reciente aparición fue como juez del programa *Top Chef México*.

Ha participado en eventos como: Estudio Millesime, Paralelo Norte, El Saber del Sabor, MESAMÉRICA, Morelia en Boca, Festival del Chocolate, Wine and Food Festival Cancún-Riviera Maya y COME Jalisco. Ha sido jurado en diferentes certámenes de cocina del país como Joven Chef Mexicano y Cocinero del Año. Es autor del libro *La Cocina y las Locuras de Aquiles*, publicado en 2011 por Larousse, ganador del Premio Gourmand en la categoría de Best TV Celebrity Cookbook.

En noviembre de 2015 regresó a México para planear la apertura de un restaurante que enmarcara los oficios y la investigación gastronómica de la familia Chávez-Jiménez-Bocanegra. Así, nace Sotero, en Pachuca, Hidalgo, su más reciente proyecto que busca incentivar la promoción y documentación de ingredientes y especies endémicas de la región semiárida mexicana.

Shots de ostión
con sangrita

Rendimiento: 4 porciones   Preparación: 20 min

Ingredientes

- 12 ostiones en su concha, limpios
- 1½ cucharadas de tequila blanco
- 2 cucharadas de sangrita
- el jugo de 3 limones + cantidad suficiente
- ½ pepino pelado, sin semillas y cortado en tiras muy delgadas
- ¼ de cebolla morada picada muy finamente
- 1 chile serrano cortado en rodajas muy delgadas
- sal y pimienta al gusto
- hojas de cilantro al gusto

Procedimiento

1. Abra los ostiones y retírelos de sus conchas. Resérvelos.
2. Mezcle en un tazón el tequila con la sangrita y el jugo de los 3 limones.
3. Distribuya las tiras de pepino en 4 vasos tipo *shot*, añádales 3 ostiones a cada uno y báñelos con la mezcla de tequila y sangrita. Agregue encima la cebolla picada, las rodajas de chile serrano y salpimiente al gusto. Decore con las hojas de cilantro y añada algunas gotas de limón antes de servirlos. ¡Salud!

Chips de pulpo
salteado con tequila

Rendimiento: 4 porciones   Preparación: 25 min
Cocción: 1 h 20 min   Reposo: 20 min

Ingredientes

- 1 papa
- cantidad suficiente de aceite para freír
- 5 dientes de ajo
- 6 chiles guajillo
- 150 ml de aceite de oliva
- 180 g de pulpo cocido
- 30 ml de tequila reposado
- el jugo de 3 limones + cantidad al gusto
- la pulpa de 1 aguacate
- 1 chile serrano
- ¼ de taza de hojas de cilantro
- sal y pimienta al gusto

Procedimiento

1. Pele la papa, córtela en láminas muy delgadas con una mandolina y sumérjalas en suficiente agua fría con hielos durante 20 minutos; escúrralas y retíreles el exceso de agua con papel absorbente.
2. Ponga sobre el fuego una olla con el aceite; cuando se caliente, fría las láminas de papa hasta que se doren uniformemente. Resérvelas sobre papel absorbente y espolvoréelas con un poco de sal.
3. Ponga sobre fuego bajo una olla con los dientes de ajo, los chiles guajillo y el aceite de oliva; déjelos confitarse durante 1 hora. Licue todos los ingredientes hasta obtener una pasta homogénea.
4. Corte el pulpo en trozos del tamaño de un bocado. Ponga sobre el fuego un sartén con 2 cucharadas de la pasta de chile guajillo con ajo; cuando se caliente, saltee los trozos de pulpo durante un par de minutos. Añada el tequila reposado, el jugo de los 3 limones, sal y pimienta al gusto; continúe la cocción moviendo frecuentemente hasta que todo el líquido se haya reducido. Rectifique la cantidad de sal y retire del fuego.
5. Licue la pulpa de aguacate con el chile serrano, las hojas de cilantro, jugo de limón, sal y pimienta al gusto; si es necesario, añada un poco de agua para obtener un guacamole terso.
6. Distribuya el guacamole sobre las papas fritas y coloque encima de cada una 1 trozo de pulpo. Sirva.

Truchón curado
con tequila blanco

Rendimiento: **4 porciones**   Preparación: **30 min**   Reposo: **24 h**

Ingredientes

- 700 g de sal de mar
- 700 g de azúcar
- 200 ml de tequila blanco
- 1 filete de truchón de 1 kg con piel, sin espinas
- 1 manojo de eneldo picado

Montaje
- ¼ de cebolla morada fileteada
- 5 jitomates cherry partidos por la mitad
- 3 tomates serranos o miltomates partidos por la mitad
- 15 alcaparras picadas
- aceite de oliva al gusto
- brotes de cilantro al gusto

Procedimiento

1. Mezcle en un recipiente la sal de mar con el azúcar y el tequila blanco. Extienda la mitad de la mezcla en una charola, coloque encima el filete de truchón con la piel hacia abajo y espolvoréele el eneldo picado; cúbralo con la mezcla restante de sal y azúcar. Cubra el recipiente con plástico autoadherente, colóquele encima una tabla para picar o algún otro objeto pesado y reserve la trucha en refrigeración durante 24 horas.
2. Retire del filete de truchón toda la mezcla de sal y azúcar con papel absorbente. Córtelo en diagonal en láminas muy delgadas, sin cortar la piel, con un cuchillo con buen filo.
3. Distribuya en un platón las láminas de trucha curadas, ligeramente encimadas unas en otras; acomode encima la cebolla fileteada, las mitades de jitomate cherry y tomate serrano y las alcaparras picadas; rocíe con aceite de oliva al gusto y decore con los brotes de cilantro.

Mariscada
con granita de margarita

Rendimiento: 2 porciones   Preparación: 20 min   Congelación: 1 h 30 min

Ingredientes

Granita de margarita
- 40 ml de tequila blanco
- 30 ml de jugo de limón + cantidad al gusto
- 35 ml de jugo de lima
- 20 ml de triple sec

Mariscada
- 120 g de pulpo cocido cortado en láminas delgadas
- 130 g de camarones U31 o U35 sin cabeza ni cola, pelados y cocidos
- 120 g de callos de hacha frescos, partidos por la mitad
- 1 pepino pelado, sin semillas y cortado en tiras muy delgadas
- ½ cebolla morada fileteada
- 2 chiles serranos cortados en rodajas delgadas
- 1 rábano cortado en rodajas delgadas
- brotes de cilantro al gusto
- jugo de limón, al gusto
- sal y pimienta al gusto
- ralladura de limón amarillo al gusto

Procedimiento

Granita de margarita
1. Mezcle todos los ingredientes en un recipiente de acero inoxidable. Congele la preparación durante 30 minutos, sáquela y ráspela con un tenedor; repita la operación un par de veces más. Conserve la granita en congelación.

Mariscada
1. Distribuya armónicamente en los platos donde servirá la mariscada las láminas de pulpo, los camarones y los callos de hacha; salpimiéntelos al gusto y báñelos con un poco de jugo de limón. Distribuya sobre los mariscos las tiras de pepino, la cebolla fileteada, las rodajas de chile serrano y de rábano y brotes de cilantro al gusto.
2. Forme 2 *quenelles* con la granita de margarita, colóquelas en los platos y decórelas con la ralladura de limón amarillo. ¡Disfrute unos buenos mariscos acompañados con el toque aromático y fresco de la margarita!

Tacos de chicharrón
de pescado con guacamole borracho

Rendimiento: 4 tacos   Preparación: 20 min   Cocción: 15 min   Reposo: 30 min

Ingredientes

Chicharrón de pescado
- 250 g de pescado sin espinas ni escamas, con piel
- 2 cucharadas de salsa de soya
- 1½ cucharadas de salsa inglesa
- 2 pizcas de orégano seco triturado
- 200 g de manteca de cerdo
- jugo de limón al gusto

Guacamole al tequila y salsa de jitomate
- la pulpa de 1 aguacate
- 20 ml de tequila blanco
- 1 cebolla blanca pequeña picada finamente
- 1 jitomate picado finamente
- 1 chile serrano picado finamente
- sal y pimienta al gusto
- hojas de cilantro al gusto

Tacos
- 4 tortillas de maíz, calientes
- mayonesa al gusto
- cebolla morada fileteada, al gusto
- jugo de limón al gusto
- rodajas delgadas de chile serrano al gusto
- flores de cilantro al gusto

Procedimiento

Chicharrón de pescado
1. Corte el pescado en rectángulos pequeños. Mezcle en un tazón la salsa de soya y la inglesa, el orégano y un poco de jugo de limón; añada el pescado, mezcle y déjelo marinar en refrigeración durante 30 minutos.
2. Escurra el pescado de la marinada. Ponga sobre el fuego una olla con la manteca de cerdo; cuando comience a humear, fría los rectángulos de pescado girándolos ocasionalmente hasta que se doren de manera uniforme y estén crujientes. Retírelos de la manteca y déjelos escurrir sobre papel absorbente.

Guacamole al tequila y salsa de jitomate
1. Aplaste la pulpa del aguacate en un recipiente y mézclela con el tequila y sal y pimienta al gusto. En otro recipiente mezcle la cebolla, el jitomate y el chile serrano con algunas hojas de cilantro. Reserve esta salsa y el guacamole al tequila por separado.

Tacos
1. Unte las tortillas de maíz con un poco de mayonesa, distribuya encima el pescado frito y añada cebolla morada al gusto. Acompañe los tacos con el guacamole al tequila, la salsa de jitomate y jugo de limón al gusto. Decore con rodajas de chile serrano y flores de cilantro al gusto. ¡Provecho!

Conejo confitado
en tequila y pulque bañado con salsa de xoconostle

Rendimiento: 5 porciones   Preparación: 20 min   Cocción: 2 h 30 min   Reposo: 10 min

Ingredientes

Conejo confitado
- 2 conejos cortados en trozos medianos
- 100 g de harina de trigo
- 200 ml de aceite de oliva
- 250 ml de pulque blanco
- 250 ml de tequila blanco

Salsa de xoconostle
- 150 g de chile guajillo, sin semillas ni venas
- 3 dientes de ajo
- 1 cebolla blanca troceada
- 5 jitomates guaje
- cantidad suficiente de aceite de oliva
- 500 g de xoconostles pelados, cortados en láminas delgadas
- sal y pimienta al gusto

Puré de plátano macho
- 3 plátanos machos con cáscara
- 4 pimientas gordas
- 2 clavos
- 1 raja de canela de 10 cm
- ½ taza de crema para batir
- 30 g de mantequilla

Montaje
- cantidad suficiente de aceite de oliva
- 150 g de calabacitas criollas cortadas en gajos
- sal y pimienta al gusto
- rodajas de chile serrano al gusto
- brotes de betabel y de cilantro, al gusto

Procedimiento

Conejo confitado
1. Salpimiente los trozos de conejo por todos sus lados, enharínelos y sacúdales el exceso. Ponga sobre el fuego un sartén con un poco del aceite de oliva; cuando se caliente, fría algunos trozos de conejo hasta que se doren uniformemente por todos lados. Repita lo anterior con todos los trozos de conejo.
2. Ponga sobre fuego medio una olla de fondo grueso con los trozos de conejo fritos, el pulque, el tequila y el aceite de oliva restante. Tape la olla y deje cocer el conejo durante 2 horas o hasta que la carne esté muy suave.

Salsa de xoconostle
1. Hidrate los chiles guajillo en un tazón con agua hirviendo durante 10 minutos o hasta que estén suaves. Escúrralos y lícuelos con los dientes de ajo, la cebolla troceada y los jitomates hasta obtener una salsa homogénea.
2. Ponga sobre el fuego un sartén con un poco de aceite de oliva; cuando se caliente, vierta la salsa de guajillo y cocínela durante un par de minutos. Incorpore las láminas de xoconostle, sal y pimienta al gusto; deje que la preparación hierva y retírela del fuego.

Puré de plátano macho
1. Corte los plátanos en 3 trozos. Póngalos en una olla con las pimientas, los clavos y la raja de canela. Cubra los ingredientes con agua y ponga la olla sobre el fuego. Deje hervir la preparación durante 30 minutos.
2. Saque los trozos de plátano del agua, pélelos y páselos a través de un pasapuré, mientras sigan calientes. Mezcle el puré de plátano con la crema y la mantequilla hasta obtener un puré cremoso.

Montaje
1. Ponga sobre el fuego un sartén con un poco de aceite de oliva; cuando se caliente, saltee los gajos de calabacita durante 5 minutos o hasta que estén suaves. Salpimiéntelos al gusto y retírelos del fuego.
2. Saque los trozos de conejo de la olla y escúrralos. Distribúyalos en platos, báñelos con la salsa de xoconostle y acompáñelos con el puré de plátano macho y los gajos de calabaza. Decore con rodajas de chile serrano, brotes de betabel y cilantro al gusto.

Panza de cerdo
en salsa de verdolagas con tequila y puré de habas

Rendimiento: 4 porciones   Preparación: 20 min   Cocción: 2 h

Ingredientes

- 1 trozo de 500 g de panza de cerdo cruda, con piel

Salsa de verdolagas
- ½ cebolla blanca troceada
- 5 dientes de ajo
- 500 g de tomates verdes
- 3 chiles serranos
- 1.5 kg de verdolagas limpias
- ½ taza de ramas de cilantro troceadas
- cantidad suficiente de aceite
- 150 ml de tequila blanco
- sal y pimienta al gusto

Puré de habas
- 1 kg de habas frescas, peladas
- 150 g de mantequilla
- 100 ml de leche
- sal y pimienta al gusto

Montaje
- brotes de verdolaga al gusto
- rodajas delgadas de rábano al gusto
- rodajas de chile serrano al gusto

Procedimiento

1. Precaliente el horno a 185 °C. Coloque la panza de cerdo en una charola para hornear o refractario y cúbrala con papel aluminio. Hornee la panza durante 1½ horas o hasta que esté suave.

Salsa de verdolagas
1. Ponga sobre el fuego una olla con suficiente agua, un poco de sal, la cebolla y 1 diente de ajo; cuando hierva, añada los tomates y los chiles serranos, y deje que se cuezan durante 10 minutos. Retire del agua los tomates y los chiles y resérvelos. Deje hervir el agua nuevamente y sumerja las verdolagas; cuézalas durante 5 minutos y escúrralas.
2. Licue los tomates con los chiles serranos, la cebolla cocida, los 5 dientes de ajo y el cilantro hasta obtener una salsa homogénea.
3. Ponga sobre el fuego un sartén con un poco de aceite; cuando se caliente, cocine en él la salsa de tomate. Incorpore el tequila, las verdolagas, sal y pimienta al gusto. Mezcle y continúe la cocción durante un par de minutos más. Retire la salsa del fuego y resérvela caliente.

Puré de habas
1. Ponga sobre el fuego una olla con suficiente agua y un poco de sal; cuando hierva, sumerja las habas y cuézalas durante 5 minutos o hasta que estén suaves y tengan un color verde intenso. Escúrralas y macháquelas con un pasapuré.
2. Regrese el puré de habas a la olla sobre fuego medio. Añada la mantequilla y la leche y mezcle constantemente hasta obtener un puré cremoso y suave. Salpimiéntelo al gusto y añada un poco más de leche si desea un puré más ligero.

Montaje
1. Ponga sobre el fuego un sartén antiadherente; cuando se caliente, cocine en él la panza de cerdo con la piel hacia abajo hasta que se forme una costra dura o chicharrón en la piel.
2. Corte la panza en 4 porciones. Distribuya el puré de habas en 4 platos y extiéndalo ligeramente, coloque encima los trozos de panza y báñelos con la salsa de verdolagas. Decore al gusto con brotes de verdolaga y rodajas de rábano y de chile serrano.

Francisco
Ruano

De temperamento rebelde y obsesionado por la perfección, Francisco Ruano es un chef que nació en Guadalajara en 1983. Comenzó su pasión por la cocina desde casa, con su abuela y su madre.

Cuando finalizó la preparatoria aún no existía una gran oferta de profesionalización en el área de gastronomía, por lo que sólo decidió cursar un diplomado y comenzar a trabajar. Entró al área de banquetes del hotel Hilton y posteriormente a un restaurante de cocina italiana. Después decidió embarcarse como cocinero en un crucero que hacía viajes a Alaska y el Caribe, donde aprendió la disciplina que requiere el dominio de los fogones.

A su regreso trabajó con Thierry Blouet, propietario del Café des Artistes, en Puerto Vallarta, durante tres años. Tuvo la oportunidad de matricularse en la escuela de cocina Luis Irizar, una de las más prestigiosas de España. Una vez graduado realizó prácticas en Akelarre, Mugaritz, en el Celler de Can Roca, Mirador de Ulía y Noma en Dinamarca, todos considerados entre los mejores restaurantes del mundo, por lo que han sido reconocidos con estrellas Michelin o por la lista patrocinada por San Pellegrino® *The World's 50 Best restaurants*.

A su regreso, dirigió la cocina de Garza Blanca, en Puerto Vallarta, durante tres años. Su experiencia en las cocinas europeas influyó de forma determinante en su filosofía de cocina y en los métodos que utiliza. Ahí aprendió la importancia de la cercanía con la tierra y los productos, y adoptó la sencillez en las presentaciones.

Su estilo de cocina lo materializó en su restaurante Alcalde, que abrió en 2013. El nombre, inspirado en un mercado de Guadalajara y el eslogan "cocina franca", reflejan claramente el concepto que desea difundir Francisco Ruano: cocina sin censura con ingredientes locales. Debido a su amor por los sabores de la cocina tradicional mexicana la interpreta con libertad y gracia. Actualmente Alcalde es considerado uno de los mejores restaurantes en la ciudad tapatía.

Ensalada de jitomates
con queso de San Juan de la Montaña

Rendimiento: **4 porciones**   Preparación: **40 min**   Cocción: **10 min**   Reposo: **10 días**

Ingredientes

Aceite de pericón
- 500 ml de aceite de oliva, suave
- 100 g de pericón seco o fresco

Puré de alfalfa
- 200 g de hojas de alfalfa fresca
- 100 ml de agua
- 2 g de goma xantana
- 2 cubos de hielo
- sal de Colima, al gusto

Puré de aceituna negra
- 85 g de aceitunas negras sin semilla
- 30 ml de jugo de manzana
- 10 ml de vinagre de jerez
- 5 ml de jerez seco
- 10 g de clara de huevo
- 1 g de goma xantana
- 200 ml de aceite de canola
- 10 ml de aceite de oliva

Ensalada
- 140 g de nopalillos de cerro o nopal *baby*, cortados en tiras
- cantidad suficiente de sal
- 120 g de puré de alfalfa
- 80 ml de vinagre de piña casero (ver pág. 311)
- 400 g de jitomates orgánicos, partidos por la mitad
- 40 ml de jugo de limón amarillo
- 140 g de queso de San Juan de la Montaña o cualquier queso seco y salado
- 80 g de puré de aceituna negra
- hierbas frescas de la estación, al gusto
- sal de Colima al gusto
- tequila blanco al gusto

Procedimiento

Aceite de pericón
1. Ponga sobre el fuego una olla con el aceite; cuando alcance una temperatura de 55 °C, añada el pericón y mantenga la preparación a la misma temperatura durante 10 minutos. Retire el aceite del fuego y déjelo enfriar.
2. Resérvelo en refrigeración durante 10 días como mínimo antes de utilizarlo.

Puré de alfalfa
1. Ponga sobre el fuego una olla con suficiente agua para blanquear las hojas de alfalfa; cuando hierva, sumerja las hojas de alfalfa durante 30 segundos y escúrralas. Enfríelas sumergiéndolas en un recipiente con agua y hielos; escúrralas nuevamente.
2. Licue las hojas de alfalfa con el agua, la goma xantana y los cubos de hielo; deberá obtener una preparación tersa y sin grumos. (Evite licuar durante mucho tiempo para no calentar el puré.)
3. Sazone el puré de alfalfa con sal de Colima al gusto, cuélelo y resérvelo.

Puré de aceituna negra
1. Licue todos los ingredientes, excepto los aceites, hasta obtener una mezcla homogénea. Con la licuadora encendida, añada ambos aceites lentamente en forma de hilo para obtener una emulsión. Reserve.

Ensalada
1. Mezcle en un tazón las tiras de nopalillos de cerro con bastante sal y déjelas reposar durante 10 minutos. Escurra todo el mucílago que hayan soltado y enjuáguelas con agua varias veces hasta que ya no desprendan más de él. Resérvelas.
2. Combine en un recipiente el puré de alfalfa con el vinagre de piña y aceite de pericón al gusto; rectifique la cantidad de sal y reserve.
3. Mezcle los jitomates con el jugo de limón amarillo, sal de Colima y aceite de pericón al gusto. Reserve.
4. Desmorone el queso dejando algunos trozos gruesos y consistentes.
5. Coloque en la base de 4 platos la vinagreta de alfalfa y pericón, distribuya encima los jitomates, los trozos de queso y el puré de aceituna. Decore con hierbas frescas y acompañe con tequila al gusto.

Ostión de roca
con mantequilla de tequila

Rendimiento: 4 porciones   Preparación: 20 min   Cocción: 15 min

Ingredientes

Mantequilla de tequila
- ½ taza de tequila reposado
- 2 cucharadas de agua de ostión
- 1½ cucharadas de jugo de limón
- 200 g de mantequilla cortada en cubos
- sal de Colima, al gusto

Cebollas al tequila
- 2 cucharadas de aceite de oliva
- 3½ cucharadas de cebolla morada picada muy finamente
- ⅓ de taza de tequila blanco
- 2 cucharadas de chile serrano picado muy finamente
- hoja santa fileteada, al gusto (opcional)
- jugo de limón amarillo, al gusto
- sal al gusto

Montaje
- 140 g de mantequilla de tequila
- 4 ostiones de roca de Sinaloa abiertos
- 4 cucharadas de cebollas al tequila
- jugo de limón al gusto
- sal al gusto
- tequila blanco al gusto (opcional)
- tiras muy delgadas de chile guajillo sumergidas en aceite, al gusto

Procedimiento

Mantequilla de tequila
1. Ponga sobre el fuego una olla pequeña con el tequila reposado y déjelo hervir hasta que pierda el aroma alcohólico. Añada el agua de ostión y el jugo de limón, baje el fuego y continúe la cocción durante algunos segundos. Retire la olla del fuego e incorpore a la preparación los cubos de mantequilla con un batidor globo uno por uno. Bata hasta obtener una consistencia homogénea y tersa y añada sal de Colima al gusto. Deje reposar la mantequilla en un área cálida.

Cebollas al tequila
1. Ponga sobre el fuego una olla con el aceite de oliva; cuando se caliente, sofría la cebolla morada picada sin que se dore; añada el tequila y déjelo evaporar por completo. Posteriormente, agregue el chile serrano picado, la hoja santa fileteada y algunas gotas de jugo de limón amarillo; mezcle bien y añada sal al gusto. Reserve.

Montaje
1. Ponga sobre fuego medio una olla con la mantequilla de tequila y déjela derretirse sin que hierva, mezclándola constantemente para evitar que se separe.
2. Separe los ostiones de su concha y añádalos a la mantequilla de tequila derretida. Deje que se calienten durante algunos segundos, sáquelos de la mantequilla y colóquelos de nuevo en su concha.
3. Agregue a la mantequilla un poco de jugo de limón y de sal; pruébela y añada un poco más de tequila si lo desea. Bañe los ostiones con la mantequilla y coloque sobre cada uno 1 cucharada de cebollas al tequila; decore con las tiras de chile guajillo.

Foie margarita
con puré de zapote negro y cacahuate verde

Rendimiento: 3 porciones   Preparación: 20 min   Cocción: 15 min

Ingredientes

Foie gras curado a la margarita
- 400 ml de jugo de naranja
- 3 anises estrella
- 7 g de semillas de cilantro
- 3 g de semillas de hinojo
- la ralladura de 10 limones
- la ralladura de 5 naranjas
- 1 kg de sal de Colima
- 1.2 kg de azúcar
- 40 g de hojas de hinojo picadas
- 1 pieza de 450 g de *foie gras* grado AA
- 300 ml de tequila blanco
- 30 ml de triple sec
- cantidad suficiente de leche

Reducción de pollo
- 50 g de puntas o recortes de *foie gras*
- 500 ml de caldo de pollo
- 35 ml de vinagre de jerez
- sal y pimienta al gusto

Montaje
- 3 cucharadas de aceite de oliva
- 1 cucharada de vinagre de vino blanco
- 2 pizcas de sal
- 1 pizca de pimienta molida
- mezcla de hojas verdes al gusto
- 90 g de puré de zapote negro (ver pág. 313)
- 6 cebollas asadas a la parrilla
- 3 cucharadas de cacahuate verde pelado
- ⅓ de taza de reducción de pollo

Procedimiento

Foie gras curado a la margarita
1. Ponga sobre el fuego una olla con el jugo de naranja y déjelo hervir hasta que reduzca a la mitad de su volumen inicial. Retírelo del fuego y déjelo enfriar.
2. Tueste ligeramente los anises estrella y las semillas de cilantro y de hinojo en un comal o sartén. Muélalas hasta obtener un polvo fino y mézclelo con las ralladuras de limón y de naranja, la sal de Colima, el azúcar y las hojas de hinojo picadas.
3. Coloque un poco de la mezcla de sal, azúcar y especias en un tazón, ponga encima el *foie gras* y cúbralo bien con la mezcla de sal restante. Déjelo reposar como mínimo durante 12 horas a temperatura ambiente.
4. Prepare una margarita mezclando el tequila blanco con el jugo de naranja reducido y el triple sec. Viértala sobre el *foie gras* cubierto con la mezcla de sal y déjelo reposar durante 2 horas como mínimo.
5. Saque el *foie gras* de la mezcla y enjuáguelo con un poco de leche. Córtelo en tres porciones de 150 gramos y resérvelo a temperatura ambiente.

Reducción de pollo
1. Ponga sobre el fuego una olla; cuando se caliente, agregue las puntas o recortes de *foie gras* y dórelos en su propia grasa. Añada el caldo de pollo, mezcle y deje reducir la preparación hasta que se espese. Finalmente, agregue el vinagre de jerez y continúe la cocción hasta que éste pierda su aroma alcohólico. Salpimiente al gusto.

Montaje
1. Prepare una vinagreta mezclando en un tazón con un batidor globo el aceite de oliva con el vinagre de vino blanco, la sal y la pimienta.
2. Caliente la reducción de pollo.
3. Combine en una ensaladera la mezcla de hojas verdes con la vinagreta. Distribuya en 3 platos el puré de zapote y la ensalada verde; coloque a un lado las piezas de *foie gras* y las cebollas asadas. Espolvoree los cacahuates y bañe el *foie gras* con la reducción de pollo. Sirva templado.

Cordero a la paja
con adobo borracho

Rendimiento: 10-15 porciones   Preparación: 20 min   Cocción: 5 h   Reposo: 1 noche   Ahumado: 30 min

Ingredientes

Adobo borracho
- 10 pimientas negras
- 1 pizca de cominos
- 2 hojas de laurel
- 15 chiles guajillo sin semillas ni venas
- ½ cebolla blanca
- 4 dientes de ajo
- 300 ml de tequila reposado o añejo
- 100 g de manteca de cerdo
- 50 g de paja esterilizada
- 50 g de hojas de elote
- 3 ℓ de caldo de pollo
- 100 ml de vinagre blanco
- sal al gusto

Cordero
- 1 cordero lechal de 3-4 kg
- 1 cucharadita de sal de Colima
- los dientes de 2 cabezas de ajo
- 1 taza de jugo de naranja agria
- 1 kg de zanahorias
- 1 kg de verdolagas
- 500 g de nopales
- 1.5 kg de cebollas cambray
- cantidad suficiente de paja esterilizada
- cantidad suficiente de masa de maíz nixtamalizada
- sal al gusto

Montaje
- verduras en escabeche al gusto
- col morada fileteada, al gusto
- hierbas frescas al gusto
- rodajas de chile verde al gusto
- tortillas de maíz al gusto

Procedimiento

Adobo borracho
1. Tueste ligeramente en un comal o sartén las especias y las hojas de laurel; resérvelas. En el mismo comal, tueste los chiles guajillo por ambos lados, y después, tateme la cebolla y los dientes de ajo. Licue los ingredientes tostados con el tequila hasta obtener una salsa homogénea.
2. Ponga sobre el fuego una cacerola con la manteca de cerdo; cuando se derrita, agregue el molido de chile guajillo y cocínelo mezclándolo ocasionalmente hasta que obtenga una pasta.
3. Coloque en una olla la paja, las hojas de elote y el caldo de pollo y póngala sobre fuego medio. Deje cocer la preparación durante 30 minutos. Cuele el líquido, regréselo a la olla y mézclelo con la pasta de chile guajillo; continúe la cocción hasta obtener un adobo ligeramente espeso. Añada el vinagre blanco y sal al gusto.

Cordero
1. Coloque el cordero en un refractario y añádale la sal de Colima, los ajos y el jugo de naranja agria; masajee la carne para que se impregnen bien los ingredientes. Añada la mitad del adobo borracho y masajee nuevamente. Deje reposar el cordero en refrigeración durante una noche.
2. Precaliente el horno a 160 °C.
3. Coloque en una cacerola grande con tapa todas las verduras, póngales encima una rejilla y agregue suficiente agua hasta el nivel de la rejilla. Cubra la rejilla con una cama de paja, ponga encima el cordero y cúbralo con más paja.
4. Coloque en todo el borde de la cacerola suficiente masa de maíz y presione la tapa de la cacerola contra la masa para que cierre herméticamente. Hornee el cordero durante 4½ horas.
5. Retire la masa del borde de la cacerola, destápela y verifique la cocción de la carne, la cual deberá desprenderse fácilmente del hueso al rasparla con un tenedor. Si aún no se desprende bien, prolongue el tiempo de horneado. Saque la carne de la cacerola, retírele el hueso y déjela enfriar. Reserve el líquido de cocción y las verduras por separado.
6. Coloque la carne de cordero dentro de un ahumador con paja y ahúmela durante 30 minutos.
7. Corte la carne de cordero en porciones de 200 gramos y frótelas nuevamente con un poco más de adobo borracho y sal.

Montaje
1. Ponga sobre el fuego un sartén antiadherente; cuando se caliente, añada las porciones de cordero con la piel hacia abajo y cocínelas hasta que se doren.
2. Distribuya el cordero en platos, báñelos con el adobo borracho restante y sírvalos con verduras en escabeche, col morada fileteada, hierbas frescas y rodajas de chile verde al gusto. Acompañe con tortillas de maíz al gusto.

Pitaya floreada
con jugo de frambuesas y gel de tequila

Rendimiento: 5 porciones   Preparación: 30 min   Cocción: 15 min   Reposo: 10 min   Refrigeración: 4 h

Ingredientes

Gel de tequila
- 150 ml de tequila
- 30 ml de jugo de limón
- 60 ml de jarabe TPT (ver *Glosario*)
- 10 g de almidón de maíz modificado o cantidad suficiente

Gelatina de lavanda
- 500 ml de agua
- 100 g de glucosa
- 100 ml de jugo de limón amarillo
- 3 g de semillas de cilantro
- 100 g de lavanda fresca
- 6 láminas de grenetina

Jugo de frambuesa
- 500 g de frambuesas
- 100 g de azúcar
- 2 cucharadas de jugo de limón
- 1 ramillete pequeño de flores de sauco frescas
- 1 pizca de de goma xantana

Montaje
- 5 pitayas peladas
- 250 g de gel de tequila
- cantidad suficiente de flores y hierbas comestibles
- 250 ml de jugo de frambuesa
- 5 cubos de gelatina de lavanda
- polvo de flores de Jamaica, al gusto
- 50 ml de aceite de manzanilla (ver. pág. 313)

Procedimiento

Gel de tequila
1. Mezcle en un tazón el tequila, el jugo de limón y el jarabe. Pruebe y ajuste la cantidad de jugo de limón y/o de jarabe a su gusto. Añada un poco de almidón de maíz y bata hasta incorporarlo; cuele la mezcla para eliminar los grumos; deberá obtener una preparación con consistencia de un gel espeso; si no es así, añada un poco más de almidón hasta lograrlo.

Gelatina de lavanda
1. Ponga sobre el fuego una olla con el agua, la glucosa, el jugo de limón amarillo y las semillas de cilantro; deje que hiervan durante 5 minutos y añada la lavanda. Retire la olla del fuego, tápela y déjela reposar durante 15 minutos.
2. Sumerja las láminas de grenetina en un tazón con agua fría y déjelas reposar hasta que estén suaves. Cuele el jarabe de lavanda. Escurra las láminas de grentina, añádalas al jarabe y mezcle hasta que se disuelvan por completo. Cuele nuevamente y vierta la preparación en un molde cuadrado. Refrigere la gelatina durante 4 horas o hasta que cuaje.
3. Corte la gelatina en cubos de 25 gramos y resérvelos en refrigeración.

Jugo de frambuesa
1. Ponga a baño maría un tazón con las frambuesas, el azúcar, el jugo de limón y las flores; cocine mezclando ocasionalmente hasta que las frambuesas hayan soltado sus jugos y se hayan deshecho.
2. Cuele el jugo de frambuesa y mézclelo con la goma xantana. Déjelo enfriar y reserve en refrigeración.

Montaje
1. Unte las pitayas con el gel de tequila y acomode encima las flores y las hierbas hasta cubrir toda la superficie de la pitaya; el gel de tequila servirá como pegamento. Resérvelas.
2. Distribuya el jugo de frambuesa en la base de 5 platos hondos y extiéndalo para formar espejos. Añada encima de cada espejo 1 cubo de gelatina de lavanda, espolvoree el polvo de Jamaica y rocíe el aceite de manzanilla. Coloque al centro de cada plato una pitaya con flores y hierbas y sirva.

Ganache de chocolate
helada con jugo de maracuyá al tequila

Rendimiento: 10 porciones　　**Preparación:** 1 h　　**Cocción:** 1 h 30 min　　**Refrigeración:** 1 noche

Ingredientes

Crema de mantequilla y pimienta rosa
- 5 yemas
- 160 ml de agua
- 140 g de azúcar
- 50 g de azúcar glass cernida
- 250 g de mantequilla a temperatura ambiente, acremada
- ¼ de cucharadita de pimienta rosa, molida
- 1 pizca de sal

Bizcocho de maracuyá
- 165 g de pulpa de maracuyá colada
- 300 g de azúcar
- 65 g de mantequilla a temperatura ambiente
- 3 huevos
- 100 g de harina de trigo
- 90 g de fécula de maíz

Ganache de chocolate
- 125 ml de leche
- 1 yema
- 60 g de azúcar
- 300 g de crema para batir
- 13 g de fécula de maíz
- 200 g de chocolate amargo troceado
- 1 lámina de grenetina

Jugo de maracuyá al tequila
- 400 ml de jugo de maracuyá
- 40 g de azúcar
- 20 ml de jugo de limón amarillo
- 50 ml de tequila blanco
- 1 pizca de goma xantana

Montaje
- 50 ml de aceite de oliva
- 20 g de sal de grano
- láminas de chocolate al gusto (ver pág. 313)
- hojas santas deshidratadas al gusto (ver pág. 313)

Procedimiento

Crema de mantequilla y pimienta rosa
1. Bata las yemas en una batidora eléctrica a máxima velocidad hasta que se blanqueen y esponjen.
2. Ponga sobre el fuego una cacerola con el agua y el azúcar; deje que hierva hasta obtener un jarabe a punto de hebra gruesa, es decir, entre 100 y 106 °C.
3. Encienda nuevamente la batidora y vierta el jarabe sobre las yemas, lentamente y en forma de hilo; cuando obtenga una mezcla homogénea, añada el azúcar glass y la mantequilla acremada. Continúe batiendo hasta obtener una mezcla cremosa y tersa. Incorpore la pimienta rosa y la sal.
4. Coloque la crema en un recipiente con tapa y refrigérela durante 1 noche.

Bizcocho de maracuyá
1. Ponga sobre el fuego una cacerola con la pulpa de maracuyá y 100 gramos del azúcar; mezcle constantemente hasta que esta última se disuelva y obtenga un jarabe. Retírelo del fuego y déjelo enfriar.
2. Precaliente el horno a 180 °C. Engrase y enharine una charola para hornear pequeña con paredes altas.
3. Acreme la mantequilla con el azúcar restante en una batidora eléctrica a velocidad máxima durante 10 minutos. Sin dejar de batir, añada poco a poco los huevos; cuando obtenga una mezcla homogénea, agregue lentamente y en forma de hilo el jarabe de maracuyá. Continúe batiendo hasta obtener una mezcla homogénea.
4. Cierna la harina de trigo con la fécula de maíz y añádalas a la mezcla de maracuyá. Bata nuevamente hasta obtener una mezcla homogénea.
5. Vierta la mezcla en la charola y hornéela durante 18 minutos. Retire el bizcocho del horno y déjelo enfriar sobre una rejilla.

Ganache de chocolate
1. Coloque un tazón sobre un baño maría y añádale la leche, la yema, el azúcar, 130 gramos de la crema para batir y la fécula de maíz. Bata la mezcla constantemente hasta que tenga una temperatura de 70 °C. Añada el chocolate y mézclelo con una espátula hasta que se derrita y obtenga una salsa homogénea y tersa.
2. Sumerja la lámina de grenetina en un tazón con agua fría; cuando se suavice, escúrrala y presiónela con las manos para retirarle el exceso de agua. Añádala a la preparación y mezcle hasta que se disuelva.
3. Licue la salsa de chocolate caliente, cuélela e incorpórele la crema para batir restante. Vierta la salsa en contenedores de Pacojet y resérvelos en congelación.

Jugo de maracuyá al tequila

1. Ponga sobre el fuego una olla con el jugo de maracuyá y déjelo hervir hasta que se reduzca a la mitad; cuélelo y regréselo a la olla.
2. Coloque la olla sobre fuego bajo y añádale el azúcar, el jugo de limón y el tequila blanco; mezcle hasta que el azúcar se disuelva. Cuando la preparación hierva, retírela del fuego.
3. Licue la preparación con la goma xantana, cuélela y déjela enfriar. Reserve en refrigeración.

Montaje

1. Pacotice la ganache de chocolate y resérvela.
2. Corte el bizcocho de maracuyá en 10 rectángulos de 8 x 5 centímetros y barnícelos con un poco de jugo de maracuyá al tequila.
3. Distribuya el resto del jugo de maracuyá en la base de platos individuales y coloque encima los rectángulos de bizcocho. Acomode a un lado de los bizcochos 1 cucharada de crema de mantequilla y pimienta rosa y 2 *quenelles* de ganache de chocolate. Rocíelas con el aceite de oliva y espolvoréeles encima la sal de grano. Decore al gusto con láminas de chocolate y hojas santas deshidratadas.

Recetas complementarias

Aceite de manzanilla

Ingredientes
- 50 g de manzanilla fresca
- 150 ml de aceite de semillas de uva

Procedimiento
1. Coloque en un tazón la manzanilla con el aceite de semillas de uva. Tápelo con plástico autoadherente y déjelo reposar en refrigeración durante 1 semana. Cuélelo y viértalo en un frasco de vidrio con tapa.

Hojas santas deshidratadas

Ingredientes
- 150 g de azúcar
- 150 ml de agua
- 10 hojas santas

Procedimiento
1. Ponga sobre el fuego una olla con el azúcar y el agua y deje hervir la preparación hasta obtener un jarabe ligeramente espeso. Retírelo del fuego y déjelo enfriar.
2. Precaliente el horno a 80 °C. Cubra una charola con papel siliconado o con un tapete de silicón.
3. Coloque las hojas sobre la charola y barnícelas con el jarabe por ambos lados. Hornéelas hasta que se deshidraten.

Láminas de chocolate

Ingredientes
- 200 g de chocolate amargo 70% cacao, troceado
- 40 g de manteca de cacao

Procedimiento
1. Derrita el chocolate junto con la manteca de cacao a baño maría, mezclando ambos ingredientes hasta obtener una preparación homogénea y tersa.
2. Cubra una charola con papel siliconado, vierta la cantidad necesaria de mezcla de chocolate para que, al extenderla con una espátula, obtenga una capa delgada. Deje enfriar el chocolate a temperatura ambiente hasta que se endurezca. Trocee con las manos la lámina de chocolate en piezas irregulares.

Puré de zapote

Ingredientes
- 100 ml de jugo de naranja
- 200 g de pulpa de zapote negro fresco
- 35 g de piloncillo
- 25 ml de jugo de limón amarillo
- sal al gusto

Procedimiento
1. Ponga sobre el fuego una olla con el jugo de naranja y déjelo reducir hasta que tenga una consistencia ligeramente espesa, como la de un jarabe (es importante no sobrepasar el tiempo de reducción para evitar que el jugo adquiera un sabor amargo).
2. Añada al jarabe de naranja la pulpa de zapote y el piloncillo; mezcle constantemente con una espátula hasta obtener una pasta. Agregue el jugo de limón y sal al gusto y deje enfriar la preparación.

Vinagre de piña

Ingredientes
- las cáscaras de 1 piña lavada y desinfectada
- ¾ de taza de piloncillo rallado o azúcar mascabado

Procedimiento
1. Corte las cáscaras de piña en trozos y colóquelos en un frasco con capacidad de 2 litros con cierre hermético. Resérvelo.
2. Ponga sobre el fuego una olla con 2 tazas de agua y el piloncillo rallado o el azúcar mascabado; mezcle constantemente hasta que el azúcar se disuelva. Retire del fuego y deje enfriar.
3. Vierta el jarabe en el frasco con los trozos de cáscara de piña y termine de llenarlo con agua. Cierre el frasco y déjelo reposar en un lugar cálido y oscuro entre 4 y 6 semanas o hasta que todos los sedimentos de las cáscaras se hayan depositado en el fondo del frasco y el líquido sea translúcido.
4. Pase la preparación a través de una coladera de malla fina cubierta con una manta de cielo. Vierta el vinagre en un frasco y consérvelo en la alacena.

Gerardo
Vázquez Lugo

El primer contacto que Gerardo Vázquez tuvo con la gastronomía fue con Nicos, un restaurante familiar con más de cinco décadas que ha mantenido la variada y compleja cocina tradicional mexicana sin dejar del lado la innovación. Fue fundado por su padre Raymundo Vázquez Estévez, promotor del vino mexicano, y su madre María Elena Lugo Zermeño, gran cocinera y enamorada de la panadería y repostería tradicional.

Su trayectoria profesional estuvo guiada por uno de los pilares de la gastronomía mexicana, Alicia Gironella, quien junto a su esposo, Giorgio De'Angeli, lo formaron, de tal manera que siempre se encuentra un toque de ellos en su filosofía. Posteriormente tuvo la oportunidad de difundir estos conocimientos sumados a su experiencia y amor por la cocina en diferentes universidades del país.

Gerardo es miembro fundador del Conservatorio de la Cultura Gastronómica Mexicana y miembro del Instituto de Cultura Gastronómica A.C. En 2010 fue invitado por el gobierno mexicano a la entrega del nombramiento a la gastronomía mexicana como Patrimonio Inmaterial de la Humanidad por la UNESCO. Por otro lado, condujo el programa *Tu cocina*, transmitido por Canal Once, con una duración de cuatro temporadas.

Ha participado en diferentes eventos como el Festival Fiesta Latina en "The Leela Ambience Gurgaon" en Delhi, India; la cena de la vendimia en la vinícola Hacienda La Lomita, denominada "La Singularidad"; el cierre del Primer Encuentro de Cocina Tradicional Mexicana en Morelia; y el Wine and Food Festival en la Ciudad de México. Asimismo, en 2015, fue el chef invitado por la Secretaría de Turismo para servir el menú del anuncio de la Política de Fomento a la Gastronomía Nacional en Estudio Millesime.

Su trabajo como investigador, apoyando a pequeños productores y promoviendo el uso de productos frescos y de temporada, lo han llevado a seguir la filosofía de *Slow Food*, ofreciendo una cocina buena, limpia y justa. Como chef propietario de Nicos junto a su madre María Elena Lugo, logró estar en el número 47 de la lista *Latin America´s 50 Best Restaurants* patrocinada por San Pellegrino®. Su establecimiento ha sido catalogado como el mejor restaurante tradicional por la revista *El Gourmet* y restaurante del año dentro de la guía Los 120 Restaurantes de México, por *Culinaria Mexicana*. Su último proyecto es como socio de Fonda Mayora, un nuevo restaurante de comida mexicana tradicional ubicado en la colonia Condesa en la Ciudad de México.

Salsa de
chipotle y cotija

Rendimiento: 6 porciones   Preparación: 15 min

Ingredientes

- 180 g de tomates verdes cortados en cubos de 3 mm de grosor
- 50 g de cebolla picada finamente
- 2 chiles chipotles adobados picados finamente
- 2 cucharadas de adobo de chile chipotle
- el jugo de 1 naranja agria
- ¼ de taza de aceite de oliva
- 50 g de queso cotija rallado
- sal al gusto
- totopos de maíz al gusto
- tequila reposado al gusto
- sangrita al gusto
- limón al gusto

Procedimiento

1. Mezcle en un molcajete o en un tazón los cubos de tomate con la cebolla picada, los chiles chipotles picados y el adobo. Agregue el jugo de naranja agria y el aceite de oliva, y mezcle bien.
2. Añada a la salsa el queso cotija rallado; pruébela y ajuste a su gusto la cantidad de sal.
3. Sirva la salsa en un molcajete o tazón con totopos de maíz. Acompáñela con el tequila reposado de su preferencia, sangrita y limón al gusto.

Ensalada de
trucha curada al tequila

Rendimiento: 6 porciones   Preparación: 30 min   Reposo: 7 días

Ingredientes

Trucha curada
- 1 kg de azúcar mascabado
- 500 g de sal de grano
- 30 g de hojas de té negro *lapsang souchong*
- 2 lomos de trucha salmonada con piel, de 600 g c/u
- el jugo de 1 limón
- ¼ de taza de tequila reposado

Ensalada
- 180 g de uvas rojas sin semillas
- 90 g de uvas verdes sin semillas
- 500 g de hojas de arúgula *baby*
- jugo de limón amarillo al gusto
- aceite de oliva al gusto
- flor de sal al gusto
- flores comestibles al gusto

Procedimiento

Trucha curada
1. Mezcle en un recipiente el azúcar mascabado con la sal de grano y el té negro; cubra con un poco de la mezcla el fondo de un refractario grande.
2. Lave los lomos de trucha y retíreles el exceso de agua con una servilleta de papel. Acomódelos en el refractario sobre la mezcla de sal y azúcar con el lado de la piel hacia abajo; cúbralos con el resto de la mezcla.
3. Mezcle el jugo de limón con el tequila y rocíe con la mezcla los lomos de trucha. Cubra bien el refractario con plástico autoadherente.
4. Deje reposar la trucha en refrigeración durante 7 días. Verifique diariamente que los lomos estén bien cubiertos con la mezcla de azúcar y sal; de lo contrario, prepare la necesaria para cubrirlos. (A partir del tercer día los lomos comenzarán a reducir su tamaño.)
5. Retire los lomos del refractario y sacúdales el exceso de azúcar con sal. Córtelos en rebanadas delgadas y resérvelas.

Ensalada
1. Corte las uvas por la mitad, o en cuartos si son muy grandes. Distribuya las hojas de arúgula en 6 platos individuales y ponga encima las uvas y las rebanadas de trucha curada.
2. Antes de servir la ensalada, rocíela con jugo de limón amarillo y aceite de oliva, y añádale flor de sal y flores comestibles al gusto.

Asado de codornices
al tequila

Rendimiento: 6 porciones   Preparación: 20 min   Cocción: 1 h 5 min   Reposo: 20 min

Ingredientes

- 250 g de chile guajillo o cascabel, sin venas ni semillas y asados
- 150 g de cebolla troceada
- 50 g de dientes de ajo
- 2 cucharadas de cominos
- 1 cucharada de orégano seco
- ¼ de taza de manteca de cerdo
- 10 codornices de 200 g c/u
- ¼ de taza de tequila blanco
- sal al gusto

Decoración
- rodajas delgadas de rábano, al gusto
- rodajas delgadas de jícama, al gusto
- aros de cebolla al gusto
- hojas de lechuga al gusto

Procedimiento

1. Sumerja los chiles en agua caliente durante 20 minutos. Escúrralos y muélalos en un procesador de alimentos con la cebolla troceada, los dientes de ajo, los cominos y el orégano seco; deberá obtener un adobo homogéneo.
2. Ponga sobre el fuego una cacerola grande con la manteca de cerdo; cuando esté caliente, añada las codornices y dórelas por todos sus lados. Agregue sal al gusto y bañe las codornices con el adobo de chile. Tape la cacerola y deje cocer la preparación durante 1 hora o hasta que las codornices estén suaves. Añada el tequila, mezcle y déjelo reducir un par de minutos.
3. Sirva las codornices con rodajas de rábano y de jícama, aros de cebolla y hojas de lechuga al gusto.

Cerdo al tequila
en salsa de naranja

Rendimiento: **6 porciones**   Preparación: **30 min**   Cocción: **1 h 20 min**

Ingredientes

Puré de tubérculos

- 300 g de nabos
- 250 g de zanahorias
- 150 g de papas blancas (Atlantis, Alfa), peladas
- 75 g de mantequilla
- 250 ml de leche
- sal y pimienta blanca, al gusto

Cerdo

- ½ costillar de cerdo de entre 2.5 y 3 kg
- 200 g de chorizo cortado en tiras medianas, fritas
- 3 huevos cocidos, cortados en 6 gajos
- 6 chiles chipotles adobados, cortados en 6 trozos
- 100 g de hojas de perejil fresco + cantidad suficiente para decorar
- 200 ml de aceite de oliva
- 3 dientes de ajo
- ¼ de cebolla blanca troceada
- 250 g de harina de trigo
- 120 ml de tequila blanco
- 1 ℓ de jugo de naranja natural
- 8 pimientas gordas
- 1 manojo de hierbas de olor
- ½ taza de hojas de perejil

Procedimiento

Puré de tubérculos

1. Corte en cubos los nabos, las zanahorias y las papas y póngalos en una olla grande; cúbralos con agua, coloque la olla sobre el fuego y cuézalos entre 15 y 20 minutos o hasta que estén suaves. Escúrralos y aplástelos con un machacador de frijoles hasta obtener un puré.
2. Regrese la olla al fuego y añádale el puré, la mantequilla y la leche. Mezcle constantemente hasta obtener un puré terso y cremoso. Salpiméntelo al gusto y retírelo del fuego. Resérvelo.

Cerdo

1. Extienda el costillar de cerdo cortando la carne en mariposa con un cuchillo. Salpiméntelo al gusto.
2. Distribuya a lo largo de una de las orillas del costillar una tercera parte de las tiras de chorizo fritas, de los gajos de huevo, de los trozos de chile chipotle y de las hojas de perejil. Enrolle la carne sobre sí misma, dándole una sola vuelta y distribuya la mitad restante de los ingredientes anteriores. Dele una vuelta más a la carne, distribuya el resto de los ingredientes y termine de enrollar toda la carne. Ate firmemente el rollo de cerdo con hilo cáñamo.
3. Ponga sobre el fuego una cacerola grande con el aceite de oliva; cuando se caliente, acitrone los dientes de ajo y la cebolla troceada. Enharine el rollo de cerdo, sacúdale el exceso y añádalo a la olla; dórelo bien por todos lados.
4. Bañe el rollo de cerdo con el tequila y deje que éste se evapore. Añada el jugo de naranja, así como la cantidad suficiente de agua para que el rollo quede cubierto por líquido. Agregue las pimientas y el manojo de hierbas de olor y tape la olla. Deje cocer la carne durante 45 minutos o hasta que esté suave.
5. Saque el rollo de cerdo de la olla y resérvelo. Deje que el líquido de cocción hierva hasta que se reduzca y obtenga una salsa de consistencia espesa.
6. Corte el rollo de cerdo en 6 porciones. Sírvalas bañadas con la salsa, acompañadas con el puré de tubérculos y las hojas de perejil.

Filete
arriero

Rendimiento: **6 porciones** Preparación: **30 min** Cocción: **5 h**

Ingredientes

Fondo de res
- 500 g de huesos de res
- 200 g de cebolla troceada
- 70 g de dientes de ajo
- ½ jitomate
- 1 kg de recortes o puntas de filete de res, troceados
- ½ taza de zanahoria troceada
- 180 g de poro fileteado
- 3 ramas de cilantro
- 3 hojas de laurel
- 10 ramas de mejorana
- 1½ cucharadas de sal
- 8 pimientas gordas

Salsa
- 1.5 ℓ de fondo de res
- 500 ml de vino tinto
- 1 cucharada de mantequilla
- 1 cucharada de harina de trigo

Filetes
- 2 cucharadas de aceite
- 6 filetes de res de 200 g c/u
- 150 g de mantequilla
- 6 chiles serranos sin semillas ni venas, cortados en tiras
- ⅓ de taza de tequila reposado
- 18 nopales *baby* asados
- 6 cebollas cambray asadas
- 3 jitomates cortados en rodajas

Procedimiento

Fondo de res
1. Precaliente el horno a 200 °C.
2. Ponga los huesos de res en una charola para hornear y hornéelos hasta que tengan un color dorado intenso, pero sin quemarse. Retírelos y resérvelos. En otra charola, ase la cebolla, los dientes de ajo y el jitomate.
3. Ponga sobre el fuego una olla grande con 4 litros de agua y agregue los huesos dorados, las verduras asadas y el resto de los ingredientes. Deje que el agua hierva y retire con una espumadera o una cuchara las impurezas que se acumulen en la superficie. Baje el fuego a media intensidad y deje cocer la preparación durante 4 horas o hasta que se reduzca a la mitad. Retire la olla del fuego, cuele el fondo y resérvelo.

Salsa
1. Ponga sobre el fuego una cacerola con el fondo de res y el vino tinto; cuando haya reducido una tercera parte del volumen inicial, retire la cacerola del fuego.
2. Coloque sobre el fuego un sartén con la mantequilla; cuando se derrita, añada la harina y mézclela constantemente hasta obtener una pasta dorada. Vierta la reducción de fondo y vino tinto y mezcle constantemente hasta que obtenga una salsa espesa. Retírela del fuego y resérvela caliente.

Filetes
1. Ponga sobre el fuego un sartén amplio con el aceite; cuando se caliente, selle los filetes de res por todos sus lados hasta que se doren ligeramente. Sáquelos del sartén y resérvelos.
2. Derrita en el mismo sartén la mantequilla y saltee en ella las tiras de chile serrano durante 3 minutos. Añada los filetes sellados y báñelos con el tequila; incline ligeramente el sartén para que el tequila se concentre en una orilla y acerque ésta al fuego para flamear los filetes. Finalmente, agregue la salsa y continúe la cocción hasta que la carne tenga el término de cocción deseado.
3. Sirva los filetes arrieros bañados con la salsa y acompañados con los nopales asados, las cebollas asadas y las rodajas de jitomate.

Sopa de
frutas

Rendimiento: **6 porciones**   Preparación: **30 min**   Cocción: **35 min**   Refrigeración: **30 min**   Congelación: **3-4 h**

Ingredientes

Helado de coco
- 1 ℓ de leche
- 1¼ tazas de azúcar
- 1¼ tazas de coco fresco rallado finamente
- 1 vaina de vainilla abierta por la mitad a lo largo
- cantidad suficiente de cubos de hielo
- 200 g de sal de grano

Nieve de zapote prieto
- 1½ tazas de pulpa de zapote prieto
- 1 taza de azúcar
- 1 taza de agua
- cantidad suficiente de cubos de hielo
- 200 g de sal de grano

Ponche de granadina
- 500 ml de tequila blanco
- el jugo de 10 limones
- 500 ml de jarabe de granadina

Montaje
- 6 cocos
- 500 g de cubos de sandía
- 500 g de cubos de melón
- hojas de menta para decorar

Procedimiento

Helado de coco
1. Ponga sobre fuego bajo una olla con la leche, el azúcar y el coco rallado y deje cocer la preparación durante 30 minutos. Añada la vaina de vainilla, retire la olla del fuego y deje entibiar la mezcla.
2. Raspe el interior de la vaina de vainilla para recuperar todo el interior, añádalo a la mezcla de coco y deseche la vaina. Licue la preparación y refrigérela en un recipiente hermético durante 30 minutos.
3. Saque la mezcla de coco del refrigerador, viértala en el bote de acero inoxidable de una garrafa para helado y tápelo. Llene una tercera parte de la garrafa con cubos de hielo y añada la mitad de la sal y 1 taza de agua; coloque el bote de acero encima, y alrededor distribuya cubos de hielo, casi hasta el borde de la garrafa, el resto de la sal y 1 taza de agua. Gire constantemente el bote de acero dentro del hielo y raspe la mezcla ocasionalmente hasta que adquiera una consistencia cremosa y firme, durante 30 minutos aproximadamente.
4. Transfiera la preparación a un recipiente con tapa y congélela durante 4 horas como mínimo.

Nieve de zapote prieto
1. Pase la pulpa de zapote a través de un tamiz o una coladera de malla fina.
2. Ponga sobre fuego bajo una olla con el azúcar y el agua y deje que hiervan durante 3 minutos o hasta obtener un jarabe ligero. Retírelo del fuego y déjelo entibiar. Incorpórele la pulpa de zapote y deje enfriar la mezcla por completo.
3. Refrigere la mezcla de zapote en un recipiente hermético durante 30 minutos.
4. Para obtener la nieve de zapote repita los pasos 3 y 4 del procedimiento del helado de coco.

Ponche de granadina
1. Mezcle todos los ingredientes y reserve.

Montaje
1. Corte horizontalmente uno de los extremos de los cocos con ayuda de una segueta y vacíeles el agua. Haga otro corte en el lado contrario de los cocos para formarles una base.
2. Distribuya los cubos de sandía y de melón en los cocos y coloque encima de cada uno 1 bola de helado de coco y otra de zapote prieto. Decore con las hojas de menta, y al momento de servir, báñelos con el ponche de granadina.

Josefina
Santacruz

"Comer no es únicamente una necesidad; es también una forma de compartir". Tal es la filosofía que Josefina Santacruz heredó de su familia. Originaria de la Ciudad de México, Josefina fue expuesta a varios tipos de cocina mexicana: la de los puestos callejeros, la comida casera y la de prestigiados restaurantes.

Cursó una licenciatura en administración hotelera en la Universidad Iberoamericana; posteriormente ingresó al *Culinary Institute of America,* donde se graduó de artes culinarias y repostería en 1993. En esa época trabajó en el área de pastelería del hotel The Ritz-Carlton en la ciudad de Washington.

En 1994 regresó a México y abrió el restaurante La Trufa, especializado en cocina francesa contemporánea, donde trabajó hasta 1999. Paralelamente en 1998, siguiendo su pasión por la cocina asiática, inauguró su propio restaurante Mai Pei; fue el primer restaurante de la Ciudad de México en ofrecer variedad de *spring rolls, dumplings* y sopas de influencia asiática. En 2003 colaboró en la apertura del restaurante de pescados y mariscos Pámpano en la ciudad de Nueva York, donde fungió como chef ejecutiva hasta 2008. Durante su estancia en Pámpano logró obtener 2 estrellas del *New York Times* y colocarlo como el mejor restaurante de comida mexicana en Manhattan. En 2005 retomó su pasión por la comida asiática y asistió en la apertura del restaurante latino asiático Zengo en la ciudad de Washington. En el 2006 participó en el desarrollo del concepto, menú y apertura de La Sandía, restaurante mexicano en Denver, Colorado. Un año después participó en la apertura de Pámpano en la Ciudad de México y en Acapulco. Durante el 2008 realizó un viaje por distintos países asiáticos, como Vietnam, India y Camboya, motivada por la voluntad de hacer cosas nuevas y aventurarse de manera distinta en el mundo de la gastronomía.

En 2010 inició una nueva aventura en televisión. Condujo los programas de cocina *La buena dieta* y *Cocina urbana,* transmitidos por elgourmet, y participó en las series *elgourmet responde* y *Recetas caseras desde México*. Recientemente participó con Rick Bayless en su programa *Mexico: One plate at a time*.

Ha sido jurado de varios concursos gastronómicos, como El Joven Chef Mexicano y Cocinero del Año. Ha impartido clases en instituciones culinarias en México y en el extranjero y participado en diversos libros de cocina mexicana como *Quesos mexicanos, Top Chefs de México, Verde en la Cocina Mexicana* y *La Vainilla en México*. Constantemente ofrece demostraciones o conferencias en festivales gastronómicos, entre los cuales destacan: Baja California Culinary Fest; Festival del Chocolate, en Tabasco; Latin Flavors in American Kitchens, en el *Culinary Institute of America* de San Antonio Texas; Maridaje 2013, en Medellín, Colombia; Alimentaria, en Guatemala, y Wine and Food Festival Riviera Maya, en 2013 y 2014. En 2014 fue invitada a cocinar en Estudio Millesime y, en ese mismo año, participó en MESAMÉRICA, impartiendo una conferencia sobre comida callejera. Al año siguiente, retomó el tema de la cocina callejera y de los sabores asiáticos en la conferencia Worlds of Flavor 2015, impartida en el *Culinary Institute of America* de California.

Actualmente es socia y chef del restaurante Sesame, donde se pueden degustar distintos platillos callejeros asiáticos, así como de Paprika. Cocina de especias, que ofrece un mosaico de platillos con sabores distintivos de la zona conocida históricamente como La ruta de las especias.

Tacos de
cachete de res

Rendimiento: 6 porciones   **Preparación:** 25 min   **Cocción:** 3 h 30 min   **Reposo:** 1 noche

Ingredientes

Cebolla morada curtida
- ¼ de cebolla morada fileteada
- 4 cucharadas de vinagre blanco
- 1 cucharadita de miel de abeja
- 1 pizca de sal

Cachete de res
- 1 kg de cachete de res cortado en trozos
- 1 chile ancho sin venas ni semillas, remojado en agua caliente
- 2 dientes de ajo
- 1 cucharadita de café en polvo instantáneo
- 1 cucharada de miel de abeja
- 2 cucharaditas de cominos
- 1 cucharadita de páprika
- ½ taza de ramas de cilantro troceadas
- 1 cucharadita de sal
- 355 ml de cerveza
- 2 cucharadas de aceite de oliva
- el jugo de 3 limones
- cantidad suficiente de caldo de res

Presentación
- 1 cucharada de cilantro picado
- cubos de aguacate al gusto
- gajos de limón al gusto
- salsa roja al gusto
- tortillas de maíz al gusto
- tequila blanco o reposado, al gusto

Procedimiento

Cebolla morada curtida
1. Mezcle en un tazón todos los ingredientes. Tape y reserve en refrigeración durante 4 horas.

Cachete de res
1. Enjuague los trozos de cachete de res con agua, colóquelos en un tazón y resérvelos.
2. Escurra el chile ancho y lícuelo con los dientes de ajo, el café en polvo, la miel de abeja, las especias, el cilantro y la sal hasta que obtenga una preparación homogénea. Incorpórele la cerveza y vierta el molido sobre los trozos de cachete de res. Cubra el tazón con plástico autoadherente y deje marinar la carne en refrigeración durante 1 noche.
3. Precaliente el horno a 130 °C.
4. Ponga sobre el fuego una olla de fondo grueso con el aceite de oliva; cerciórese de que pueda introducir la olla en el horno. Cuando el aceite se caliente, selle los trozos de cachete de res por ambos lados hasta que se doren ligeramente. Añada la marinada y el jugo de limón y mezcle. Tape la olla, introdúzcala en el horno y hornee los trozos de cachete, moviéndolos ocasionalmente, entre 3 y 3½ horas o hasta que la carne esté muy suave. Añada un poco de caldo de res en caso de que la preparación se reseque.

Presentación
1. Incorpore el cilantro a la cebolla morada curtida.
2. Desmenuce la carne y sírvala con la cebolla curtida, cubos de aguacate, gajos de limón, salsa roja y tortillas de maíz al gusto para que cada comensal forme sus tacos. Acompañe con el tequila blanco o reposado de su preferencia.

Ceviche
con sandía al tequila

Rendimiento: **6 porciones**   Preparación: **15 min**   Cocción: **1 min**   Reposo: **30 min**

Ingredientes

- ¼ de taza de jugo de naranja
- 3 cucharadas de tequila blanco
- 3 cucharadas de azúcar
- 1½ tazas de cubos de sandía
- 500 g de pescado blanco cortado en cubos pequeños
- ¼ de taza de jugo de limón
- ¾ de taza de aceite de oliva
- 4 cucharadas de jugo de limón amarillo
- 1 chile serrano picado finamente
- ¼ de cucharadita de sal + cantidad al gusto
- la pulpa de ½ mango cortada en cubos pequeños
- la pulpa de ½ aguacate cortada en cubos pequeños
- 4 cucharadas de cebolla picada finamente
- 1 cucharada de hojas de albahaca picadas finamente
- 1 cucharada de cilantro picado finamente
- brotes de cilantro para decorar
- tostadas de maíz para acompañar

Procedimiento

1. Ponga sobre el fuego un sartén con el jugo de naranja, el tequila y el azúcar; mezcle durante 1 minuto o hasta que el azúcar se disuelva. Retire el sartén del fuego y deje enfriar la preparación.
2. Coloque los cubos de sandía en un tazón y báñelos con la mezcla de naranja y tequila; en otro tazón, mezcle los cubos de pescado con el jugo de limón y sal al gusto. Deje marinar ambas preparaciones en refrigeración durante 30 minutos.
3. Bata en un recipiente el aceite de oliva con el jugo de limón amarillo; añada el chile serrano picado y el ¼ de cucharadita de sal.
4. Cuele los cubos de pescado y mézclelos con los cubos de sandía; añada la mezcla de aceite de oliva y jugo de limón amarillo y mezcle bien; finalmente, incorpore el resto de los ingredientes. Rectifique la cantidad de sal.
5. Distribuya el ceviche en 6 platos, decórelos con brotes de cilantro y sirva con tostadas de maíz.

Aguachile
de camarón

Rendimiento: **6 porciones**   Preparación: **30 min**

Ingredientes

- 600 g de camarón U25, sin cola ni cabeza y pelados
- 1 cucharadita de ajo picado
- 1½ cucharaditas de jengibre picado
- ¼ de taza de tequila blanco
- 1 cucharada de miel de abeja
- ¼ de taza de hojas de hierbabuena picadas
- ¼ de taza de hojas de cilantro picadas
- 2 chiles serranos picados finamente
- 2 cucharadas de jugo de limón
- 2 cucharadas de aceite de oliva
- sal al gusto

Montaje
- 2 pepinos persas cortados en medias lunas
- 1½ cucharaditas de ralladura de limón amarillo
- ½ taza de cebolla morada fileteada
- hojas de hierbabuena al gusto
- hojas de albahaca al gusto
- sal de mar al gusto

Procedimiento

1. Haga una incisión poco profunda a lo largo del lomo de los camarones y retíreles la vena negra o intestinos; posteriormente, córtelos por la mitad a lo largo. Colóquelos en un recipiente y resérvelos.
2. Licue el resto de los ingredientes hasta obtener una preparación homogénea y tersa. Vierta la mitad de la mezcla sobre los camarones y mezcle delicadamente.
3. Acomode los camarones en un plato y báñelos con la mezcla restante. Distribuya encima las medias lunas de pepino, la ralladura de limón, la cebolla fileteada y hojas de hierbabuena y de albahaca al gusto. Espolvoree con un poco de sal de mar y sirva.

Los pepinos persas son cortos con piel delgada y pocas semillas o ninguna.
Si no los encuentra puede sustituirlos con cualquier tipo de pepino.

Duraznos a la parrilla
con jarabe de tequila

Rendimiento: **6 porciones**   Preparación: **15 min**   Cocción: **30 min**   Reposo: **30 min**

Ingredientes

- 2 tazas de jugo de piña
- 1 taza de miel de abeja
- ¼ de taza de tequila añejo
- 4 duraznos
- 90 g de mantequilla derretida
- 1½ tazas de mezcla de hojas de arúgula, espinaca *baby* y col rizada
- ½ taza de queso feta desmoronado

Procedimiento

1. Ponga sobre el fuego una olla pequeña con el jugo de piña y la miel de abeja; cuando hierva, baje el fuego y caliente durante 15 minutos o hasta que obtenga un jarabe. Incorpore el tequila añejo y continúe la cocción durante 2 minutos más. Retire la preparación del fuego y resérvela.
2. Precaliente una parrilla o asador.
3. Corte cada durazno en 6 gajos, deseche la semilla y úntelos con la mantequilla derretida. Colóquelos sobre la parrilla caliente y áselos entre 3 y 4 minutos por cada lado.
4. Coloque los gajos de durazno en un tazón y báñelos con el jarabe de tequila. Déjelos reposar durante 30 minutos.
5. Distribuya la mezcla de hojas en 6 platos, acomode encima los gajos de durazno y añada el queso feta. Bañe con el jarabe de tequila.

Crostinis de salmón
curado con tequila

Rendimiento: 6 porciones

Preparación: 30 min

Reposo: 2-3 min

Ingredientes

Salmón curado
- 150 g de sal de grano
- 200 g de azúcar mascabado
- 50 g de chile piquín molido
- 2 cucharadas de ralladura de limón
- 80 g de cilantro picado
- 1 lomo de salmón de 1 kg con piel
- 2 cucharadas de jugo de limón
- 2 cucharadas de tequila blanco

Crema de aguacate
- 1 taza de pulpa de aguacate
- 2 chiles serranos troceados, o al gusto
- 1 cucharada de aceite de oliva
- 1 cucharadita de jugo de limón
- ½ cucharadita de sal

Montaje
- cantidad suficiente de rebanadas de baguette
- jocoque seco desmoronado, al gusto
- brotes de betabel o de cilantro, al gusto

Procedimiento

Salmón curado
1. Mezcle en un recipiente la sal, el azúcar, el chile piquín, la ralladura de limón y el cilantro picado.
2. Coloque sobre una mesa de trabajo un trozo de manta de cielo extendido y ponga encima, en una de las orillas, el lomo de salmón con la piel hacia abajo. Barnícelo con el jugo de limón y el tequila y después, cúbralo completamente con la mezcla de sal y azúcar. Envuélvalo bien con la manta de cielo y colóquelo en una charola con paredes altas.
3. Ponga sobre el salmón una tabla para picar o cualquier otro objeto medianamente pesado. Déjelo en refrigeración entre 2 y 3 días; un mayor tiempo de reposo intensificará los sabores y aromas generados durante el proceso de curado.
4. Retire el exceso de la mezcla de sal y azúcar del salmón y enjuáguelo con agua fría. Séquelo bien y córtelo en rebanadas muy delgadas.

Crema de aguacate
1. Muela todos los ingredientes hasta obtener un puré terso y sin grumos.

Montaje
1. Unte las rebanadas de baguette por uno de sus lados con la crema de aguacate; colóqueles encima 1 rebanada de salmón y jocoque seco al gusto. Decore con los brotes de betabel o de cilantro.

Prepare la crema de aguacate al momento en que vaya a montar y servir los crostinis, de esta forma evitará que el aguacate se oxide y se ennegrezca.

Flan de cacahuate
con salsa de licor de tequila

Rendimiento: **7 porciones**   Preparación: **15 min**   Cocción: **35-40 min**

Ingredientes

Salsa de licor de tequila
- 1 ℓ de agua
- 700 g de azúcar
- 240 ml de licor de tequila Agavero®
- ¼ de taza de cajeta

Flanes de cacahuate
- cantidad suficiente de cajeta
- 1 lata de leche condensada
- 1 lata de leche evaporada
- 150 g de cacahuates tostados sin sal
- 3 huevos

Decoración
- flores comestibles al gusto
- frambuesas al gusto

Procedimiento

Salsa de licor de tequila
1. Ponga sobre fuego medio una olla con el agua y el azúcar; mezcle y deje cocer el azúcar hasta obtener un jarabe ligero. Retírelo del fuego, déjelo enfriar e incorpórele el licor de tequila y la cajeta.

Flanes de cacahuate
1. Precaliente el horno a 150 °C. Cubra con cajeta la base de 7 moldes individuales para flan; resérvelos.
2. Licue el resto de los ingredientes hasta obtener una mezcla homogénea y sin grumos.
3. Distribuya la mezcla en los moldes lentamente para evitar que se combine con la cajeta. Cúbralos con papel aluminio y colóquelos en una charola para hornear de paredes altas.
4. Introduzca la charola en el horno y añádale la cantidad necesaria de agua caliente para que cubra una cuarta parte de los moldes; verifique que el papel aluminio con el cual los cubrió no tenga contacto con el agua. Hornee los flanes entre 20 y 25 minutos o hasta que estén firmes. Sáquelos, déjelos enfriar y refrigérelos durante 4 horas.
5. Desmolde los flanes sobre platos individuales, báñelos con la salsa de licor de tequila y decore con flores y frambuesas al gusto.

Arturo Rojas

"Ingredientes tradicionalmente mexicanos, como el chile o el mango, son los favoritos de este Cocktail Chef, cuyo principal objetivo es lograr que sus clientes y amigos tengan una experiencia única y diferente a través de sus bebidas". Con la frase anterior, a modo de identidad, Arturo comenzó su carrera en el sector restaurantero a los 16 años en el Grupo Anderson's, donde tuvo la oportunidad de trabajar en diversas ciudades de México y otros países, como Puerto Vallarta, Cancún, Londres y Madrid. En ellas obtuvo conocimientos sobre ingredientes, bebidas y la operación de restaurantes. Decidió estudiar la Licenciatura en Comunicación en la Universidad Iberoamericana sin dejar de lado su oficio detrás de la barra.

En 2006 se unió con la chef Teresita López Liñán al equipo de Diagonal, donde se desempeñó como gerente operativo, además de *Cocktail Chef*, creando e implementando bebidas a través de la experimentación y la innovación.

Participó en distintos eventos como el primer concurso de *Grand Marnier* en 2006 y 2007, en los cuales obtuvo el segundo y primer lugar respectivamente. En 2008 concursó en el *Bartender Tournament* MX, organizado por La Madrileña, donde ganó el primer lugar con su bebida de nombre Granada. En 2009 fue invitado por la marca *Finest Call* a participar en un evento de coctelería y capacitación de *bartenders* en Miami. En 2010 decidió emprender su propio concepto con el restaurante [Co.Lateral] caracterizado por ofrecer cocteles innovadores con técnicas culinarias de vanguardia e ingredientes mexicanos.

Es autor del libro *Cócteles Mexicanos,* publicado por Larousse en 2014. Cuenta con diplomados en enología, destilados y bebidas espirituosas y tomó cursos en la Universidad Iberoamericana sobre administración de centros de consumo de alimentos y bebidas; en *The Culinary Institute of America* en Nueva York sobre vinos y aguardientes; así como cursos de coctelería en la Universidad Autónoma de Barcelona. Además, posee una empresa de asesoría en desarrollo y capacitación en coctelería y en costos y controles de barras. Abrió su tercer restaurante en 2015, Confit, donde presenta un nuevo concepto de coctelería.

El mexicano

Rendimiento: **1 coctel**   Preparación: **10 min**

Ingredientes

- cantidad suficiente de cubos de hielo
- 2 oz de tequila añejo
- 1 oz de vermú dulce o rojo
- 5 gotas de *bitter* de naranja

Decoración
- 1 *twist* de naranja

Procedimiento

1. Llene con cubos de hielo y agua una copa martinera de 6 onzas.
2. Coloque dentro de un *shaker* el tequila añejo, el vermú y el *bitter* de naranja; mezcle con una cuchara bailarina. Llene el *shaker* con cubos de hielo y mezcle nuevamente con la cuchara hasta que el coctel se haya enfriado.
3. Tire los hielos y el agua de la copa martinera y vierta la bebida en la copa, pasándola a través de un colador fino.
4. Sujete el *twist* de naranja de una de sus puntas sobre la bebida, préndale fuego a la punta contraria y déjela flamear durante algunos segundos antes de dejarla caer dentro del coctel.

Flamear el twist *de naranja libera sus aceites esenciales y aporta un aroma cítrico al coctel.*

Sweet Heat

Rendimiento: **1 coctel**   Preparación: **10 min**

Ingredientes

- cantidad suficiente de cubos de hielo
- 2 rodajas de chile jalapeño sin semillas
- 1 oz de jarabe de agave o de jarabe natural
- 2 oz de tequila añejo
- 1 oz de Licor 43®
- 1 oz de jugo de limón

Procedimiento

1. Llene con cubos de hielo y agua una copa martinera de 6 onzas.
2. Coloque dentro de un *shaker* una de las rodajas de chile jalapeño y presiónela con una mano de mortero hasta obtener un puré con grumos. Añada el jarabe de agave o el jarabe natural, mezcle bien y vierta el tequila añejo, el Licor 43® y el jugo de limón.
3. Agregue hielos al *shaker*, ciérrelo y agítelo vigorosamente entre 15 y 20 segundos o hasta que las paredes del *shaker* tengan una apariencia húmeda.
4. Tire los hielos y el agua de la copa martinera. Destape el *shaker* y vierta la bebida en la copa martinera, pasándola a través de un colador fino. Decore con la rodaja de chile jalapeño restante.

Machacar el chile jalapeño con la mano de mortero libera sus aceites esenciales, lo que se traduce en una bebida con un aroma intenso.

Pink Dragon

Rendimiento: 1 coctel   Preparación: 5 min

Ingredientes

- cantidad suficiente de cubos de hielo
- 2 oz de infusión de rosas (ver pág. 354)
- 1½ oz de tequila blanco
- 2 oz de jugo de arándano
- 1 *dash* de licor de granada
- 1 *dash* de jugo de limón
- ¾ de oz de jarabe natural

Decoración
- 1 trozo de cáscara de limón amarillo
- 2 pétalos de rosa

Procedimiento

1. Agregue cubos de hielo a un *shaker* y vierta la infusión de rosas, el tequila blanco, el jugo de arándano, el licor de granada, el jugo de limón y el jarabe natural. Cierre el *shaker* y agítelo vigorosamente durante 15 segundos o hasta que las paredes del *shaker* tengan una apariencia húmeda.
2. Destape el *shaker* y vierta el coctel, sin colarlo, en un vaso *old fashioned*. Decore con el trozo de cáscara de limón amarillo y los pétalos de rosa.

Raspberryquila

Rendimiento: 1 coctel   Preparación: 10 min

Ingredientes

- 6 frambuesas
- 3 oz de jugo de naranja
- ¾ de oz de jarabe natural
- 1½ oz de tequila blanco
- cantidad suficiente de cubos de hielo
- 1½ oz de jugo de arándano
- gotas de jugo de limón amarillo
- cantidad suficiente de hielo *frappé*

Decoración
- 1 rama de hierbabuena
- 4 frambuesas
- 1 media luna de naranja

Procedimiento

1. Coloque en un *shaker* las frambuesas, el jugo de naranja y el jarabe natural; machaque con una mano de mortero hasta obtener un puré. Añada el tequila blanco y mezcle con una cuchara bailarina.
2. Agregue cubos de hielo al *shaker* y vierta el jugo de arándano y algunas gotas de jugo de limón amarillo; ciérrelo y agítelo vigorosamente entre 15 y 20 segundos o hasta que las paredes del *shaker* tengan una apariencia húmeda.
3. Llene con hielo *frappé* un vaso de 16 onzas. Destape el *shaker*, cúbralo con un colador oruga y vierta la bebida en el vaso, pasándola por un colador fino. Decore con la rama de hierbabuena, las frambuesas y la media luna de naranja.

Tepache reposado

Rendimiento: **1 coctel**   Preparación: **10 min**

Ingredientes

- cantidad suficiente de cubos de hielo
- 1½ oz de tequila reposado
- 4 oz de tepache (ver pág. 354)
- ¼ de oz de jerez palomino fino
- ¾ de oz de jarabe de agave

Decoración
- cantidad suficiente de sal de gusano
- chicharrón de chile pasilla (ver pág. 354)

Procedimiento

1. Agregue cubos de hielo a un *shaker* y vierta el tequila reposado, el tepache, el jerez y el jarabe de agave. Cierre el *shaker* y agítelo vigorosamente durante 15 segundos o hasta que las paredes del *shaker* tengan una apariencia húmeda.
2. Llene con cubos de hielo un vaso *old fashioned* de 14 onzas. Destape el *shaker*, cúbralo con un colador oruga y vierta la bebida en el vaso. Forme en la superficie de la bebida una línea con la sal de gusano y decore con el chicharrón de chile pasilla.

Café de olla

Rendimiento: **1 coctel**   Preparación: **10 min**

Ingredientes

- ½ guayaba blanca troceada
- 2 oz de tequila reposado
- 4 oz de jugo de mandarina
- ¾ de oz de jarabe de café de olla (ver pág. 354)
- gotas de jugo de limón
- cantidad suficiente de cubos de hielo

Decoración
- ½ guayaba partida a lo ancho
- ½ gajo de mandarina
- 1 tallo de té limón

Procedimiento

1. Coloque en un *shaker* los trozos de guayaba y presiónelos con una mano de mortero hasta obtener un puré. Añada el tequila reposado, el jugo de mandarina, el jarabe de café de olla y algunas gotas de jugo de limón.
2. Agregue cubos de hielo al *shaker*, ciérrelo y agítelo entre 15 y 20 segundos o hasta que las paredes del *shaker* tengan una apariencia húmeda.
3. Llene con cubos de hielo una copa o vaso de 14 onzas. Destape el *shaker* y vierta la bebida en la copa o vaso, pasándola a través de un colador fino.
4. Retire con una cuchara cafetera la pulpa a la mitad de guayaba y coloque dentro de ella la mitad del gajo de mandarina. Ponga la guayaba con el gajo en la superficie de la bebida y decore con el tallo de té limón.

Bloody María

Rendimiento: 1 coctel   Preparación: 5 min

Ingredientes

- cantidad suficiente de cubos de hielo
- 2 oz de tequila blanco
- 4 oz de jugo de tomate
- ½ oz de jugo de limón
- 4 *dashes* de salsa inglesa
- 4 *dashes* de salsa Tabasco®
- 1 cucharada de *horseradish*
- 1 pizca de sal de apio o sal
- 1 pizca de pimienta negra molida

Decoración
- 1 rama de apio
- 1 brocheta de aceitunas

Procedimiento

1. Agregue cubos de hielo a un *shaker* y añada en él todos los ingredientes. Cierre el *shaker* y agítelo 3 o 4 veces.
2. Añada cubos de hielo a un tarro de 16 onzas. Destape el *shaker*, cúbralo con un colador oruga y vierta la bebida en el vaso. Decore con la rama de apio y la brocheta de aceitunas.

Puede decorar su bebida con cualquier ingrediente que combine con el sabor picante y especiado de la bebida, como pepinillo, pepino, jitomate cherry o pimientos.

Long Island Iced Tea Cocktail

Rendimiento: 1 coctel   Preparación: 5 min

Ingredientes

- cantidad suficiente de cubos de hielo
- 1 oz de tequila blanco
- 1 oz de ginebra
- 1 oz de vodka
- 1 oz de ron blanco
- 1 oz de triple sec
- 1 oz de jugo de limón recién exprimido
- 1 oz de jarabe natural
- cantidad suficiente de refresco de cola

Decoración
- 1 espiral de cáscara de limón

Procedimiento

1. Agregue suficientes cubos de hielo a un vaso *high ball* de 18 onzas y vierta en él todos los ingredientes, excepto el refresco de cola; mezcle bien con una cuchara bailarina. Termine de llenar el vaso con el refresco y decore con la espiral de cáscara de limón.

Tequila Sunrise

Rendimiento: **1 coctel**   Preparación: **5 min**

Ingredientes

- cantidad suficiente de cubos de hielo
- 1½ oz de tequila reposado
- 7 oz de jugo de naranja natural
- ½ oz de jarabe de granadina

Decoración
- 1 media luna de naranja
- 1 cereza al marrasquino (opcional)

Procedimiento

1. Agregue suficientes cubos de hielo a un vaso *high ball* de 16 onzas y vierta el tequila reposado y el jugo de naranja; mezcle con una cuchara bailarina. Añada lentamente la granadina para que caiga al fondo del vaso sin mezclarse con la bebida y que se vea la separación de colores que dan el efecto de un atardecer. Decore con la media luna de naranja y la cereza.

La receta original del sunrise, *concebida en Arizona, Estados Unidos, consistía en 1½ onzas de tequila reposado mezclado con 1 onza de jugo de limón y ½ onza de licor de cassis. Se servía en un vaso con hielos y se terminaba de llenar con agua mineral.*

Margarita

Rendimiento: **1 coctel**   Preparación: **5 min**

Ingredientes

- cantidad suficiente de cubos de hielo
- 1½ oz de tequila blanco
- ¾ de oz de jugo de limón natural
- 1 oz de Cointreau® o de triple sec

Decoración
- sal para escarchar
- 1 rodaja de limón

Procedimiento

1. Agregue cubos de hielo a un *shaker* y vierta el tequila blanco, el jugo de limón y el Cointreau® o triple sec; ciérrelo y agítelo vigorosamente durante 15 segundos o hasta que las paredes del *shaker* tengan una apariencia húmeda.
2. Escarche una copa margarita con sal y agréguele cubos de hielo. Destape el *shaker*, cúbralo con un colador oruga y vierta la bebida en la copa. Decore con la rodaja de limón.

Esta es la receta original del coctel margarita, por lo tanto no es dulce. Si usted desea una bebida dulce, agregue ¾ de onza de jarabe natural junto con el resto de los ingredientes.

Cadillac Margarita

Rendimiento: **1 coctel**   Preparación: **5 min**

Ingredientes

- cantidad suficiente de cubos de hielo
- 1½ oz de tequila reposado o añejo
- ¾ de oz de jugo limón natural
- 1 oz de Grand Marnier®
- ¾ de oz de jarabe de agave

Decoración
- sal para escarchar
- 1 *twist* de naranja

Procedimiento

1. Agregue cubos de hielo a un *shaker* y vierta el tequila reposado o añejo, el jugo de limón, el Grand Marnier® y el jarabe de agave; ciérrelo y agítelo vigorosamente durante 15 segundos o hasta que las paredes del *shaker* tengan una apariencia húmeda.
2. Escarche una copa margarita con sal y agréguele cubos de hielo. Destape el *shaker*, cúbralo con un colador oruga y vierta la bebida en la copa. Decore con el *twist* de naranja.

Recetas complementarias

Jarabe de café de olla

Ingredientes

- 1 ℓ de agua
- 1 cono de piloncillo de 10 cm, troceado
- 40-60 g de café molido
- 4 gotas de extracto de vainilla
- 1 raja de canela de 10 cm, troceada
- cantidad suficiente de azúcar

Procedimiento

1. Ponga sobre fuego bajo una olla con el agua y agregue poco a poco el piloncillo troceado mezclando constantemente hasta que se disuelva por completo. Añada el café molido, el extracto de vainilla y la raja de canela, aumente un poco la intensidad del fuego, deje que la preparación hierva durante 1 minuto y retire la olla del fuego. Pruebe el jarabe y, si es necesario, agregue un poco de azúcar hasta obtener el dulzor deseado.
2. Deje enfriar el jarabe, cuélelo y viértalo en un recipiente con tapa. Consérvelo en refrigeración hasta por 1 mes.

Para obtener un jarabe con un sabor intenso, procure utilizar un café de calidad. Puede utilizar café soluble.

Infusión de rosas

Ingredientes

- 1 ℓ de agua
- los pétalos de 3 rosas comestibles
- 1 tallo de té limón partido por la mitad
- la cáscara de 1 limón amarillo

Procedimiento

1. Coloque en un recipiente el agua con los pétalos de rosa, el tallo de té limón y la cáscara de limón amarillo. Tape el recipiente con plástico autoadherente y deje reposar la preparación en refrigeración entre 24 y 48 horas. Cuele la infusión y viértala en un recipiente con tapa. Consérvela en refrigeración hasta por un mes.

La infusión de los ingredientes en frío libera aceites naturales de los productos.

Chicharrón de pasilla

Ingredientes

- 2 chiles pasilla grandes
- cantidad suficiente de jarabe de agave

Procedimiento

1. Precaliente el horno a 180 °C.
2. Cubra una charola para hornear con papel siliconado, coloque encima los chiles pasilla y barnícelos con el jarabe de agave utilizando una brocha. Hornéelos durante 10 minutos o hasta que estén crujientes, pero no muy dorados. Déjelos enfriar.
3. Corte los chiles en la forma deseada con unas tijeras.

Tepache

Ingredientes

- 1 piña lavada y desinfectada
- 3 ℓ de agua
- 8 clavos
- 1 raja de canela de 15 cm troceada
- 3 pimientas gordas
- ¼ de cucharadita de cardamomo
- ¼ de oz de extracto de vainilla o ¼ de vaina de vainilla
- 360 g de piloncillo rallado

Procedimiento

1. Pele la piña y corte la pulpa en cubos. Reserve la cáscara y licue los cubos de pulpa con 1 litro de agua.
2. Ponga dentro de una olla de barro con capacidad de 5 litros la cáscara y el licuado de piña. Añada 1 litro de agua, las especias y el extracto o la vaina de vainilla. Tape la olla con una manta de cielo y colóquele encima una tapa, dejando un espacio entreabierto. Deje reposar la preparación a temperatura ambiente durante 24 horas.
3. Ponga sobre el fuego una olla con el agua restante y el piloncillo rallado, moviéndolo constantemente hasta que el piloncillo se disuelva; retire la olla del fuego y deje enfriar la preparación.
4. Vierta el agua con piloncillo en la olla sobre el resto de los ingredientes y mezcle bien. Deje reposar durante 2 días más. Transcurrido este tiempo deberá formarse una espuma blanca en la superficie, la cual indica que ya ha ocurrido la fermentación. Cuele el tepache, o bien, déjelo fermentar entre 3 y 5 días más dependiendo del grado de alcohol que desee obtener.
5. Conserve el tepache en refrigeración en un recipiente con tapa hasta por 1 mes.

Glosario
de términos

Abocante. En el tequila, producto que se le añade antes de su envasado para otorgarle características de sabor y color determinadas. De acuerdo con la NOM-006-SC-FI-2012, los abocantes permitidos son color caramelo, extracto natural de roble o encino, glicerina o jarabe a base de azúcar.

Acetaldehído. Compuesto orgánico con olor afrutado, sin color y volátil, con un punto de ebullición de 21 °C. También se le conoce como etanal.

Acocote. Fruto alargado y hueco proveniente de la planta del mismo nombre que, una vez seco, se perfora por ambos extremos para ser utilizado en la extracción de aguamiel.

Adulterado. Término que designa la alteración de alguna bebida por la adición de productos externos a los convenidos o permitidos. De acuerdo con la norma que regula al tequila, la adulteración en esta bebida se da al añadir algún producto no permitido en cualquier fase de elaboración y distribución.

Agave. Género de plantas suculentas pertenecientes a la familia de las agaváceas. También se les conoce como maguey o mezcal.

Aguamiel. Savia del agave obtenida por medio del raspado del corazón de dicha planta.

Alambique. Artefacto utilizado para destilar, formado por una caldera y un condensador con una salida para el destilado. A diferencia de la alquitara, en el alambique se controla mejor el proceso de vaporización y condensación.

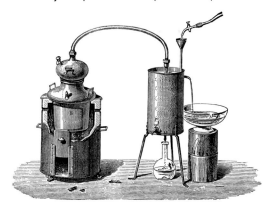

Alcoholes superiores. Compuestos orgánicos con más de dos átomos de carbono. Los más frecuentes en bebidas alcohólicas son propanol-I, 2-butanol, alcohol isobutílico y alcoholes amílicos.

Alquitara. Artefacto para destilar compuesto por tres elementos: una olla donde se coloca el producto a destilar, una copa y un capotillo que los conecta. Se diferencia del alambique, ya que en la alquitara se tiene un menor control del proceso de vaporización y condensación.

Añejo. Véase Tequila añejo.

Aroma. Término que, en el tequila, designa los olores que prevalecen después del proceso de cocción, fermentación, destilación y añejamiento.

Ataque. En la cata del tequila, primera impresión que se percibe en boca al probarlo.

Bacanora. Bebida destilada que se obtiene del *Agave vivípara,* conocido como *Agave angustifolia,* tradicional de Sonora. Posee Denominación de Origen.

Barbeo. Técnica agrícola que consiste en podar o despuntar las pencas de la planta de agave.

Barrica. Contenedor de madera para el añejamiento del tequila con una capacidad de entre 200 y 600 litros. También se le llama tonel.

Bebida espirituosa. Bebida alcohólica que se obtiene mediante destilación y contiene un mínimo de 15% Alc. Vol.

Bitter. Término que designa a los licores de sabor amargo que son producto de la maceración de varias plantas, cortezas, semillas y raíces, como genciana, quinina, naranja y sarrapia. Existen numerosas marcas de *bitters* en el mercado: Campari®, Fernet Branca® y Amargo de Angostura® son algunas de las más comunes.

Blanco. Véase Tequila blanco.

Bulbilo. En el agave, brotes que nacen a lo largo del quiote de floración cuyo fin es la reproducción asexual de la planta.

Caballito. Recipiente pequeño y alargado de cristal en el cual se sirve tradicionalmente el tequila. Su capacidad es de 1 a 3 onzas. Cuenta con un fondo reforzado que anteriormente servía para absorber el golpe que recibía después de que el trago fuera bebido.

Cámara Nacional de la Industria Tequilera (CNIT). Institución mexicana encargada de representar, promover y defender los intereses comunes de todos sus socios, los cuales están involucrados en uno o varios procesos de la industria del tequila. Antes de 1997 se llamó Cámara Regional de la Industria Tequilera (CRIT), cuyos antecedentes se remontan a 1955 cuando se integró como una sociedad formada por productores, empresarios y personas del gremio que buscaban la protección del tequila.

Capar. Acción de cortar las hojas centrales de la planta de agave.

Castaña. Recipiente de madera empleado para almacenar y transportar tequila, descendiente de la tradición vinícola europea.

Cata. Término que designa el análisis realizado a las bebidas o alimentos por medio de los sentidos para identificar sus características específicas. En el caso del tequila, este análisis se divide en tres etapas:

- Análisis visual. Necesario para determinar las características visibles del tequila, como color, matices, intensidad y cuerpo.
- Análisis olfativo. Para reconocer las características que se identifican por medio del olfato. En él se pueden identificar aromas primarios, secundarios y terciarios.
- Análisis gustativo. Se enfoca en reconocer las características del tequila en boca, como sabores, cuerpo, persistencia y sensación.

Chaser. 1. Porción de alguna bebida, principalmente agua mineral, que acompaña los tragos de bebidas alcohólicas fuertes. Su función es limpiar el paladar después de beber. 2. Vaso en el que se sirve dicha agua con una capacidad de 5 onzas.

CNIT. Véase Cámara Nacional de la Industria Tequilera.

Coa de jima o coa. Herramienta en forma de pala plana utilizada en labores agrícolas de jima.

Coctel. Término genérico que designa a una bebida, alcohólica o no, compuesta por dos o más ingredientes.

Columna de destilación. Llamada también torre de destilación, es un aparato utilizado para condensar el alcohol de manera fraccionada. Su función es separar las diferentes sustancias volátiles en el mosto, por medio del vapor caliente, para obtener el alcohol.

Consejo Regulador del Tequila (CRT). Organización enfocada en verificar y certificar el cumplimiento de la Norma Oficial referente al tequila.

Copa Riedel® para tequila. Copa de tallo largo y boca angosta con una capacidad de 7 onzas, fabricada por la casa Riedel®. Es ideal para apreciar todas las características del tequila, principalmente los aromas.

Cristalino. Característica física de los tequilas blancos y los madurados cristalinos que en apariencia son transparentes y brillantes, con diversos matices. Véase Tequila cristalino.

CRIT. Cámara Regional de la Industria Tequilera. Véase Cámara Nacional de la Industria Tequilera.

CRT. Véase Consejo Regulador del Tequila.

Cuchara bailarina. Cuchara de mango largo empleada en coctelería para mezclar.

Cucharilla. Herramienta en forma de cuchara con un mango de madera, con orilla de metal, curva y filosa, empleada para raspar el maguey y obtener al aguamiel. También se le conoce como raspador u *ocaxtle.*

Damajuana. Envase para líquidos de vidrio soplado o loza forrado de fibras de agave. Es de forma esférica con un cuello similar a las botellas de vino.

Dash. Medida utilizada en coctelería que corresponde a 1 ml aproximadamente.

Denominación de Origen (DO). Región geográfica que designa un producto, alimenticio y agrícola principalmente, que debido a sus características geográficas, de producción e históricas se ha ganado un lugar distintivo entre los de su familia o categoría. Persigue la protección de ese producto en cuanto a nombre, proceso y comercialización frente a otros productores que deseen aprovecharse de lo que la DO ha declarado que le corresponde a tal. De acuerdo con el artículo 156 de la Ley de la Propiedad Industrial en México: "se entiende por denominación de origen el nombre de una región geográfica del país que sirva para designar un producto originario de la misma, y cuya calidad o características se deban exclusivamente al medio geográfico, comprendiendo en éste los factores naturales y humanos".

Denominación de Origen Tequila (DOT). Denominación de Origen centrada específicamente en el tequila. En ella se indican las demarcaciones territoriales en las cuales es posible producir y envasar tequila.

Derecho. Término empleado para referir que un trago se bebe de una sola vez directamente del vaso o la copa, sin ningún otro acompañante.

Deshije. Selección y extracción del hijuelo de la planta del agave con el fin de mantener a los más potenciales para su futura siembra.

Desquiote. Eliminación del tallo floral o quiote del agave.

Destilación. Proceso en el que se separan las diversas sustancias volátiles de un líquido mediante evaporación y condensación.

Destilado. Bebida alcohólica obtenida por medio de un proceso de evaporación y condensación de las sustancias volátiles.

Digestivo. Bebida que se consume al final de una comida por sus propiedades de favorecer la digestión.

Extra añejo. Véase Tequila extra añejo.

Exudación. Proceso que libera algún líquido de un contenedor a través de pequeños orificios. En el caso de los tequilas madurados en contenedores de madera, un poco del líquido contenido que ha sido absorbido por la misma, atraviesa sus poros y se libera.

Fermentación alcohólica. Proceso mediante el cual los azúcares se transforman en alcohol y bióxido de carbono gracias a la presencia de una levadura.

Grados Gay-Lussac (°GL). Medida que expresa el contenido de alcohol en un líquido con relación a su porcentaje en 100 unidades de éste. Por ejemplo, la indicación en una bebida alcohólica de 35 °GL, significa que existen 35 ml de alcohol en 100 ml de la bebida.

Guaje. Recipiente de forma ovalada, alargada o esférica que sirve para almacenar líquidos o alimentos calientes. Es elaborado a partir del fruto seco *Lagenaria siceraria.*

Hendido. En la elaboración de barricas, técnica de corte por medio de desgarramiento específica para la madera de roble francés. El corte sigue las vetas (radio medular) de la madera para garantizar que no existan filtraciones de la bebida que se madurará en ella.

Hijuelo. Retoño de la planta de agave que nace de los rizomas, generalmente junto a la planta madre o un poco alejado de ella.

Horno de mampostería. Aparato para cocer diferentes productos hecho de mampuesto o piedras sin labrar.

Horno de pozo. Hoyo en la tierra donde se colocan piedras calientes y posteriormente se coloca el producto a hornear, ya sea directamente o sobre una capa de hojas. Se cubre con más tierra y se deja cocer.

Inoculación. Incorporar una sustancia de manera voluntaria a otra con el objetivo de activar un proceso. En el caso del tequila, se refiere al hecho de añadir al mosto cepas de levadura para agilizar el proceso de fermentación y, en algunos casos, para obtener características organolépticas específicas en el producto final.

Jima. Proceso en el que se separa la planta de la tierra y se retiran las pencas del agave para obtener la piña y proceder a la elaboración del tequila.

Jimador. Persona encargada de darle mantenimiento a los plantíos de agave realizando barbeos y podas, así como limpiar el agave de follaje y cosecharlo cuando está maduro para obtener la piña.

Joven. Véase Tequila joven.

Maestro tequilero. Persona que vigila el proceso de elaboración del tequila siguiendo los estándares y características que distinguen a la casa tequilera a la cual pertenece.

Maguey. Véase Agave.

Marca colectiva. Signo que utiliza un grupo de asociaciones, productores, fabricantes o prestadores de servicio con el objetivo de ser identificados por un mercado específico mediante las características de sus productos y servicios.

Maridar. Combinación idónea entre bebidas y alimentos con el fin de resaltar las características de ambos.

Metanol. Compuesto químico resultado de la destilación de madera a baja temperatura. Su consumo es altamente tóxico, por lo que la cantidad contenida en un aguardiente es estrictamente regulada.

Mexcalli. Nombre que los mexicas daban al alimento resultado de la cocción de la piña del agave.

Mezcal. Bebida destilada elaborada a partir de una o distintas variedades de agave que cuenta con DO y está protegida con la NOM-070-SCFI-1994. Cabe aclarar que hasta hace algunos años el término mezcal se aplicaba a las bebidas alcohólicas obtenidas de la destilación del jugo de diferentes variedades de agave, sin importar su proceso o región de producción.

Montera. Tapa cónica o cilíndrica de la olla utilizada para destilación. Su función es alojar la mayor cantidad de vapores antes de la condensación.

Mosto. Líquido proveniente de la hidrólisis del agave, y en su caso, de azúcares naturales provenientes de otros productos, listo para pasar por el proceso de fermentación.

Norma Oficial Mexicana NOM-006-SCFI-2012. Documento que establece las características y especificaciones que deben cumplir todos los integrantes de la cadena productiva, industrial y comercial del tequila en los procesos relacionados con el abasto de *Agave tequilana* Weber variedad azul, la producción, envase, comercialización, información y prácticas comerciales de dicha bebida.

Nota. Término que en la cata de bebidas alcohólicas se emplea para designar las sutilezas de los aromas y los sabores.

Onza. Medida de volumen de líquidos utilizada en los países anglosajones y en coctelería. 1 oz equivale a 30 mililitros aproximadamente.

Ordinario. Véase Tequila ordinario.

Organoléptico. Conjunto de percepciones sensoriales que incluyen olor, color, sabor, textura, consistencia, entre otras.

Ósmosis inversa. Proceso donde una solución pasa a través de una membrana semipermeable por medio de presión, reteniendo en dicha membrana los iones y moléculas de mayor tamaño. Este proceso es empleado por algunas casas tequileras para el tratamiento del agua que utilizan en el proceso de producción del tequila.

Palenque. Término con el cual se designa popularmente a la fábrica o destilería donde se produce mezcal.

Palo de timbre. Arbusto de la familia de las leguminosas. Tanto su raíz como su fruto y corteza son ampliamente utilizados para potenciar y acelerar la fermentación de bebidas de baja graduación alcohólica.

Penca. Hoja del agave.

Persistencia. Término que en la cata del tequila designa la duración de los sabores en boca.

Personalidad. En el tequila, características organolépticas que le dan identidad y que varían de acuerdo con cada casa productora.

Pileta. Estanque elaborado de mampuesto donde se deja fermentar el mosto de agave para la elaboración del mezcal.

Piña. Término con el que se designa al corazón de la planta de agave, una vez que éste ha sido jimado.

Pipón. Tanque de madera con una capacidad de 5 mil hasta 80 mil litros.

Poda. Labor agrícola de mantenimiento en el agave que refiere al corte controlado de las pencas.

Premium. Término empleado como distintivo en los tequilas que tienen un valor agregado en una o más características de su materia prima, proceso de producción y de distribución incluso. Este valor agregado puede ubicarse en cualquier materia prima o etapa de elaboración del tequila. Su objetivo es distinguir al producto con una exclusividad frente a otros tequilas del mercado.

Producción por lotes. Fabricación de productos en cantidades agrupadas. Cada cantidad es envasada en un mismo periodo para su etiquetado.

Pulque. Bebida fermentada obtenida a partir del aguamiel de ciertos agaves.

Pungencia. En la cata del tequila, término que designa una ligera irritación que se siente en el paladar después de beberlo.

Quiote. Tallo floral localizado en el centro de la planta del agave. Se acostumbra comer cocido y asado, igual que las flores del maguey. Si la planta está destinada a extraerle la piña o corazón para posteriormente extraer de ella algún destilado, es necesario evitar el crecimiento del quiote en el agave.

Regusto. Sensación que queda en la boca después de haber ingerido algún alimento o bebida. En el caso de las bebidas alcohólicas, el regusto puede ser más o menos prolongado, así como más o menos preciso, de acuerdo con el tipo de bebida y sus características de elaboración. Generalmente, al catar bebidas alcohólicas se identifican en el regusto aromas complementarios a los detectados por la nariz o por las papilas gustativas, lo cual ayuda a definir mejor las características de dicha bebida. Aunque a esta característica es muy común que se le designe como retrogusto, el término adecuado para llamarla es regusto.

Reposado. Véase Tequila reposado.

Rizoma. Tipo de tallo ramificado de algunas plantas que crece de manera subterránea en sentido horizontal. Suele producir brotes y raíces de cada uno de sus nudos.

Sangrita. Bebida preparada con jugo de naranja agria y jarabe de granadina que se utiliza para beber alternadamente con el tequila.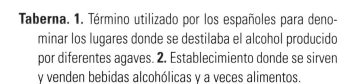

Simbiosis. Término para designar la interacción entre dos o más organismos de distintas especies que genera beneficio mutuo.

Taberna. 1. Término utilizado por los españoles para denominar los lugares donde se destilaba el alcohol producido por diferentes agaves. **2.** Establecimiento donde se sirven y venden bebidas alcohólicas y a veces alimentos.

Tahona. Estructura circular donde se hace girar una piedra para moler.

Tequila. Aguardiente obtenido de la destilación del *Agave tequilana* Weber variedad azul, originaria de Jalisco y con Denominación de Origen.

Tequila 100% agave. Categoría de tequila elaborado exclusivamente con *Agave tequilana* Weber variedad azul sin ningún tipo de azúcar distinto al de la planta de origen, que debe ser envasado en una planta dentro de la indicación de origen de la DOT.

Tequila añejo. Tipo de tequila reposado en barrica por un periodo mínimo de 12 meses.

Tequila blanco o plata. Tequila que no ha tenido reposo en barrica o éste ha sido menor a 2 meses y que se embotella inmediatamente después de ser filtrado.

Tequila cristalino. Tipo de tequila reposado, añejo o extra añejo que ha pasado por un proceso de filtrado posterior a la maduración con el objetivo de eliminar el color obtenido en barrica conservando las otras propiedades organolépticas adquiridas durante el reposo.

Tequila extra añejo. Tequila que ha reposado en barrica por un periodo mínimo de 3 años.

Tequila joven. 1. Tipo de tequila que resulta de la mezcla de un tequila blanco y alguna otra variedad, como tequila reposado, añejo o extra añejo. **2.** Tequila blanco al que se le ha añadido algún tipo de abocante.

Tequila mixto. Categoría de tequila elaborado con un mínimo de 51% de azúcares provenientes de la planta *Agave tequilana* Weber variedad azul y 49% de otra procedencia que no sea ningún tipo de agave.

Tequila plata. Véase Tequila blanco.

Tequila reposado. Tipo de tequila que ha pasado por un proceso de maduración en barrica durante dos meses como mínimo.

Tlachiquero. Persona encargada del raspado del agave para la extracción del aguamiel.

Tonel. Véase Barrica.

Trago corto. Bebida que se ingiere de una sola vez, en un vaso con capacidad menor a 4 oz.

Trago largo. Bebida que se sirve en un vaso o copa con capacidad mayor a 4 oz, en donde los productos con contenido alcohólico son diluidos con otros no alcohólicos.

Vinazas. Residuos acuosos que se generan como producto de la destilación de sustancias orgánicas provenientes del agave.

Vino mezcal. Término utilizado posterior al siglo XVI y hasta inicios del siglo XX para designar a todo destilado elaborado a partir del agave.

Glosario
de recetas

Acremar. Mezclar o batir un ingrediente o una preparación hasta suavizarla para que adquiera una consistencia cremosa.

Ahumador. Horno para someter algún producto al humo. Existen tradicionales como las chimeneas de ladrillo o metálicos. Esta técnica le otorga a los alimentos un sabor y perfume característicos.

Baño maría. Procedimiento que consiste en poner un recipiente que contiene una preparación dentro de otro con agua hirviendo o caliente, ya sea para cocerlo o para mantenerlo caliente. Esta técnica es utilizada con ingredientes o preparaciones delicados, ya que permite distribuir el calor uniformemente y controlar la temperatura. Por extensión, se le conoce también con este nombre al utensilio de cocción.

Blanquear. Hervir brevemente en líquido un alimento que se retira y se coloca inmediatamente en agua fría. Esta técnica se utiliza en productos que necesitan un mínimo cocimiento, o en aquellos donde  el método posterior al que serán sometidos completará su cocción. Generalmente se realiza en agua o caldo.

Cernir. Técnica que consiste en pasar un ingrediente seco a través un colador o tamiz.

Colador oruga. Utensilio de acero inoxidable que se adapta perfectamente a la boca de un *shaker*. Consiste en una placa metálica con pequeños orificios alrededor del cual hay una espiral que simula un gusano, de ahí su nombre. Su función es evitar el paso de hielos y pedazos grandes de fruta al momento de verter el coctel en un vaso o copa.

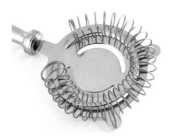

Copa globo o coñaquera. Copa de tallo pequeño y boca ancha con una capacidad de 10 onzas.

Copa martinera. Copa de pie medio, boca ancha y altura media, con capacidad de 4 a 12 oz. Sirve para tragos cortos como martinis y otros cocteles que deben tomarse fríos, pero que se sirven sin hielo. Esta copa debe sujetarse del tallo para evitar calentar la bebida.

Espumadera. Cuchara ancha y redonda, de acero inoxidable con orificios y un mango largo. Sirve para retirar la espuma de la superficie de los líquidos.

Flamear. Rociar una preparación que se encuentre sobre el fuego con algún producto alcohólico como destilado, vino o licor que, al hacer contacto con la flama, se prende de inmediato. El objetivo es otorgarle un sabor más intenso al platillo  o perfumarlo con el sabor de la bebida alcohólica.

Garrafa para helado. Utensilio para realizar nieves o helados de manera artesanal. Está formado por una barrica, donde se colocan los hielos con sal y un cilindro de acero inoxidable donde se colocan los ingredientes para la nieve.

Goma xantana. Aditivo natural que se utiliza como espesante y emulsificante en algunas preparaciones como gelatinas y geles.

Granadina. Jarabe que se elabora comercialmente con jugo de granada y azúcar. Se utiliza en coctelería para endulzar y colorear varias bebidas, y en algunos casos, para resaltar los sabores de los frutos rojos.

Grand Marnier®. Marca comercial de un licor francés elaborado a base de coñac y esencia de naranja con un volumen de alcohol de 40%.

Horseradish. Planta de la familia de las brasicáceas. La raíz es utilizada como especia para aromatizar diferentes platillos.

Jarabe TPT. Almíbar hecho a partir de cantidades iguales de azúcar y líquido. TPT hace referencia a la frase "tanto por tanto".

Lapsang souchong. Té negro elaborado con hojas ahumadas proveniente de China. Se diferencia de otros tés porque sus hojas son más cortas y de más edad.

Mandolina. Utensilio para obtener rebanadas de alimentos sólidos, como frutas, verduras o embutidos.

Manteca de cacao. Materia grasa pura obtenida de la pasta de cacao. La manteca de cacao de calidad tiene un color pálido intenso. Se debe almacenar en un lugar fresco y oscuro, cubierta con plástico adherente o en una bolsa de papel estraza, encerado o resellable para evitar que absorba aromas.

Margarita. Coctel a base de tequila, jugo de limón y licor triple sec. Es considerado el más conocido en México, muy solicitado en bares y restaurantes donde se sirve como aperitivo.

Marinar. Técnica que consiste en sumergir o cubrir un alimento en un preparado durante un tiempo variable para aumentar su sabor, para cambiar las propiedades de dicho alimento o para conservarlos por un tiempo mayor. La marinada puede ser líquida con productos como jugo de limón, vinagre o leche, o semilíquida como en el caso de alguna pasta o adobo. Otros nombres son macerar o adobar.

Molcajete. Utensilio de origen prehispánico parecido a un mortero con tres patas cortas, hecho de piedra o barro. Se utiliza para moler distintos ingredientes, principalmente salsas.

Ostión de roca. Variedad de molusco que habita en las costas del Pacífico. Se encuentra pegado a las rocas donde rompe el oleaje, de ahí el nombre.

Pacojet®. Máquina para procesar alimentos con los cuales se desea obtener una consistencia fina y cremosa. Es ideal para realizar helados y sorbetes, aunque también se ocupa para recetas saladas.

Papel siliconado. Papel tratado con silicón que ayuda a que no se peguen los productos. En las tiendas de materias primas también se le conoce como papel estrella por el diseño de estrellas que posee. Se puede hornear sin problemas y es muy resistente. Es una gran herramienta para diversos usos: forrar charolas, especialmente en el caso de merengues y galletas, evitando que se peguen o se doren por abajo; hacer conos o elaborar decoraciones con chocolate, pastas y azúcar.

Pericón. Cuatro especies de plantas de la familia de las asteráceas que producen flores similares entre sí; su sabor y aroma recuerdan al anís. Son plantas de hojas pequeñas y flores de color amarillo intenso, que abundan en prados y caminos. También se les conoce como anisillo.

Quenelle. 1. Preparación realizada a partir de harina de trigo, agua y materia grasa. **2.** Presentación en forma de huso de una guarnición. Es hecha con la ayuda de dos cucharas, primero tomando una porción con una y dando forma con la segunda.

Reducir. Hervir un líquido hasta que espese. Cuando el líquido que se reduce tiene azúcar, lo recomendable es hacerlo a fuego bajo para concentrar los sabores sin caramelizar el azúcar.

Sellar. Técnica que no cocina por completo el alimento, se puede aplicar a cualquier tipo de carnes, principalmente las rojas y aves. A fuego alto sobre un sartén con poco aceite se dora la carne en toda su superficie; de esta forma, la carne obtiene un color dorado gracias a la reacción de Maillard, desarrollando nuevos sabores.

Shaker. Utensilio de acero inoxidable, plata, latón o policarbonato, utilizado principalmente para enfriar rápidamente un coctel o algunos de sus componentes y mezclar ingredientes que por su densidad o composición química, resultan difíciles de combinar como purés de fruta, jugos, huevo, crema, leche y miel.

Sofreír. Método que consiste en cocer sobre un sartén o una cacerola con poca grasa un alimento hasta eliminar parte o toda el agua que contiene. Con esto se logra concentrar los jugos en la preparación. Dependiendo del alimento, se regula el calor para propiciar que se dore o evitarlo.

Tatemar. Método de cocción donde el producto sometido es cocinado hasta quemarse o carbonizarse parcial o totalmente. Se puede realizar por conducción (sobre un comal, como en el caso de algunos tamales de pescados o verduras) o en un horno (como en las preparaciones de carnes adobadas y horneadas hasta ennegrecerse ligeramente).

Tonel. Véase Barrica.

Triple sec. Término que designa una variedad de licores obtenidos por la triple destilación de cáscaras de naranja maceradas en alcohol.

Twist. Tira delgada de la cáscara de algún cítrico, la cual se enrolla o se dobla sobre sí misma para liberar sus aceites, que se coloca dentro de un coctel para aromatizarlo.

Vaso high ball. Vaso alto y delgado con una capacidad de 10 a 12 oz. En él se sirven tragos largos, generalmente cocteles, que combinan jugos de fruta o bebidas gaseosas y cubos de hielo.

Vaso old fashioned o rocas. Vaso bajo y ancho con capacidad de 10 a 12 onzas y el fondo reforzado; originalmente el diseño del vaso era cuadrado, pero en la actualidad se pueden encontrar varios modelos.

Vaso tipo shot. Vaso bajo y delgado con capacidad de 1 a 4 oz, donde se sirven tragos cortos.

Vermú. Destilado de origen italiano elaborado a base de vino y aromatizado con hierbas, frutas y especias. Se utiliza en coctelería para darle un sabor seco a las bebidas.

Xoconostle. Tuna semiseca apreciada por su sabor ácido y consistencia firme, se emplea como verdura en distintos guisos o como fruta en preparaciones dulces y alcohólicas.

Índices

Ingredientes de recetas

Láminas

Bibliografía

Libros y documentos impresos, digitales y audiovisuales de investigación y divulgación

Aviña-Padilla, Katia *et al.*, "El mal llamado SIDA del agave tequilero", *Claridades agropecuarias*, México, D.F., No. 175, marzo, 2008, en http://www.infoaserca.gob.mx/claridades/revistas/175/ca175.pdf#page=27.

Barcia, Roque, *Primer Diccionario General Etimológico de la Lengua Española*, Vol. 5, Parte 1, Madrid, 1883.

Benavente, Toribio de, *Historia de los Indios de la Nueva España*, Herederos de J. Gili, Barcelona, 1914.

Bosch de Souza, Guadalupe, *La Madrileña. Un siglo de compromiso 1911-2011*, MBLM, México, D.F., 2011.

Brito, Baltazar (curador), *Edición Digital del Código Mendoza,* Instituto Nacional de Antropología e Historia, México, D.F., 2014, en http://codicemendoza.inah.gob.mx/index.php?lang=spanish.

Bruman, Henry J., *Aboriginal drink areas in New Spain*, University of California, Berkeley, 1940.

Castro Díaz, A. S. y J. A. Guerrero-Beltrán, "El agave y sus productos", *Temas Selectos de Ingeniería de Alimentos,* Cholula, Vol. 7, No. 2, agosto-diciembre, 2013.

Crespo González, Marcos Rafael, "Proceso de compostaje de bagazo de agave tequilero a gran escala y uso de la composta para el cultivo del *Agave tequilana* en contenedor", Tesis, Universidad de Guadalajara, 2011, en http://biblioteca.cucba.udg.mx:8080/xmlui/bitstream/handle/123456789/4779/Crespo_Gonzalez_Marcos_Rafael.pdf?sequence=1.

Diez, Jesús, *El ABC del vino*, Larousse, México, D.F., 2012.

Domínguez Rosales, Manuel Salvador *et al.*, "El cultivo *in vitro* como herramienta para el aprovechamiento, mejoramiento y conservación de especies del género *Agave*", *Investigación y Ciencia de la Universidad Autónoma de Aguascalientes*, Aguascalientes, Año 16, No. 41, mayo-agosto, 2008, en http://www.uaa.mx/investigacion/revista/archivo/revista41/Articulo%208.pdf.

"Elaboración de Alcohol Etílico", Alconoa, Buenos Aires, en http://www.alconoa.com.ar/documentos/Elaboracion%20Alcohol%20Etilico.pdf.

Escobar Guzmán, Rocío Elizabeth, "Estudio de la biología reproductiva y análisis molecular de la reproducción sexual y asexual de *Agave tequilana* Weber var. Azul", Tesis, Centro de Investigación y de Estudios Avanzados del Instituto Politécnico Nacional-Unidad Irapuato, 2009, en http://www.ira.cinvestav.mx:86/tesis/escobar_2009.pdf.

Explora México y Centro de Investigación Científica de Yucatán, "Trailer Mezcales del Occidente de México y la Destilación Prehispánica", 3 de abril de 2013, video en línea, en http://www.cicy.mx/sitios/Mezcales-del-occidente-destilacion-prehispanica/index.html.

García Mendoza, Abisaí J., "Los agaves de México", *Ciencias,* México, D.F., No. 87, julio-septiembre, 2007, en http://www.ejournal.unam.mx/cns/no87/CNS087000003.pdf.

García, Wison, "Cocuy Pecayero tradición venezolana con calidad de exportación", Servicio Autónomo de la Propiedad Intelectual/Ministerio del Poder Popular para Industria, Caracas, 9 de septiembre de 2015, en http://sapi.gob.ve/?p=1181.

Gómez Arriola, Ignacio, "Patrimonio Mundial. El Paisaje agavero y las antiguas instalaciones industriales de Tequila", *Cuadernos del Patrimonio Cultural y Turismo*, México, D.F., No. 15, en http://www.cultura.gob.mx/turismocultural/cuadernos/pdf15/articulo5.pdf.

Gómez Arriola, Ignacio, *Tequila. De la antigua taberna artesanal a una industria de alcance global*, Cámara Nacional de la Industria Tequilera, Guadalajara, 2012.

González Ávalos, Edahí, "Dra. June K. Simpson. 'Estudios en *Agave Tequilana*'", en http://www.lcg.unam.mx/files/June_Simpson_2.pdf.

Goyas Mejía, Ramón, "Tierra de 'pan llevar', desarrollo y ocaso de la hacienda Cuisillos", *Tzintzun*, Morelia, No. 56, julio-diciembre, 2012, en http://www.scielo.org.mx/scielo.php?script=sci_arttext&pid=S0188-28722012000200002.

"Guerra mexicana en Sudáfrica por el tequila", Proceso, Pretoria, 16 de mayo de 2004.

Iñiguez, Gilberto *et al.*, "Utilización de supbroductos de la industria tequilera. Parte 7. Compostaje de bagazo de agave y vinazas tequileras", *Revista Internacional de Contaminación Ambiental*, México, D.F., Vol. 21, No. 1, 2005.

"Jalisco. Tequila, mariachi, charrería", *México Desconocido*, No. 167, México, D.F., 2015.

Jiménez Vizcarra, Miguel Claudio, *El origen y desarrollo de la agroindustria del vino mezcal tequila,* Benemérita Sociedad de Geografía y Estadística del Estado de Jalisco, Guadalajara, 2008, en http://www.museocjv.com/LIBROSDECLAUDIO/monografias/origenagroindustriatequila.pdf.

Kirchmayr, Manuel R. (coord.), *Manual para la estandarización de los procesos de producción de mezcal guerrerense*, Centro de Investigación y Asistencia en Tecnología y Diseño del Estado de Jalisco A.C, Guadalajara, 2014.

"La Saga des Alcools", *Entreprendre*, París, No. 53, otoño-invierno, 2008, en http://pernod-ricard.fr/files/fichiers/archives/finance/entreprendre-fr/entreprendre_2008_53_WEB.pdf.

Leal Granadillo, Iván Antonio *et al.*, "Evaluación del proceso de destilación del cocuy de pecaya a partir de la composición de los volátiles mayoritarios", *Multiciencias*, Punto Fijo, Vol. 7, No. 2, mayo-agosto, 2007, en http://www.redalyc.org/html/904/90470209/.

Llamas Navarro, Jorge, "La política del agave", *Estudios Agrarios,* México, D.F., Año 5, No. 13, septiembre-diciembre, 1999.

Lorenzo Monterrubio, Antonio, *Las haciendas pulqueras de México*, Colección Posgrado/UNAM, México, D.F., 2007, en http://www.posgrado.unam.mx/publicaciones/ant_col-posg/35_Haciendas.pdf.

Lucena Cayuela, Nuria (dir.), *Los vinos*, Larousse, Barcelona, 2005.

Luna Zamora, Rogelio, *La historia del tequila, sus regiones y sus hombres*, CONACULTA, México, D.F., 2002.

M. Bautista-Justo, L. *et al.,* "El *Agave tequilana* Weber y la producción de tequila", *Acta Universitaria,* Guanajuato, Vol. 11, No. 2, mayo-agosto, 2001, en http://www.actauniversitaria.ugto.mx/index.php/acta/article/viewFile/301/278.

Machuca, Paulina *et al.,* "El estanco del vino de cocos y mezcal en la Nueva Galicia, siglos XVII-XVIIII", *Letras Históricas,* Guadalajara, No. 8, primavera-verano, 2013, en http://www.revistascientificas.udg.mx/index.php/LH/article/view/2123/1887.

María Muria, José, "Tequila un símbolo cultural", *Beber de Tierra generosa: historia de las bebidas alcohólicas en México,* Fundación de Investigaciones Sociales A. C., México, D.F., 1998.

Mena Romero, Ana María, *Los aromas del tequila. El arte wde la cata,* Porrúa, México, D.F., 2007.

Ochoa Lugo, Mirna Isabel, "Análisis de la expresión diferencial de genes durante la formación de bulbilos en *Agave tequilana* por medio de cDNA-AFLP", Tesis, Centro de Investigación y de Estudios Avanzados del Instituto Politécnico Nacional-Unidad Irapuato, 2007, en http://www.ira.cinvestav.mx:86/tesis/ochoa_2007.pdf.

Sahagún, Bernardino de, *Histoire générale des choses de la Nouvelle-Espagne,* G. Masson, París, 1880.

Salazar Solano, Vidal, La *industria del bacanora: historia y tradición de resistencia en la sierra sonorense,* Región y sociedad, Hermosillo, Sonora, Vol. 19, No 39, 2007, en http://www.scielo.org.mx/scielo.php?script=sci_arttext&pid=S1870-39252007000200005.

Valenzuela Zapata, Ana. *El agave tequilero. Cultivo e industria de México,* Mundi Prensa México, México, D.F., 2003.

Valenzuela Zapata, Ana G. *et al.,* "Influencia asiática en la producción de mezcal en la costa de Jalisco. El caso de la raicilla", *México y la cuenca del Pacífico,* Guadalajara, Año 11, No. 33, septiembre-diciembre, 2008.

Vera Cortés, José Luis y Rodolfo Fernández (comps.), *Agua de las verdes matas. Tequila y mezcal,* Artes de México, México, D.F., 2015.

Vigneaux, Ernest, *Souvenirs d'un prisonnier de guerre au Mexique, 1854-1855,* París, L. Hachette et cie., 1863.

Villalobos Díaz, Jaime Augusto, *Sauza. Linaje y leyenda. Una familia que creó una industria para siempre,* Tequila Sauza, Zapopan, 2007.

Normas

Instituto Mexicano de la Propiedad Industrial, "Modificación a la declaración general de protección de la denominación de origen Mezcal, publicada el 28 de noviembre de 1994", *Diario Oficial de la Federación,* Primera Sección, 3 de marzo de 2003, en http://www.crm.org.mx/PDF/NOM070/3_marzo%202003.pdf.

Instituto Mexicano de la Propiedad Industrial, "Declaración de protección a la denominación de origen sotol", *Diario Oficial de la Federación,* Primera Sección, 8 de agosto de 2002, en http://www.gob.mx/cms/uploads/attachment/file/96495/Declaratoria_Sotol.pdf.

NMX-V-005-NORMEX-2005, Bebidas Alcohólicas-Determinación de aldehídos, ésteres, metanol y alcoholes superiores-Métodos de Ensayo (Prueba), publicada en el *Diario Oficial de la Federación* el 23 de junio de 2005, en http://www.dof.gob.mx/nota_detalle_popup.php?codigo=2060944.

NMX-V-005-NORMEX-2013, Bebidas Alcohólicas-Determinación de aldehídos, , metanol y alcoholes superiores-Métodos de Ensayo (Prueba), publicada en el *Diario Oficial de la Federación* el 23 de enero de 2014, en http://www.economia-nmx.gob.mx/normasmx/detallenorma.nmx?clave=NMX-V-005-NORMEX-2013.

NOM-006-SCFI-2005, Bebidas alcohólicas-Tequila-Especificaciones, publicada en el *Diario Oficial de la Federación* el 06 de enero de 2006, en http://www.dof.gob.mx/nota_detalle_popup.php?codigo=2105899.

NOM-006-SCFI-2012, Bebidas alcohólicas-Tequila-Especificaciones, publicada en el *Diario Oficial de la Federación* el 13 de diciembre de 2012, en http://www.economia-noms.gob.mx/normas/noms/2010/006scfi2012m.pdf.

Secretaría de Economía, "Norma Oficial Mexicana NOM-168-SCFI-2004, Bebidas alcohólicas-Bacanora-Especificaciones de elaboración, envasado y etiquetado", *Diario Oficial de la Federación,* Primera Sección, 14 de diciembre de 2005, en http://www.dof.gob.mx/nota_detalle_popup.php?codigo=4917328.

Secretaría de Salud, "Norma Oficial Mexicana NOM-127-SSA1-1994, 'Salud ambiental, agua para uso y consumo humano-Límites permisibles de calidad y tratamientos a que debe someterse el agua para su potabilización", *Diario Oficial de la Federación,* Primera Sección, 22 de noviembre de 2000, en http://www.dof.gob.mx/nota_detalle_popup.php?codigo=2063863.

Páginas gubernamentales e institucionales

Academia Mexicana del Tequila, A.C.
http://www.acamextequila.com.mx

Cámara Nacional de la Industria Tequilera
www.tequileros.org

Consejo Regulador del Mezcal, A.C.
http://www.crm.org.mx

Consejo Regulador del Tequila, A.C.
http://crt.org.mx

Diario Oficial de la Federación
http://dof.gob.mx

Gobierno del Estado de Chiapas
http://www.chiapas.gob.mx

Gobierno del Estado de Jalisco
http://www.jalisco.gob.mx

H. Ayuntamiento de Morelia
http://www.morelia.gob.mx

H. Ayuntamiento de Tequila
http://www.tequilajalisco.gob.mx

Secretaría de Agricultura, Ganadería, Desarrollo Rural, Pesca y Alimentación
http://www.gob.mx/sagarpa

Portal Sonora Transparente del Estado de Sonora
http://transparencia.sonora.gob.mx/

Museos

Museo Nacional del Tequila
Ramón Corona 34, Tequila, Jalisco, México.

Museo de Los Abuelos
Albino Rojas 22, Tequila, Jalisco, México.
www.museodelosabuelos.com

Todas las páginas electrónicas fueron consultadas en el periodo enero-julio de 2016.

Este libro se terminó de imprimir en agosto de 2016
en los talleres de Litografía Magno Graf, S.A. de C.V.,
con domicilio en Calle E No. 6, Parque Industrial
Puebla 2000, C.P. 72220, Puebla, Pue.